索·恩 历史图书馆
002

〔德〕赫尔弗里德·明克勒 —— 著

HERFRIED MÜNKLER

程卫平 —— 译

古 罗 马 到 美 国

**DIE LOGIK DER WELTHERRSCHAFT ·
VOM ALTEN ROM BIS ZU DEN VEREINIGTEN STAATEN**

Author: Herfried Münkler
Title: Imperien; Die Logik der Weltherrschaft · vom Alten Rom bis zu den Vereinigten Staaten
©2005 Rowohlt Berlin Verlag GmbH, Berlin, Germany

Chinese language edition arranged through HERCULES Business & Culture GmbH, Germany.

帝国统治的逻辑

逻辑

IMPERIEN

社会科学文献出版社
SOCIAL SCIENCES ACADEMIC PRESS (CHINA)

历史图书馆丛书序

　　自然科学和人工智能技术的进步与哲学社会科学的发展水乳交融，共同深刻地改变着我们的思考和行动方式。碎片化阅读和深度阅读是始终共存又相得益彰的两种学习形态。在大众传媒极大地便利了实时资讯传播，提供了琳琅满目的个性化趣味的同时，我们也需要主动应对多元化的刺激，习得深度处理、记忆信息的技能，构建自身完整的知识体系。这正是我们坚守深度阅读的阵地，推出历史图书馆丛书的初衷。

　　阅读权威、经典的好书有助于我们认识世界、认识自我，对思考人类命运和当下现实大有裨益。因此，收录进历史图书馆丛书的优秀作品主要以重大历史事件为研究对象，它们往往对一个国家或地区，乃至对全球产生了深远的影响，同时反映了一个较长历史时段的发展趋势。这些著作是研究者经年累月在一个领域深耕的成果，梳理了某个事件、领域或学科的脉络，是全景式、集大成的学术著作。它们涉及世界史、国别/区域史、考古研究、海外中国研究、文化史等，在研究和写作上各具魅力，在知识和观点上相互映照，未来也将接受学术发展与社会发展的不断考验。而除了历史事件，人对历史进程的走向也起着关键作用，个体因素往往是我们看待历史发展不可忽视的一点，因此重要历史人物将被收录在索·恩即将推出的人物档案馆丛书中。

尤其在21世纪的今天，人类社会面临着全球性的疾病、战乱、环境恶化、资源限制等挑战。仍如狄更斯所说，"这是一个最好的时代，这是一个最坏的时代"，索·恩历史图书馆丛书愿与读者共读历史，共思当下，在日新月异的信息洪流中形成更审慎和周全的判断，既敏锐捕获新知，又不迷失于信息，透过不同视角看到更广大的时代图景。

社会科学文献出版社

索·恩编辑部

本书获誉

明克勒的《帝国统治的逻辑》一书独树一帜，因为他并不仅仅谈论了美国，而且对欧盟这个潜在的帝国也做出了引人入胜的思考。

——英国《独立报》（*The Independent*）

德国战略学家明克勒写作风格讲求实际，他在这部极有学术抱负的比较学著作中阐明了帝国的世界历史逻辑。

——佩里·安德森（Perry Anderson）《伦敦书评》（*London Review of Books*）

可比肩迈克尔·多伊尔（Michael Doyle）的《帝国》及安东尼·帕戈登（Anthony Pagden）的《人民与帝国》，堪称"帝国"主题下最好的总结性专著之一。

——约翰·伊肯伯里（John Ikenberry）教授，宾夕法尼亚大学

尽管明克勒的关注点牢牢立足于当今世界，但其《帝国统治

的逻辑》一书与其他试析帝国的著作相比最明显的区别在于，他在论证时显示了远大学术抱负，展示了丰富的史学考察。明克勒挑战了关于这一主题的许多评论所特有的"现时论"立场，他带领读者进行了一次全景式史学之旅，从古罗马与秦帝国这两大"平行帝国"到中世纪晚期和近代早期的海洋帝国与草原帝国，再到现在的"美利坚帝国"……这是一次愉悦的阅读体验。

——《澳大利亚政治学杂志》（ *Australian Journal of Political Science* ）

明克勒将理论和实证严丝合缝地编织在一起，《帝国统治的逻辑》是一部卓越的史学分析之作。

——《政治研究评论》（ *Political Studies Review* ）

明克勒一个人就是行走的智库。

——德国《时代周报》（ *Die Zeit* ）

对帝国进行了引人入胜的考察。

——《论坛》（ *Tribune* ）

如果你感兴趣的是在史料和政治理论基础之上做出分析、得出结论，而不是满足于那些在有关美利坚帝国的日常讨论中已司空见惯的陈词滥调，那么这本书绝对值得你一读。

——安德烈斯·费尔埃克（Andreas Vierecke）博士

明克勒深入地追溯了古往今来各大帝国的兴衰沉浮，梳理了帝国主义与帝国的概念范畴，并对当今两大案例做出发人深省的持平之论：美国的帝国命运的矛盾因素，以及步美国后尘的欧盟——虽具有反帝国主义的特征，但出于客观必要将不可避免地采用帝国形式。在21世纪的今天，秩序和稳定话题成为安全问题的核心，这本书不仅构思精巧、行文优雅，也紧切时代脉搏，或可作为我们重要的指南。

——詹姆斯·高（James Gow），伦敦国王学院（King's College London）

毫无疑问，这是目前关于古往今来各大帝国统治逻辑的最佳著作。实证的广度令人叹服，它丰富了国际关系理论，整本书行文雅正，思路清晰。

——约翰·A·霍尔（John A. Hall），加拿大麦吉尔大学（McGill University）

前　言

自 20 世纪中叶以来，德国学术界对帝国理论及历史的研究就一直兴味索然，远不如前。苏联的解体，一时间又重新激发起人们对帝国的兴趣，然而也仅仅收获了一个让人松了口气的结论，即可上溯至早期文明时期的帝国历史终于画上了休止符。但在过去的许多年里，随着美国在世界政治格局中的新角色日渐明朗，这一情形骤然转变。一时间，"美利坚帝国"成为热议话题，而且从此以后，对美国在世界政坛所作所为的批评带上了一种强烈的反帝国主义倾向。虽然此前美国也时常被贴上帝国主义的标签，遭人诟病，比如其对越南的战争，以及在拉丁美洲或在波斯湾的军事干预等，但这些指责针对的都是美国政府某些特定的决策和行动，而反帝国主义的基调则直指美国的整体优势及其主宰权。显然后一种批评要严重得多。

国际社会为保障自身安全是否意味着非得仰赖帝国的主宰性力量不可？还是说，这种帝国的主宰性力量已严重破坏了世界秩序？如果没有这种主宰力量，世界是否会变得更好？在最近一次海湾战争①

---

①　即伊拉克战争。（本书脚注皆为译者注）

爆发之前的争论，说到底，正是围绕这些问题所展开的。事实上，在过去的几年里，聚首联合国的国际社会，一而再，再而三地倚重帝国强权的力量行事。帝国的付出并非出于无私，美国就曾为此一再索取特权，只是这一点我们都不愿承认罢了。由此而生的种种困惑和误解，其实也是因为我们已经很久没有认真思考过帝国的功能和诉求问题了。

帝国不仅仅是大国，它们活动于一个属于自己的"世界"里。普通主权国家联合其他国家一道，共同创建一个容纳它们的秩序体系，但没有一个国家可以独力支配这个体系。帝国则不同，它是秩序体系的缔造者，也是维护者。这个秩序的存在，离不开帝国。面对一切威胁秩序生存的不和谐声音，它都必除之而后快。而回顾美国及诸多帝国的历史时，我们不难发现诸如"邪恶轴心"或"暴政前哨"的修辞术并非当代美国人的发明，那些词汇就像一根红线，贯穿于整个帝国史。

帝国害怕秩序动荡，担心整个帝国秩序陷入混乱。它给自己的角色定位是，捍卫"善"和"治"，抵御"恶"与"乱"。在这样的角色里，帝国为自己的存在自赋了正当性。除此之外，帝国的使命在根本上也同样为世界帝国的形成提供了正当性依据。使命涵盖的内容很广：可能是传播文明遍及各地，或是让苏联式的社会主义社会体制在全球开花结果，或是保护人权、推进民主。普通主权国家不越国界的雷池，克制自己不干涉别国内政；帝国则不同，它为了践行使命，难免插手他国内部事务。所以，帝国的行动可能会触发国际政局的大变迁，相形之下，主权国家构成的秩序体系在整个结构上则明显带有保守主义倾向。

有人认为，由权利对等的主权国家构成的全球秩序，理应成为我们孜孜以求的目标和梦想。在帝国主义理论的影响下，这几乎已成为理所当然的真理。然而，当我们从上文所述的角度来考察问题，就会发现，这种想法未必可靠。在欧洲大地上，自罗马帝国衰亡以后，其内部政治秩序几经变迁，却再也没有出现一个可比肩罗马、国祚永续的强大帝国政权；欧洲史上先后涌现的那些强国也不过是觊觎这一王座的竞争者罢了。它们的统治后来都一一夭折了，这在世界其他地方——先撇开欧洲人曾在其他大陆建立过超级帝国不谈——可并非如此。特别是在亚洲，常见的政治秩序是帝国居中心、一帮附庸国环绕四周。因此，这些地区的政治秩序都高度集权化。欧洲的秩序特点则偏向多中心布局。

谈到帝国，我们脑中先会浮现一个画面：边缘被帝国肆意剥削、压榨一空；边缘陷入穷困，而中心则越来越富有。事实上，这样的帝国确实一直都有，但皆年寿不永。时间一长，反抗帝国中心的怒潮便一浪高过一浪，帝国统治成本一路走高，以致超过帝国在边缘搜刮到的利润。与之相反的是，另一些帝国则致力于边缘的投资建设，国祚久续。他们的投资在边缘臣民中获得回报，那些人渐渐跟中心地带的百姓一样，心系帝国的安危存亡。

所以，本书要讨论的重点在于：帝国统治的类型，它对外扩张和巩固政权的方式，以及帝国得以形成的手段和条件，等等。但此书的认知旨趣并不拘囿于在海洋帝国与陆地帝国之间做区分，在商业帝国和军事帝国之间划清界限，搞清哪些帝国秩序依靠控制疆域壮大、存续，又有哪些大致倚重对人力、商品和资本流动的掌控。我们更要深入诸多行为体的理性层面，梳理帝国统治世界的逻辑。书中还会对美帝国的持久性和稳定性做一些分析，并且给欧洲把脉问诊，为它所面临的难题提供参考性意见：我们该怎么塑造欧洲，才能让它成为一支足以与美国平起平坐的独立政治力量，同时又能稳住自己骚乱不安且波及内里的边缘，并对诸多邻国发挥其积极的影响？这样的欧洲既要吸收帝国的特质，更当练就帝国的功力。细细察之，会发现这一发展趋势已然启幕。当然前提是我们不能从一开始就先入为主地认定帝国行动一定代表卑劣和虚伪，而应当把它视作主权国家以及国际政治组织之外的另一种应对国际问题的体系形式，认可它的存在。

假若有人认为这是在为昔日的殖民帝国招魂，那就大错特错了。毕竟对于美国人来说，在一个殖民帝国的压迫之下杀出一条血路，最终赢得了独立，这是他们独立建国的神话；而对欧洲人而言，那（殖民帝国）曾经用以统治海外领土的方式，早已被抛在身后，这是他们的自我认知。然而问题是，在未来几十年里，立足于平等性和相互性原则的主权国家模式能否成功应对渐露端倪的各种挑战，这是值得怀疑的。国家失败，特别是国家崩解，这都会诱发帝国的干预行动，或者直接催发帝国的诞生。

对此很多人提出异议，认为主权国家和帝国并非世界政治秩序的全部选项。关于良善政治秩序的类型，他们心中充满五花八门的期许和幻想，不一而足。然而这种观点与现实相去甚远。回顾历史，不难发现，政治秩序终归逃不出两大模式：主权国家和帝国。当然，我们应从广义上，以更宽宏而非偏狭的视角去理解国家和帝国这两个概念。不能一碰到国体和帝制的特例，便马上生造出一个新的大概念出来。在此我们将挖掘帝国概念的深义，勾画出帝国诞生及其崩溃消亡的轨迹。在学术上我们将就此走进一片长期荒置、久未有人踏足的领地。

2005 年 2 月于柏林

第一章

什么是帝国？

欧洲人对伊拉克战争的讨论，对美国再次军事干预海湾地区的可能背景及其掩藏目的的争辩，乃至对美国在海湾到中亚地区所扮演角色的思量，无不进一步促使欧洲人将目光聚焦于冷战后世界新秩序的成形。从《京都协议书》到海牙国际刑事法院，美国屡屡置身国际公约之外的行径，正重新定义美国在世界政治秩序中的地位。2002 年 9 月 12 日，时任美国总统的小布什在联合国大会上威胁道，如果国际组织无能为力的话，美国将会在一些紧迫的安全政治问题上采取单边行动。几十年来，美国与联合国的关系一直问题缠身、矛盾不断，小布什的这番表态，使得双方的关系在根本上受到了质疑。

这也绝非空洞的恫吓。2003 年早春，伊拉克战争的炮火声即证实了这一点。对于美国和联合国安理会之间的新关系，有两种不同的解读可能：要么美国将安理会的功能转向听命于美国并为其行为赋予合法性的工具，要么美国开始致力于从其国际组织"打手"的角色中解脱出来。美国发达且昂贵的军备不再服役于国际性组织，而更多地投入其自身利益和目标的实现。出现在伊拉克战争备军阶段的矛盾冲突，也反映了各方在这个问题上的分歧，即究竟哪一方能将另一方作为工具加以利用：美国利用联合国，抑或是联合国利用美国。[1]

在这之前，德国国内本可仰赖的欧洲安全构架也同样出现了裂痕。北约的角色正悄然发生深刻的变化：这一建立在协商基石之上的联盟已在 20 世纪 90 年代演变为美国控制欧洲的工具。在其政策鞭长莫及之地，美国便祭起"自愿联盟"（coalition of willing）的大旗。事实上，跟冷战时代相比，欧洲人对美国的依赖有增无减：谁若拒不跟随美国路线共同行动，重者将遭逢来自后者政治和经济上的双重压力，轻者面临铺天盖地的冷嘲热讽、口诛笔伐。相反，若有意站到美国一方行动，机会则随时都有，当然前提是要满足美国提出的条件，且不插手美国在政治上的根本性决策。即便是美国的主要盟友英国，也一再验证了这一点。美国在伊拉克曾经陷入困境，于今① 并没有得到根本改观。北大西洋联盟中共同协商的时代已经一去不复返。而北约东扩也在事后证明了，那正是从冷战时代走来的盟友们影响力明显削弱的肇始。²

在这一局势下，一种呼声日渐高涨，即冀求美国安于其"仁慈霸主"（wohlwollender Hegemon）之职，而不贪求一种"帝国强权"。为了强化这一警告，人们力陈帝国所受的那不可控的风险，提到古往今来所有帝国面临的过度延伸的危险以及最终因之而覆亡的教训。在美国执教的英国人迈克尔·曼（Michael Mann）说："直到晚近时期，美国的权力都是霸主式的，就是说在原则上得到他国的首肯，而且常常被视为是合法的；如今这种权力却出自枪管。而这反过来削弱了它的霸权地位和成为'仁慈帝国'的资格。"³曼还指出，任何一国倘图谋以帝国地位换取霸主地位，不仅可能无功而返，甚至到头来连霸主的地位都保不住。在历史上，霸主和帝国以种种方式互相牵制和对抗，而每每几乎总有迹象表明：保持霸主地位胜于追求帝国统治。

/ 013

一时之间，始自美国在海湾地区利益和意图问题的辩论，掺入了大量史料证据和历史比较。这种史料索引以及同早期历史发展的类比有助于人们拨开迷雾，把美国政策及世界政局中不断冒出的新谜团引入相对熟悉和清晰的观察轨道。人们搬出罗马帝国的历史做参照物，来评判美国政策的机遇和风险；大英帝国的结构则为衡

---

① 到此书写成的 2005 年。

量美国的帝国挑战和应对挑战所需之力提供了一个模板。此外，十年前①上演的苏联解体，也作为帝国过度延伸的恶果被一再援引，那也将是美国如长此以往一意孤行或可面临的危险。⁴这些历史参照和示例有关联性，但缺系统性，它们只是在论证前人早已提及的观点。这些举例和参考更多的是为论证提供史学的注脚，而非从早期世界帝国的诞生史中做出一种深刻的经验主义总结。

如今将美国历史和罗马历史并行比较，理由不言自明。原因就在于：美国从建国伊始，一直以罗马共和体制为基石，并将自己视为罗马传统的继承者。⁵在这里，笔者将严格审视这样一个平行比较，它自始至终深植于美国政治精英的自我意识和自我认知之中，举足轻重。首先，美国同大英帝国的比较是不言而喻的，因为美国进入了英国在二战后退出的广阔地区并取而代之，成为那些地区的主导：这其中包括中东，这些年它与美国大部分的政治行动和军事策动都息息相关。和苏联的比较也属情理之中，毕竟美苏为争夺世界政治霸权角力 40 多年，直至戈尔巴乔夫时代苏联最终在拉锯战中被踢出局，俄国人终因军备竞赛而掏空了自己，也因维系帝国的高昂代价而一蹶不振。⁶

如果对美利坚帝国的机遇和风险做深入的分析，单单跟这三个世界帝国做比较，根基仍显单薄。寿命长久得多的沙俄帝国、奥斯曼帝国和中华帝国，也很有必要列入对比和考量的名单。而13 世纪的蒙古帝国对于研究帝国行动逻辑和行动需求同样不容忽视。它在历史上虽然昙花一现，但它疆域之广足令其跻身历史最强帝国之列：面积达 2500 万平方公里的辽阔疆域，仅仅逊色于拥疆 3800 万平方公里的大英帝国。不同的是，英国人的属地

---

① 指成书之前十年。

散布于五大洲，而蒙古人的帝国则覆盖了几乎整个欧亚大陆，连成一气。在后者权力的极盛时期，其疆域东起黄海，西至波罗的海之岸，无远弗届；唯印度半岛、中南半岛、西欧、中欧及南欧地区未遭占领。[7]在古典时期，除了罗马帝国，那些东方的希腊化大帝国也是值得我们考察的对象。在诸多海洋帝国当中，除了大英帝国和西班牙，葡萄牙也应加入考量之列，它既是欧洲第一个，也是最后一个殖民帝国。不过18世纪以来，葡萄牙一直更像是英帝国的一个保护国，而不似独立自主的政治强权。[8]

通过这样一番整理，一个在对帝国行动逻辑进行比较性研究时绕不开的基本问题摆在了我们面前，那就是究竟该如何理解帝国这一概念。如若进一步论及超级帝国和世界帝国的区别，这个问题就变得更为复杂了。倘若在过去几十年里，社会科学领域对帝国的研究已经总结出有关帝国性的可靠标准，那么对于这个问题我们恐怕不难找到答案。然而事实却并非如此。虽然有关具体帝国的历史叙述可谓卷帙浩繁，有关帝国主义的比较性研究也颇有建树，[9]然而究竟何为帝国，帝国与欧洲领土国家结成的政治秩序之间差异何在，这些问题至今悬而未决。这也是为什么在近来有关美国政治的辩论中，帝国概念常被随意援引、往往只具谴责意义。政治学家也没有在定义上廓清、在实例上充实帝国的概念，而是把它交到了每日时评员手里被随意使用。

学术领域长期以来形成的空白，不可能一朝一夕填补起来。然而，帝国是什么，帝国不是什么，帝国职责何在，以及帝国与其他政治秩序结构差别何在，弄不清这些问题，我们就无法从世界帝国形成的比较研究中，找到分析世界新秩序以及新秩序中美国角色的有益线索。只有先弄清帝国的特点，才可能真正理解帝国的行动逻辑。

/ 帝国特征简述

要理解何谓帝国，不妨先走到其反面，试析帝国不是什么。首先，帝国有别于国家，准确地说有别于制度化的领土国家，后者遵从完全不同的准则和行动逻辑，包括内部人口融合方式和对属地边界的理解。一般而言，国家间的边界清晰而明朗，但这种明晰的国界除了少数例外，鲜见于帝国。昔日帝国属地广袤无垠，边境的部落和游牧族群时而顺从、时而违逆帝国的意志，帝国之界变得模糊不明。当然，如今帝国的疆界不再如上述古代帝国那样迷失于属地的辽阔无际，但是即便那些曾经不受统治的游离地带（古典帝国扩张的触角曾得以伸入其中）早已不复存在，帝国疆界和国家边界依然迥然不同。

帝国的疆界不是将权利对等的政治实体隔开，而是起到将权力和影响力分层之用。此外，与国家边界相反的是，帝国的疆界具有单向通行的特点：进入帝国的条件，绝不等同于脱离帝国的条件。这跟帝国本身的经济和文化吸引力有关，想进去的人多于想出来的人，而这一点也会对边缘政权造成诸多影响。美国人旅行、工作，在全世界畅行无阻，但没有美国国籍的人，就不能随意踏上美国的领土。这昭示了一种地位上的差距：在帝国边界之外的政治实体并不享有与帝国同等的尊严。

和帝国边界的单向通行性相对应的，是极端不对等的干预条件。从 19 世纪开始，美国涉足中美洲国家和加勒比海地区的政治，从不必担心这些国家倒打一耙，干预美国内部的政治和经济事务，更别提军事事务了。这种不对称性恰恰反映了帝国疆界和国家边界的差别所在。与国家截然不同的是，帝国没有与之权利对等的邻国，换句话说就是，国家是个复数概念，帝国则往往是单数形式出现。帝国这一事实上或自我标榜的独特性对其内部融合方式不无影响。由于面临来自邻国的直接竞争压力，国家在整合其境内人口时会采取一视同仁的做法，这就意味着：无论民众是生活在中央，还是远在边塞，都须给予其同等权利。而帝国却并非如此。在政治中心地带和外围之间总是存在融合度的落差，越往外围去，法律约束力越小，而参与权力中心决策的机会也随之下降。以美国为例，这种情况体现在所有那些被美国政权所左右但又绝无可能被美国吸纳为联邦州的地区。在加勒比海地区就不乏这样的例子。

　　在某些时候，帝国疆界也可以替代国家边界。曾几何时，在欧洲境内，诸多殖民帝国通过国家边界各自分开，但在亚非大陆它们则借助一道道帝国边界，同自己的欧洲邻居——很多时候是松散的统治联合体——彼此隔开。两种边界截然不同，透过边界可以看清楚，在边界之外究竟是一个国家还是一个帝国。但是帝国疆界也可能与主权国家间的边界重叠，而且这种叠加会使得国家间的边界更加泾渭分明、壁垒森严。曾经横亘于联邦德国和民主德国之间的那条国界，在当时，也是苏联帝国的对外边界。这种功能二合一的情形，赋予了两德边界独有的特点，也正因如此，这条边界才没有在历史的长卷中被人遗忘。自地球上每一片有人居住的地方都以主权国家的形式在政治上被敲定以后，上述两种边界之间的关系就只能是互补性关系，而不再是非此即彼的替代性关系了：帝国结构覆盖主权国家构成的秩序，但不再取而代之。这时候，辨识一个帝国就变得异常困难了。一旦认定帝国体系和国家政权之间非此即彼，那么难免会得出当今世界不存在帝国的结论。相反，如果相信帝国结构会覆盖主权国家体系，就会发现还存在另外某种权力和势力架构——它并不等同于主权国家的秩序体系。帝国的结构主要在非正式领域才显露面目,这也是帝国边界的独特性所决定的。国家间的边界往往是政治、经济、语言和文化边界的叠加。这个特点赋予边界以力量,但同时也让它显得僵化和死板。帝国边界则不同,它像一张交错的网,在那里面政治和经济的界线彼此分开,文化差异呈层级化分布,而语言差别从来无足轻重。这个特点减少了帝国边界的正式性,增加了它的灵活性。

其次,我们还可以比照霸权的支配性结构来勾勒帝国的轮廓。但需要补充的一点是,霸权统治和帝国统治之间的界线是动态的。但在两者之间做个区分,还是很有必要的。霸权是形式上平等的政治行为体所构成的集团中雄踞主宰地位的力量。帝国则不同,至少在形式上,取消了平等,将弱势行为体降格为附庸国或者卫星国,而且它们或多或少仰帝国中心之鼻息。

在过去的几十年里,我们都是通过在帝国和霸权之间做对比,来描述苏联在华约以及美国在北约中的地位。苏联曾被卫星国环绕四周,它们如何运转皆由中心来规制。[10]北约不一样,它被视为原则上平等的盟友结成的体系,在其中,美国作为实力远在他国之上的最强、最大的伙伴国,享有至高无上的地位,比如美国基本始终把持着军事最高指挥权,其他成员国顶多就是拿下秘书长之位。通过对北约和华约的对比,我们看得出来,在冷战时期对帝国和霸权做区分,难免带上政治及意识形态的味道。

帝国和霸权的不同,还有一个佐证是来自更久远的历史深处,政治上也没多少争议,即提洛同盟转变为雅典海上霸权的历史。最初,提洛同盟是在小亚细亚西岸及爱琴海地区建立起来的反波斯霸权。在同盟内部,各盟邦地位平等。当然,从一开始各个成员对同盟的贡献便千差万别。有些只掏钱，有些提供船只。而雅典始终是贡献战舰最多的那一方。[11]

各个盟邦在贡献和实力方面事实上的差别，对同盟的内部体制不无影响。它使得这一同盟渐渐从霸权（hegemonía）转变成统治权（arché）。[12]当时雅典统率同盟的联军，掌管财政大权，规定盟邦盟金的金额，主导商事裁判权，并采取措施，确保其度量衡在整个同盟范围内畅行无阻。此外，它向各个盟友的城邦派驻了卫戍部队，从而对盟邦内部事务施加影响。末了，它将同盟金库从提洛岛搬到雅典，大家宣誓效忠的对象也不再是"雅典及其盟友"，变成了"雅典人民"。它还将战争与和平的定夺大权从同盟大会移交到雅典公民大会手里。后来科林斯人怂恿斯巴达同盟①和雅典决一死战时，他们厉色声讨：霸主，业已蜕变成独裁者了。[13]

/ 020

我们将美国在"西方"世界的新定位置于提洛同盟转变为雅典海上霸权的历史背景之下来解释，理由不言自明。虽然，当时的雅典无论在疆域跨度还是时间跨度上，都还不足以称为帝国。但若细细观察，帝国政治的很多因素其实已在雅典霸权里显露无遗。当然，对此我们要感谢历史学家修昔底德对这一演变过程极具开创性的论述。所以，我们在后文中将反复提及雅典海上霸权，虽然严格说来它只能归入广义的帝国范畴。

最后，帝国的轮廓还可借助19世纪以来形成的帝国主义概念来勾勒。在帝国理论和帝国主义理论之间做区分，首先有助于我们扬弃几乎所有帝国主义理论所惯用的规范－评价性视角，转向一种专注帝国行动准则的描述性分析的思路。此外，根据帝国

---

① 也称为伯罗奔尼撒同盟或拉刻代蒙同盟。

主义概念及相应的理论，帝国的诞生本质上是一个从中心向边缘外扩的过程。言下之意，它的发展轨迹是单向的。这样的理解，对帝国的研究是有害无益的。

帝国主义意味着要有一种成为帝国的意志，无论是出自政治抑或是经济的动机。这种意志即便不是世界帝国形成的唯一起因，至少也是主导因素。不同于这一论调的是，英国历史学家约翰·罗伯特·西利（John Robert Seeley）爵士曾在 1883 年口出妙语，他说，大英帝国似乎在"一时的心不在焉间"征服了半个世界。[14] 恰恰是他这种带着刻意片面性的措辞——其实西利想借此呼吁英国实行有意识的帝国主义政策，因为他担心若不这么做，大英帝国夹在新生强国美国和沙俄中间将凶多吉少——指出了帝国主义理论有多夸大那些以这样或那样的方式走上帝国之路的行为体所抱持的野心和主观意识。其实，几乎没有哪个帝国的形成是基于"大战略"（grand strategy）的考量。大部分帝国的诞生，都是一堆偶发事件和个别决策共同作用下的结果。而这些决策又常常是由一些政治上毫无合法性可言的个人做出的。如此看来，可以说几乎每个帝国都是在"一时的心不在焉间"降世的。

帝国主义学说理论把目光聚焦于"中心"，但在中心之外，对"边缘"同样需要加以注意。我们要关注那里的权力真空和经济动力，关注在地区冲突中弱势一方的军事干预请援和当地主政者的决策。近来，流行一个新词：受邀的帝国（empire by invitation）。有人用它来表述美国权力和势力范围的扩张。[15] 其实这个表述也凸显了边缘在帝国产生过程中的"发起者"作用。毋庸置疑，中心推向边缘的帝国原动力确实存在，是它将行为体自身的权力范围不断向外扩张。但除此以外，还同时存在一种源自边缘的旋涡般吸力（Sog），它也同样拉动统治范围向外延伸。究竟两个不同作用力孰强孰弱要视具体情势而定，不可一概而论。帝国主义理论预设了一个前提，那就是中心的原动力才是关键因素。[16]而笔者认为，我们需要对边缘做更细致入微的考察，这不仅事关过往帝国的研究，同时对于解析美国过去几十年间的政策也意义重大。

/ 世界帝国与超级帝国

在接下来的几个章节中，我们会继续尝试通过与其他政治秩序的参照，来勾画一幅更加精细的帝国图景。不过在这之前，应先定下几条启发式标准，以便将世界帝国与区域性帝国或短命帝国区分开来。

首要标准是帝国的时间跨度。帝国需至少经历一个崛起和衰落的周期，而且还必须已开启了下一个新的周期。[17] 因此帝国存续时间较长这一标准体现在其制度革新力和再生力上，有了这两种能力，帝国的存在便不再取决于先父（们）的超凡领袖魅力。有鉴于此，在我们随后的讨论中，不会过多关注拿破仑开创的超级帝国（Großreich，或者称为大帝国），或者更为短命的意大利法西斯及德国纳粹政权。日本人孜孜以求的"大东亚共荣圈"迷梦，也不在重点讨论之列。

较难界定的是威廉二世的德意志第二帝国——即使我们认定，他的帝国政治始于俾斯麦下台，而不是在 1871 年凡尔赛镜宫上演的德皇加冕礼——第二帝国相较于墨索里尼和希特勒的帝国政治，持续时间还是更长久一些。后两者的帝国政治仅止步于大战初始阶段的几次胜利而已。然而，如果我们把威廉二世和纳粹的帝国政治这两个先后出现又以德国一战战败为分割点的周期连接起来的话，似乎又可以将德国纳入帝国之列。可以认为帝国只是在内部出现了权力易手而已，而且它也满足上述所谓再生能力的标准。相似的情形还有日本。如果我们把 1905 年的日俄战争看作其帝国之路的起点，似乎将日本归入超级帝国之列也就顺理成章了。但即便如此，我们也得对这一判断加一条限定性的说明：对德日两国来讲，其真正意义上的世界帝国的诞生，可谓姗姗来迟且都昙花一现。此外，由于德国和日本早早败降，很难确切断定当年它们究竟是世界帝国还是只是区域性超级帝国。美国学者迈克尔·多伊尔（Michael Doyle）在做超级帝国比较性研究时，将德国和法国列为研究的重点。而在本书中，笔者仅把这两个国家作为"失败帝国"（failed empire）的典型加以援引。[18]

除上述的时间跨度标准，疆域跨度是另一个重要标尺。如果一个强国没有幅员辽阔的统治疆域，是不足以称为帝国的。所以，哈布斯堡皇朝从时间跨度上讲，无疑是当之无愧的帝国政权；但从疆域跨度而言，则多少显得牵强了。准确地说，它是一个雄霸中欧的超级帝国。在欧洲列强俱乐部里，它与诸如法国这样的大国平起平坐，但它未曾寻求雄踞整个欧洲大地的霸权。即使在哈布斯堡的家族成员戴上神圣罗马帝国皇冠的时期，皇朝的霸权也没有超出中欧地区。查理五世是个例外，他既是西班牙国王，又当上了尼德兰的君主，他手中握有远比此后移驾维也纳的其他皇帝更为丰富的资源。1556 年，哈布斯堡皇室正式分为德意志和西班牙两支，帝国之风也随之顺势吹到了马德里。[19]那句闻名遐迩的奥地利国家格言 AEIOU（Austriae est imperare in orbe ultimo），即"奥地利乃最后一个帝国"，或曰"普天之下，莫非奥土"，在不久之后也变成了明日黄花，随风而散。[20]

相比海洋帝国，疆域跨度的标准显然更适用于陆地帝国。海洋帝国的权力和影响，不光反映在其统治领土面积的多寡，更多体现在对商品、资本和信息等诸多元素流通的控制力上，以及对经济枢纽[21]、海港及可靠贸易通道的掌控上。对于海洋帝国的权力扩张而言，远比疆土的有形控制更为重要的，是它手中可供支配的资源，是商业伙伴对其国际通用货币的信任感。[22]关于陆地帝国和海洋帝国权力的巨大差异，我们还会在后文中详细阐述。

/ 024

在这里首先要强调的是，帝国权力的扩张、成形离不开地缘经济的因素。控制贸易，跟统御疆域一样，也是帝国权力的活水之源。以西班牙为例，直到 16 世纪末，它都尚未占有任何在国际上举足轻重的通商口岸和金融城市，所以，它无法左右欧洲人主导的世界经济。对于英格兰的异军突起，并最终一跃成为更为强大的帝国，西班牙只能望洋兴叹，无可奈何。

恰恰通过观察西班牙的式微和英国的崛起，我们发现很难将商品、资本流的控制，同疆域统治完全剥离开来。当西班牙夺回尼德兰失地的努力功亏一篑，其对外贸易也随之陷入停滞，于是经济流仿佛绕开了西班牙辖制的地区，这最终导致西班牙丧失了对欧洲经济的掌控力，其国际信用品质一落千丈。后果便是接二连三的国家破产。如果 1588 年无敌舰队能够获得胜利，并成功侵入英格兰的话，那么西班牙还有一线生机，从疆域统治的弯路转回经济流控制的正轨。但无敌舰队最终一败涂地，西班牙便告别了其帝国权力扩张的巅峰，从此由盛转衰。

与主权国家相比，在帝国权力扩张、成形过程中，地缘政治和地缘经济因素相互交织得更紧密。由于这两个要素总是双管齐下，共同作用，我们必须将它们放在一起来考察。不过这其中，军事优势这一小因素也能对帝国的崛起与衰落产生大作用。比如 1588 年，英国人的优势之一就体现在他们以更优良的冶金技术铸造出的重炮上。[23] 这个例子，特别提醒我们，世界帝国疆域跨度的标准，不仅局限于对疆域的有形控制，它还体现在对商品、资本流的无形控制上。可见，关于疆域跨度的衡量标准跟时间跨度的标准一样，是多维度的。

我们的讨论引向一个关于界定世界帝国极为棘手的问题：究竟怎么理解"世界"？"世界"是人类赖以生存的地球，这似乎是不言自明的。要按这样的理解，只有在苏联瓦解之后的美国才有资格称得上世界帝国，而大英帝国充其量只能算作它的前身。按这样对"世界"的理解，诸多对世界帝国的比较性研究，也就成了无本之木。那些坚称美国之史无前例的学人，基本上这样论述：美国成了前无古人、横跨全球的强权，虽然它更多借助非正式支配手段而不是正式统治来完成这一壮举。按这样的逻辑，继续研究世界帝国的历史将无益于理解当今的形势。在一定程度上，迈克尔·哈特（Michael Hardt）和安东尼奥·内格里（Antonio Negri）在他们的著作《帝国：全球化的政治秩序》（2002）中沿用了这一论证模式，当然，他们这个模式下的新型帝国不必与美国强权完全一致。他们理解的帝国自成一种新型网络结构，超越了一切政治疆界和主权。

然而深入观察美国的权力，我们还发现它不仅仅产生于对地球空间的统治，甚至体现在对宇宙空间的控制上。一方面，因为它开发研制出卫星导航的巡航导弹，使美国能够对地球任何角落实施军事打击；另一方面，美国也有能力将人类对扩张的幻想、对科技的憧憬加以集合和引导：从登陆月球，到长期载人的空间站，再到殖民火星的计划。由此可见，"世界"的概念已经超越地球的外延，具有跨星际的特点。[24] 这种跨星际性，正是美利坚帝国重要的权力资源。但即便如此，也并不能证明它与历史上其他的帝国就没有可比性。

/ 026

"世界"是一个相对且可变的量，不能拿诸如各大洲的地理边界或地球的有形面积等不变因素来固化。人类所有文明的独特视野和视角，都在形塑"世界"的过程中留下了各自深深的烙印，也就是说，其中文化和科技的力量超过了纯粹地理的因素。[25] "世界"究竟是什么，这取决于贸易关系的广度、信息流通的密度、知识的秩序以及航海技术等诸多因素。人类从远古走到今天，帝国统治世界的诉求不断膨胀，且愈发强烈。按帝国的唯一性和独有性的特点，可以说，如今地球上确实只够容下一个帝国了。

从古代到近代，世界上常常几个帝国比肩而立，群雄逐鹿；这一并存局面，未必会妨碍各自对帝国性的主张。中华帝国曾经与罗马帝国作为所谓的"平行帝国"[26]鼎立天下数百年，这期间他们的帝国合法性从未因此受到一丝一毫的影响。两大帝国统治的世界，并行不悖，井水不犯河水。相反，当年拜占庭帝国与神圣罗马帝国的加洛林王室、奥托王室和萨利安王室并存于世，但他们的帝国合法性就受到了人们的质疑。他们属于同一个"世界"，一山不容二虎，在这一"世界"范围内，其实只能有一个至高无上的皇权，因此，他们至少在形式上相互否决对方与自己平起平坐的权利。[27]

至于大英帝国与沙俄帝国，直至20世纪早期，大抵都相安无事。他们各自统领的"世界"，相互隔离且迥然不同。差别不仅在于英国人和俄国人各自主宰不同的领地——他们沿着大高加索山脉，直到喜马拉雅山脉一线，将亚洲南北一分为二[28]——更重要的区别在于，英、俄各持两种不同的统治方式：俄国人通过行政手段，必要时以军事手段，统治着一个陆地帝国；另一边，则是基本依靠海路贸易交流得以维系的大英帝国。他们都不对对方构成威胁，又都不去挑战对方的合法性——至少在俄国人克制自己、不追逐自己"向温暖海洋扩张"野心的时期，双方确是相安无事的。

然而英国人和俄国人的后继帝国——美国和苏联的情形则大不一样。单就双方的指导方针和"使命"这一点，两国便否认了对方的存在合法性。此外，他们在同一空间、同一领域展开了竞争：从苏联打造规模庞大的战舰，进军世界公海，再到两国的太空军备竞赛，角逐无处不在。同当年英俄关系不同的是，美苏并存对于它们双方而言，都构成了各自帝国主导权的限制。他们分享了同一个"世界"，而当年沙俄与大英帝国则统治着各自的"世界"。

然而在大英海洋帝国和沙俄陆地帝国之间，却再也容不下希冀在余下的中间地带再建一个帝国的第三方。因为这样势必会引发与上述其中一个帝国的冲突，而这种冲突一般又会演变为一场大规模战争，最终会将另一个帝国也拖进其中，加入对第三方的围剿。因此我们可以总结出两个安于各自"世界"的帝国之行动逻辑：经过一段时间的观察和试探，它们走向合作，勠力对付第三方，遏制第三方的权力扩张。从拿破仑、威廉二世、希特勒，再到昭和天皇，概莫能外。无论第三方与称雄世界的两大帝国中的哪一个产生了战略冲突，结果没什么不同。对拿破仑来说，他自始至终都绕开大英帝国走，而德皇威廉二世和希特勒也极力避免与英国人起争端，他们都宁愿将其霸权主张限制在欧洲大陆，或者将霸权向东延伸。本质上讲，拿破仑和希特勒在东线折戟沉沙，而威廉二世则在西边同对手的争斗中丢了皇帝的宝座。日本在 20 世纪初成功地制服俄国，但最终在二战中败在美国手下。而美国当时也曾试图与苏联联手，开展战略合作。诚然，在任何情况下，海洋帝国和陆地帝国的内在需求必然引致它们合力对付第三方；而从各自帝国"世界"中衍生出来的行动准则，会荡涤一切阻碍，不达目的誓不休。[29]

这些外部边界相对清晰易辨的帝国"世界"，如何才能更精确地描述它们？它们的内部有何特点？与那些非帝国的"世界"又有何差别？另外还有关键一点：陆地帝国和海洋帝国的内部空间是否存在什么共同特征呢？

对帝国空间而言，中心－边缘落差是很鲜明的特点，这一点在上文已有提及。无论是建于疆域统治之上的帝国，抑或是主要通过"流"控制攫取权力的帝国，概莫能外。除此之外，学术文献还反复提及帝国的多种族及多民族特征。不过，如此描述帝国特征，多少有点问题。一来它毫无新意，因为扩张的帝国总不可避免会覆盖多种族及多民族群体，这一点不言而喻。二来它太政治化，毕竟，族群和民族差别何在、民族差异会被接纳还是被压制，最终都是由帝国中心依据"分而治之"（divide et impera）[30]的原则来裁定的。

在欧洲范围内，探讨西欧民族国家与中欧帝国之间的关系时，第一个问题是他们各自的弱点和优势何在：是单一民族的团结一致，还是多种族的多元化。在 20 世纪初期，奥斯曼帝国的痼疾已路人皆知，奥匈帝国和沙俄帝国内部也显露离心的倾向，这些都让一些人相信，民族国家在战时要优于多民族的帝国联合体。而一战的结局则又加深了人们的这一印象。随着美国和苏联的崛起，以及欧洲民族国家在世界政坛的边缘化，观念的钟摆又往回摆了过去。不过很显然，以上谈及的印象和想法，都是那个特定时代的产物，并非学术的实证分析，标准难经推敲。

考查主体民族在一个帝国内的比例高低，并不能给我们解答有关帝国空间扩展和时间跨度的问题。在中华帝国内汉人所占的比例一直高达 90% 以上，1897 年沙俄帝国人口中的 44% 为俄罗斯人，1910 年的人口调查显示，奥匈帝国领土上操德语的奥地利人仅占 24%，而 1925 年大英帝国境内英国人的人口比例更低至 10%。[31] 至少从短、中期视角看来，这些数字并不足以推导出什么富有价值的结论，我们无法从中获得一个关于帝国放之四海皆准的标准。

比帝国的多种族及多民族特性更具启发意义的是，在帝国统辖的"世界"的"内部"，帝国中心明显承受着政治及军事干预的压力。帝国中心不能挣脱这一压力，否则自身地位恐受其害。换句话说，帝国在面对自己势力范围内的政权时，不能无动于衷，保持中立。相应地，帝国有一种强烈的倾向，即它也不允许这些政权保持中立姿态。这种中立选项仅仅存在于主权国家模式下的世界秩序里，帝国倘若在其统治的"世界"之内或者其边缘地带的纷争中长期坚守中立立场，到头来，它势必丧失其帝国地位。这也正是帝国和主权国家的差异所在。近来在美欧关系中一再出现的不和谐声音，或许可归因为人们没有足够重视这一分歧。

不独帝国，霸权政权也始终摆脱不了干预压力，只不过程度稍弱一点。这种持久压力与帝国和霸权的可信度大有关联，而它们面临的可信度问题与非帝国政权的情形不可同日而语。一个著名的例子是雅典人与米洛斯人的冲突。修昔底德在其名著《伯罗奔尼撒战争史》中做过阐述，[32] 当时，雅典跟斯巴达正打得不可开交，米洛斯人不想蹚浑水，希望置身事外。按他们的想法，自己地处爱琴海地区，受雅典人一手掌控，雅典大可接受一个蕞尔小岛的中立立场。因为跟斯巴达的交战，无论政治上还是军事上，米洛斯人的参战都显得杯水车薪、无足轻重。而雅典人若放过米洛斯一马，还可坐收大将风度的美誉。然而雅典人没有这么做。他们认为，一旦让步，其他盟邦势必竞相效仿，要求获得类似的决定权。如此一来，雅典的权力将很快土崩瓦解，或者不得不随时诉诸武力恢复其政治威信。因此米洛斯人必须俯首听命，否则不免有被夷为平地之虞。如果没有那样一支强大的战舰编队

/ *031*

在米洛斯岛外耀武扬威，任其调遣，雅典或许真的就容忍了米洛斯的中立姿态。但一旦退让，雅典的威信必受重创，同米洛斯人的任何妥协都将招致所谓威信损失。最终雅典的权力和影响力恐将付诸东流。

有人认为，米洛斯对话本质上不过是鸡同鸭讲，双方都是自说自话。[33] 事实确实如此。但误会的根源在于，小邦在面对强权时的盘算同帝国的行动逻辑背道而驰。米洛斯人希望作为地位对等的友邦得到雅典的承认，这一点雅典不会接受。

在有关修昔底德、有关雅典海洋霸权历史的文献中，我们看到两种截然不同的解读。其中一种解读认为，修昔底德借写米洛斯事件的结局，实际上认同了雅典人的做法。米洛斯陷落，男丁遭屠杀，妇孺沦为奴隶被掳走。不同于雅典人的现实原则，米洛斯人把生死安危寄托在一厢情愿的期望上，导致了他们对形势的误判，埋下了覆灭的祸根。这种解读，已经不是仅仅在强调雅典人给出的理由里的现实原则了，更多是出于对雅典人在事理上的认同。在同斯巴达的交火中，雅典城四面受困，几个盟邦又表现得优柔寡断，态度反复无常。而雅典人也认识到，纵容一个盟邦的忤逆，等于开了先例，其他盟邦必将效尤。所以在这种情形下，雅典人别无选择，只能逼迫米洛斯人做出抉择，要么对爱琴海地区的帝国政权施以援手，要么拆它的台，非此即彼。任何一个小小的让步，都可能铸成大错。所以帝国没有中立选项。当它受到严重挑战时，必须迫使他人选边站来维系其对世界的主导权，他人中立骑墙的态度被视为变相的撕破脸。如此看来美国总统小布什的那句名言，"不支持我们就是反对我们"，正是帝国逻辑赤裸裸的告白。

关于米洛斯对话，还有一种截然相反的诠释。按这一解读，对话的意义并不直接体现在米洛斯事件当中，只有把对话置于修昔底德对那场战争的全部叙述中，才能看得清楚。对此，书中对米洛斯对话之后雅典人远征叙拉古的论述，对于理解这一点显得至关重要。那次远征正是雅典霸主地位的转折点。雅典人严重高估了自己的实力，通过这次海战力量掏空、元气耗尽，最终自毁长城、土崩瓦解。[34]

那么伯里克利原本的作战计划何以走上致命的歧途呢？伯里克利审时度势，经过权衡雅典和斯巴达双方的优劣，曾采取了战略防御的措施，坚壁清野、固守城垣，暂时安于现状，不贪远功。[35]如果雅典人果真执行了这一方针，伯罗奔尼撒一战的最后胜利非雅典人莫属。按这一解读，雅典人败在了自己的狂妄自大，中了威廉·福尔布莱特（William Fulbright）所说的"权力的傲慢"的蛊。[36]这种傲慢在米洛斯对话中表露无遗。因此，对话中雅典人给出的理由并非真的出于现实原则，而恰恰是因为他们一叶障目、盲目自信。这直接招致了政治和军事上的灾祸。雅典人一边大谈政治威信，另一边，他们自己的言行实际上已向世人昭示，他们在政治道义上缺乏自律。海上同盟得以维系，靠的主要不是军事力量，而是这种自我约束。随着雅典自我约束力的消退，雅典霸权转变为帝国。直到这时，诸盟邦才如梦方醒，希图从雅典霸权的沉重压力下走出来。

对修昔底德的两种不同解读，其实也反映了我们对美国过去几十年政策几乎截然相反的评价。一方面，有人把美国政策归结为帝国逻辑下的需求所致；另一方面，人们谴责美国，认为它跋扈的权力政治损害了其道义上的威信，美国的世界影响若以道德信誉为基石，而不是依靠航空母舰编队、巡航导弹以及地面部队的军事干预，那么它的世界影响力将会牢固得多。于尔根·哈贝马斯（Habermas）就曾多次在其文章和访谈中，表达了后一种观点。[37] 当然，这个说法有一个假定前提，那就是当政者面对挑战时拥有很大决策空间，可以做出各种应对。正是基于这一假定，大部分批评者将美国政策的责任推给他们所认定的政治人物。据此哈贝马斯也认为，美国在冷战结束以后，站到了一个十字路口："作为硕果仅存的超级大国，是该重新领导世界继续建立一个普世法制秩序，还是罔顾国际法重返仁义霸主的帝国角色。"[38] 他认为，美国已经在行动上选择了后者，尤其是因为小布什政府在国内受到了新保守主义势力的影响和支持。

与之相对的是另一种解读方式。它把目光聚焦于帝国逻辑和由此衍生出来的行动方针，至于政治人物的个人影响和决策，在他们眼里则显得没那么重要。这种解读着眼于规制当权者行动空间的体制结构和指导方针，所以它并不追问基督教信仰复兴与小布什政策之间有何关联，它不关心老布什政府的国防部副部长保罗·沃尔福威茨（Paul Wolfowitz）扮演了何种角色，它也并不认为，新保守势力对美国政策起到了决定性影响。此外，它对2001年"9·11"恐怖袭击之后美国人的心理状态也兴趣有限。[39]它真正追问的是帝国政权的行动逻辑。

当然，这些行动方针绝不可能自行实现，况且还可能一次次被政治行为体误读或耽误。至于道德信誉等，无疑属于帝国权力的一种资源；不过在这个视角里，道德信誉不是政策的"标尺"，而是它的一个工具：帝国逻辑本身很清楚如何利用道德信誉这个权力因素达到目的，但它自己绝不会接受道德信誉的衡量。

帝国逻辑由哪些元素构成？它的内在要求是什么？抵制帝国逻辑又有哪些可能性？所有这些问题，我们都将在下一章通过对历史上一些帝国的分析来逐一探讨。

第二章

帝国、帝国主义和霸权：
必要的区分

人们今天对帝国的看法，仍然受制于帝国主义理论所定下的准则。依帝国主义理论看来，超级帝国的诞生完全拜那些心怀扩张抱负的精英们所赐：出于威望需求和权力扩张的野心或者是攫取更多利润的贪欲，几个大国采取在经济上渗透其他地区、在权力政治方面并吞别国的政策；而欧洲殖民帝国的诞生，正是这一政策发展的结果。时至今日，每当我们谈及帝国，这些欧洲殖民帝国往往都会成为我们讨论的焦点。所以，在此我们需要将它们细细审视一番。

细阅 19 世纪晚期到 20 世纪初期的欧洲政治文献，我们确实会有这样一种印象：帝国的诞生，不过就是精英们实现其帝国主义抱负的结果。[1] 在此期间，欧洲列强之间的竞争起到了决定性的影响：那些在扩大政治和经济权力的竞赛中落伍的国家，不仅担心自己会失去对竞争对手的优势，而且生怕自己会由此而踏上衰落的不归路。[2] 它们相信只有在抢夺世界统治权的竞争中胜出，在夺取全球经济最重要资源和市场的角逐中屹立不倒，才能以独立于世的政治力量最终幸存下来。民族主义和社会达尔文主义的思潮，以及一种焦虑的气氛，[3] 曾笼罩于欧洲的上空，也笼罩着美国和俄国这两个侧翼大国，令它们头脑发热、焦躁不安。一时间，欧陆的未来似乎都悬于对海外权力及势力范围的瓜分上。

在事后我们不大可能还认为那狂热激烈的竞争阶段源自一系列深思熟虑的理性决策，毕竟殖民主义并没有给欧洲人带来他们预期的收益。从经济学帝国主义理论角度来看，这甚至与预期的结果南辕北辙：在经济学帝国主义理论中，帝国主义被视为人类有史以来最为血腥的剥削和压迫方式之一。毋庸置疑，殖民帝国主义也确实配得上此一殊"荣"。但即使极尽武力压榨之能事，它的投入与产出也越来越趋向于相互抵消。从国民经济学角度讲，殖民帝国主义其实是政治和经济上的严重失算。

　　那么，该如何解释上述这种失算呢？特别是当这种失算并不限于哪一国，也不限于欧洲大陆，它曾经蔓延全球，臭名昭著的"瓜分非洲"（Scramble for Africa）就是其中一例。[1] 同样，当年日本和美国的政策也深陷帝国主义狂热：日本将战火烧遍东亚大陆，尤其在中国的东北地区，它与俄国人卷入纷争，最终触发1904 年至 1905 年的日俄战争，这场战争可谓典型的帝国主义战争。而美国则于 1898 年美西战争之后不仅在中美洲和加勒比海地区站稳了脚跟，随后还接管了菲律宾。而在菲律宾，美国被拖入了一场旷日持久且损失惨重的游击战争当中。[5]

/ 037

　　莫非这种失算是因为受了癔症的感染，它像瘟疫一样四处传播开来，以至于精英们都无法理性地谋求自身利益了？还是果真如马克思主义学者的帝国主义理论所宣称的那样，经济最发达国家的过度积累和消费不足决定了它们必须为商品开拓市场、为资本寻求投资机会呢？抑或是如约瑟夫·熊彼特（Joseph Schumpeter）所言，19 世纪晚期到 20 世纪初期的帝国主义其实是前现代精英的最后挣扎？那些精英不愿接受"贸易和变化"的新时代精神，便转投征服政策的怀抱，即使那明显是得不偿失之策？[6]

　　关于 19 世纪那些超级帝国的成因，以及在帝国成形中相伴而生的种种冲突，在原则上，有着两种不同的解读方式：其一，强调非理性的根源，认为非理性侵入了一个渐趋理性化的世界，此乃问题症结所在。另一，帝国主义恰恰是资本主义世界里最强大行为体的一种理性行动，是民族资本竞争和资本回报需求给帝国主义扩张规定的方向。后一种解读模式，也让我们明白了与之应和的理论学说何以对超级帝国的诞生和崛起问题着墨不多，而更多是在探讨"资本主义有没有前途"这样一个问题，以及如果它有前途，是如罗莎·卢森堡所言，那将会是一个野蛮的时代，还是如约翰·霍布森（John Atkinson Hobson）所认为的那样，资本主义原动力可借助社会政治改革得以驯服。

在 19 世纪到 20 世纪之交，霍布森开创了完完全全建立在经济学基础上的帝国主义理论。此后，这一理论在广大帝国主义理论学家中掀起了研讨的热潮。霍布森认为，从整个社会角度来考量，帝国主义政策肯定是不划算的，是一桩十足的赔本买卖。跟经济落后甚至尚未开发的地区做生意，所得收益同维持帝国运转的军事和管理成本相比，极不相称，更别提还在那些属地投资基础设施建设了。

那么，到底谁会愿意去创建这样一个无利可图的帝国呢？霍布森认为，既不是纳税人，也非商人或企业主；对此兴致勃勃者，乃寻求高回报投资机会的金融资本。帝国的扩张政策可为此打开方便大门——特别是当国家出面，提供应有保障；随时做好在海外地区进行军事干预的准备，弭兵平乱，不遗余力，为海外投资保驾护航；甚至在必要时直接接管当地政权。[7] 于是，为了说服国家政府，也让大部分国民支持其在海外开拓高回报的可靠投资良机，金融资本不惜极力操纵民意，点燃人们心中民族主义的本能，在民众中撒播亲帝国主义的种子。通过这些手段，少数资本家对海外投资的贪欲竟被抬升到民族大义的高度了。按霍布森的说法，帝国主义在本质上是发生在经济发达社会里的一次内部再分配运动。

和稍晚时候出现的马克思主义的帝国主义理论学家之看法不同，对于所谓资本主义即使不经海外扩张以及为海外投资撑起政治、经济保护伞也一样会崩溃的观点，霍布森不以为然。他更相信，资本主义国家的消费不足问题在中期可通过推行积极有力的社会政策，提升大众购买力，而使问题迎刃而解。按照这个思路，对资本主义的政治驯化、发展高效的社会福利制度，完全可以取代那种四处插手、侵略性十足的帝国主义政策。

经济学家约翰·梅纳德·凯恩斯（John Maynard Keynes）作为逆周期调节论的代表人物，在很多方面都深受霍布森帝国主义批判理论的启发和影响。而罗莎·卢森堡（Rosa Luxemburg）和弗拉基米尔·伊里奇·列宁在同党内社会改革派及工会主义者的论争中，坚决驳斥了资本主义"社会民主化改革"的可能性，并且还指出，帝国主义扩张乃资本主义的本性所在。从一开始，他们的帝国主义理论就以消灭资本主义为己任，认为必须以革命手段铲除资本主义。依据他们两位的理论，资本主义必将朽亡；而帝国主义国家之间的竞争则是其掘墓人，强权国家将相互征战，彼此削弱。而社会主义革命则将坐收渔人之利，走上通往胜利的康庄大道。

上述所有理论和论辩的关注点，都不在于帝国何以成形，而是纠缠于能否借助改革和革命来救治欧洲社会这一话题。因此，它们对于帝国扩张之剑刺入的边缘，也关注甚微。对于帝国主义理论来说，要解答资本主义是否可以改革以及其优势和弱点何在这些挑战性问题，帝国的政治、经济边缘完全是次要的。于是，边缘在这些理论学说里自然也仅居次要地位。所以，在这些理论里，帝国的形成不可避免地就被理解成一个从中心向边缘延伸的过程。它们只考量了其中的推动因素（push），至于拉动因素（pull）则无人问津。其实这些帝国主义理论的提问方式（Fragestellung）和认知旨趣已经为它们得出何种结论埋下了伏笔。

在这当中，只有列宁一人在其帝国主义理论里比较深入地探讨了边缘问题。不过说到底，原因主要在于他的俄国作为帝国的历史虽有数百年之久，但从"经济学"帝国主义理论的视角来看，它本身也属于边缘。如果认定帝国主义只是资本过度积累的结果，那么资本单薄的俄国难免就沦为二流角色了；特别是它还曾效仿英、美，试图建立经济的"卢布帝国主义"来充实其军事帝国主义，终因资本匮乏而功亏一篑。[8]列宁认为，俄国是帝国主义统治链条上"最为薄弱的环节"，链条必将在此断裂。

作为"理论家"的列宁所做出的帝国主义预言，对于身为"政治家"的列宁可谓适逢其时，恰如其分。按照他的预测，社会主义革命之火将在俄国点燃；并从此成燎原之势，烧至资本主义以及帝国主义世界的中心地带。其实归根结底，列宁对边缘问题的兴趣也不大。他真正关注的只是帝国主义链条上最薄弱的环节，在这一环节，他看到了以革命推倒旧统治的千载难逢之机。在俄国内战时期，列宁授令收复沙俄在一战中的失地，并将其纳入新生苏维埃政权的版图。其手腕足见他对边缘态度之漠然。

也就是说，资本主义社会的一个特定问题，在经济学帝国主义理论——基本也是社会主义帝国主义理论——那里，倒成了解读帝国形成的关键所在。这些理论，对那个时代的问题做出了那个时代的回答，本也无可厚非。然而常常有人并不把这些理论仅仅理解为时代之音，而是将其奉为解读帝国形成的普适圭臬。结果就是，这些理论需要解释的东西超出了它们可以解释的范围，[9]以至于让人看不清帝国政治背后的真正因素和动力。

可以套在 19 世纪末到 20 世纪初的英国、美国甚至德国身上的理论，未必同样都适用于法国。虽然当时的法国是仅次于英国的殖民帝国，但跟其他欧洲国家相比，法国资本积累的动力相对不足。将其套在日本头上就更为牵强了，而对俄国来说，则完全不合时宜：在这一时期，沙俄仰赖资本输入；另外，沙俄反复变换盟友——特别是在 19 世纪 80 年代末，先与德国结盟，后又转投法国（这也为一战的最终爆发埋下了伏笔）——背后的动机正是通过订立一系列借贷合同推动俄国走上基础设施和军备现代化以及工业建设的道路。[10] 可见，以经济驱动力之说无法解释 19 世纪下半叶沙俄帝国的帝国主义政策。

　　为实现对外扩张而不惜奴役和压榨自家百姓，成为沙俄帝国诞生史的胎记。[11]这种对内压榨方式也被称为"内部殖民主义"。其中一项重大举措，便是伴随暴力和胁迫的人口大迁移：将劳动力大规模从俄国在欧洲的领土转移到人烟稀少的西伯利亚。[12]在解释西欧国家为何迟迟没有爆发革命时，列宁提到，在帝国形成过程中产生了惠及大众的超额利润，而这在俄国则是遥不可及的幻梦。首先，为支撑沙皇帝国权力扩张的霸业，广大农民数百年来穷困潦倒、饱经霜雪。此外，贵族阶层是否真如帝国主义理论家所宣称的那样，在帝国扩张中捞尽便宜，也是值得怀疑的。比如 1863 年至 1904 年间，90% 的贵族领地易主便是一则反例。[13]为在强权国家的帝国竞争中抢占先机，俄国不得不变革国内的社会经济结构，此举加剧了贵族地主阶级的破产，同时也使农民阶级在穷困的深渊里越陷越深。根据帝国主义理论的考察和预测，贵族阶层的贫困化问题无疑要比农民处境恶化的影响更为重大——毕竟，前者才是沙俄帝国社会经济的支柱。然而，贵族的社会利益明显与帝国的政治需求背道而驰。按理说，贵族为了维护自身利益，本应竭力阻挠帝国对外扩张才是。在其历史上的大部分时间里，沙俄都属于这样一类帝国：在其权力的中心，几乎找不出帝国政策的真正受益者。

　　谈到俄国，还有一个因素是帝国主义理论无法解释的。那就是，为便于管理这个庞大的帝国，自彼得大帝时代以降，沙皇便高度依赖非俄裔人士。这其中，德国人扮演了突出的角色，既有波罗的海的德意志贵族——他们随着 18 世纪初期沙俄向波罗的海的扩张而踏足沙皇的领地，并享有种种特权；也有从德国征募的军官和管理人才。以至于在 18 世纪和 19 世纪，俄国高层官员中有约 18% 是德裔。到 20 世纪之交，这个比例还有所上升。[14] 这些人无疑从沙俄的帝国扩张中分得了一杯羹。他们的飞黄腾达皆得益于此。类似的情形，也出现在哥萨克人身上，他们在戍守帝国边境中发挥了重要作用。也就是说，沙俄帝国的真正受益者是那些边缘群体和少数民族，他们在帝国秩序之内平步青云；而这是他们在其他情况下未敢奢望的。[15]

/ 043

　　源自帝国边缘的群体和少数民族为何受到如此厚待呢？这个问题，用帝国主义理论回答不了，但可以用帝国统治的理论加以诠释。帝国主义理论，考查既有的社会政治权力同帝国扩张之间的联系，从而找到帝国扩张政策的幕后推手及真正赢家，追寻在政治上、在社会中最强大的行为体。而帝国（统治）理论则提出了一种说法，认为在社会中处于边缘的群体对于统治辽阔帝国颇有用处；在这个帝国里，中心不可能掌控所有事态发展和决策，它必须依靠边缘的主政者。而中心真正关心的不是边缘地区政策的是非优劣，而是那里的当权者的赤胆忠心。帝国越是幅员辽阔，其内部离心力越是彰明较著。地方长官和军事统帅同边缘军民打成一片，深孚众望，那么这就增加了这些人伺机从帝国分裂出去或者通过兵变、政变夺取中央政权的危险。以罗马为例，从公元前 1 世纪的内战时期开始，罗马帝国内就接二连三上演叛乱和篡位之争，这些纷争起于边缘，并蔓延至中心。[16]

　　为了避免地方行政长官跟当地民众走得太近，防止军事指挥官同帝国边缘驻军打成一片，可行的一个做法是频繁、定期更换地方行政长官和军事统帅。也确实有些帝国常常采纳此策。然而，这种手段自有其不足之处：边缘的主政者，常常因此而没有足够的时间来熟悉错综复杂的当地情况，以致泥古拘方，不知变通，决策失误接踵而至。有一个著名的例子可以证实轮换制原则的恶果。罗马帝国在日耳曼尼亚曾有一个总督——普布利乌斯·奎因克提里乌斯·瓦卢斯（Varus），此君先在叙利亚担任行省总督，但对莱茵河与易北河之间这块情形完全不同的地区却了解不足，这导致公元 9 年他在平息日耳曼土著首领叛乱时失利。在那一年，瓦卢斯和他的军团在条顿堡森林遭遇敌军伏击，最后一败涂地。这次军事失利也让罗马人向东北方向的帝国扩张之路从此止步不前。[17] 在帝国衰亡史中，类似瓦卢斯这样的人物比比皆是。

除了上述频繁更换主事者的做法，还有一种方案：在主政精英层——至少其中一部分——将那些被迫绝对效忠帝国中心的群体或个人吸纳进去。由于这些人的政治和个人命运与其主子的命运紧紧相依，所以即便天高皇帝远，没有主子的直接管控，他们也将奉献其忠诚和干劲。

利用少数族群维系帝国政权的例子，除了上文提及的沙皇俄国的文官和戍边的哥萨克人，还有奥斯曼帝国的近卫军团。当然，他们并非远在帝国边缘，而恰恰驻扎于权力的中心——君士坦丁堡及周边地区。也正是这个原因，使得他们足以对苏丹的统治构成直接威胁。近卫军直接向苏丹负责，他们是装备优良、训练有素的精锐之师，一旦叛变，苏丹恐难有平乱之力。所以，苏丹完全依赖这一精英群体的忠诚。为确保他们战时骁勇善战以及对苏丹绝对效忠，军队采取了特殊的招募制度。奥斯曼帝国从其所属巴尔干地区的基督教臣民中挑选男童，以所谓"血税"① 之制征其入伍。他们与权力中心素无政治上的瓜葛，与之也无任何

---

① 德夫希尔梅（Dewschirme）。

社会关联，他们获得特权地位完全拜君主的恩宠。

在奥斯曼帝国历史的很长一段时间里，其精英阶层都来自巴尔干地区。在种族上讲，他们更接近阿尔巴尼亚人而非土耳其人。近卫军帝国边缘的出身，加上种族和宗教上又属于少数族群，足以令苏丹器重和信任，而不会让他重蹈当年某些罗马皇帝的覆辙——不少罗马皇帝死于禁卫军之变。至于奥斯曼帝国的官僚精英，情形与近卫军颇为相似。从 17 世纪晚期开始，当自由身的穆斯林在官僚精英层中与日俱增，渐渐占据了半壁江山，整个官僚精英层就开始走下坡路了：税务官以权谋私，中饱私囊；中心逐渐丧失对边缘的有效管控。[18]

同样，在西班牙世界帝国的衰落和崩解历史中，我们也能看到内部离心力的上升乃至失控，这最终导致大片地区从帝国体系里脱离出去。由于很少向拉美属地派驻行政官员和军队，西班牙帝国的殖民地管理成本不高。如此一来，一方面，无论是官僚阶层还是民兵军官（当时民兵是维护社会安定、抵御印第安游牧部落侵袭的主要力量）都出现了明显的克里奥尔化（Kreolisierung）势头。而另一方面，拉丁美洲的贸易也全面落入克里奥尔人之手。[19] 在极盛时期，西班牙在美洲的势力范围北起加利福尼亚和得克萨斯，南接智利南端。在这片辽阔的属地，得势的克里奥尔上层集团没过多久便认定，已经没有必要再向宗主国源源不断输出其赖以维系欧洲霸权的财富了。

在帝国的中心马德里，人们的看法自然完全不同。他们力图通过波旁王廷的改革削弱克里奥尔人的影响，同时也增强来自欧洲的西班牙人在当地的权力。这些改革取得了经济上的成功，但同时也使西属拉丁美洲地区渐渐疏远其宗主国。[20] 1807 年，拿破仑的军队占领西班牙，随后他任命其兄长为西班牙国王。这一事件为拉丁美洲从西班牙分离出去提供了一个契机，但并非其根本原因。

　　在沙俄帝国，我们已经看到，在它的官僚及军事精英层里，有一部分来自社会政治的边缘地带。这种边缘性对应于西班牙帝国，则是在一个印第安人人数占优的环境里白人城市上流阶层长期的少数派地位。在那里，阻碍西班牙帝国秩序离心趋向的，是克里奥尔上流阶层的顾虑——他们并不能肯定，在脱离帝国联盟之后，能否保住其"新世界"的社会地位。他们担心自己在奴隶和印第安人的抗争中，会最终变得一无所有。正是文官管理制、法治，以及内外安定这些维系西班牙稳定的要素，在这时起到了向心平衡的作用。但随着波旁王廷改革的推进，克里奥尔人承受的成本压力日增月涨。直至西班牙在对英国的战争中已无力兑现改革承诺，克里奥尔人方才确信，从帝国脱离出去要胜过留在里面。

　　在沙俄和西班牙的例子里，我们发现——至少从帝国建立之时开始——不能仅仅通过"中心"来解读帝国秩序的结构和动力。那些对帝国的生死存亡至关重要的决策，很多都是由那些来自边缘的个人或群体做出的，这些人的政治意识有着深深的边缘烙印。比如，2世纪以后的罗马皇帝即大致属于这一类人。

　　在大英帝国的历史中，我们还可以看到，边缘对中心有另一种截然不同的影响。在19世纪最后几十年里，英国人抛弃了——至少部分抛弃了——通过控制商业和人员流通所换来的帝国安逸的局面，在印度和非洲大陆给自己徒增了领土帝国特有的沉重负担，统治成本由此攀升。作为自由贸易理念的信徒，英国人本相信通过强化经济往来可达致长治久安；在这些观念的影响下，英国人最初曾将帝国扩建之大任大部分交到了非国家行为主体手里，特别是贸易公司，也包括那些开辟新市场进而扩大贸易的商人和银行。自由贸易理论的奠基人理查德·柯布登（R.Cobden）在 1846 年就曾说过："依我看来，在道德世界里，自由贸易的原则所起的作用如同宇宙空间里的重力原则。它让天各一方的人汇聚一堂，消融了种族信仰和语言的千差万别，以永久和平为纽带，将我们团结在一起。"[21]

然而到了 19 世纪末，事情发展的方向与自由贸易和自由国际主义理论所设想的背道而驰。[22] 那些强加于附庸国家的经贸协议，并没如英国人所期待的那样，强化当地政治秩序或者带来政治秩序自由化。相反，却一步步削弱了那里的政治秩序，最终导致它的分崩离析。于是，叛乱层出不穷。1857 年爆发的印度民族起义是一个序曲。在那一连串事件的影响之下，英国人在整体上对其在印度的行政和军事体制进行了改革。他们放弃了低成本的间接统治方式，取而代之的是代价高昂的直接统治。这一决策并非根源于中心，归根结底，它是由边缘的动荡局面所触发的反应。

这些此起彼伏的骚乱，加上新上台的政客们又不比前任，没能顺应经济发展的时代需求而有所作为，凡此种种导致了贷款偿还期一再延宕，在新开发地区的投资安全也令人担忧。英国人碰到的这些问题，美国也曾经遭遇过，尤其是在它的所谓"后院"——中美洲和加勒比海地区，以至于"不得不"一次次付诸干预行动。一时间，那些原本在其经济触角渗入的地区刻意回避政治干预的帝国政权，突然面临着新的抉择：要么干脆从这些地区全身而退，要么在行政管理和政治上全面接管当地统治。[23] 欧洲人，尤其是英国人，选择了后者。他们在亚洲和撒哈拉以南的非洲建立殖民地。而在中美及加勒比海地区，美国的政策则止步于阶段性军事干预。全身而退，对他们而言意味着曾经付出的投资将付诸东流。那些已经一只脚踏入经济全球化阶段的强国，断然不会因为边缘局势出现动荡或遭遇零星反抗，而真正考虑全身而退。[24]

当扩张中的西方社会决意以这种方式用尽政府机构、军队特别是税收手段来实现其经济利益时，对经济学帝国主义理论而言，这意味着资本主义国家已经过渡到帝国主义国家。[25] 然而，这当中被人忽视的，是在边缘悄然发生的变化。在那里，在源自工业化中心的商品流通的重压之下，传统的生产方式土崩瓦解。而与此同时，人们原有生活方式所起的凝聚作用，也已荡然无存。19 世纪下半叶，初具雏形的全球化对传统社会的冲击，推动着 19 世纪 80 年代以后所谓的帝国主义扩张，并最终开启了真正帝国主义时代的序幕。如果我们把上述发展过程描述成一个由经济因素所触发的，对既有秩序日侵月蚀的过程，而这一过程，又促使外在强权介入其中、稳定局面，那么就不难看出 20 世纪末的政局倒与之颇有几分相似。比如在过去几十年里，那些出于人道主义的军事干预——从阻止种族屠杀到遏制内战，不一而足——都可视作对当今全球化进程中的意外副作用的一种补救方式。那么，某些学者口中的所谓人道帝国主义，其实也无异于对全球化进程带来的社会经济后果所做的政治调整。

虽然那些潜心于欧洲帝国主义时代历史的史学家，不遗余力地呼吁大家对边缘给予更多关注，[26] 不过应者寥寥。帝国主义理论家们之所以不待见边缘，是因为他们的理论从理念到提问方式都着眼于中心：在他们看来，但凡有意于缔造帝国的思潮和政治运动都可冠以帝国主义之名。由此可见，帝国主义理论，不可避免地太过拘泥于中心少数行为体的主观意志，而忽视了中心和边缘互动所产生的连锁效应对于帝国成形之重要意义。相反，帝国理论将中心和边缘等量齐观，无论是在考察帝国诞生的初期时，还是在研究帝国的稳定期时，皆一以贯之。

这样，我们的讨论也就自然而然触及了帝国主义理论的另一个问题，即这一理论聚焦于帝国的诞生阶段，而忽视了稍晚时期帝国的运作。很明显，这种片面性根源于其认知旨趣在于资本主义的原动力：这些理论家坚持认为，帝国主义将无法构建起一个稳健的秩序体系，于是战乱和冲突将不可避免，这又将最终埋葬帝国主义。基于这样的认知，他们自然不会更深入地钻研那些发达帝国的运作之道。即便在 20 世纪六七十年代帝国主义理论学说得以复兴，学者们也只是更多关注那些年寿不永的帝国诞生史，如俾斯麦的德意志帝国、威廉主义以及纳粹大日耳曼帝国的狂想等。除此之外，一些学者还以批判的眼光审视了美国帝国主义和日本帝国主义，然而，除了大英帝国，他们对那些国祚久续的诸多帝国兴趣寥寥，探究不多。[27] 他们认定帝国主义时代的末日已指日可待，这样的期望，本身似乎已让这种探讨显得多余；于是，即便论及大英世界帝国，他们主要也是把目光投向冒进的帝国扩张阶段，而对润物无声的帝国运作期视而不见。所以，顺着帝国主义理论的这种思路，理论家们完全也有可能抛出这么一个武断的预测："美利坚的帝国"也将不会长久。

/ 050

/ 威望追求与权力竞争：政治学帝国主义理论

要梳理晚近强权政治的演变发展，是否可以指望真正意义上的"政治学"帝国主义理论帮我们指点迷津呢？须指出，这一理论学说将关注点集中在大都市发展上，同样对中心－边缘问题鲜有涉及。所以，早期的政治学帝国主义理论，致力于诠释拿破仑三世的崛起和法兰西第二帝国的诞生。这些理论将拿破仑一世和他开创的帝国以及法兰西第一、第二帝国何以延承罗马帝国传统衣钵等问题，作为比较研究的基础。卡尔·马克思的《路易·波拿巴的雾月十八日》（1852）是这些理论的开山之作。书中，马克思将拿破仑三世的政治发迹归因于 19 世纪中期法国社会的"阶级平衡"。进步的力量和保守的力量分立于天平的两端，在一段时间里，双方势均力敌，并且彼此削弱。这就导致了国家机构趋向自主化：自此，它可以推行不受某个统治阶级意志主宰的政策。

所谓波拿巴主义理论[28]本身并不是帝国主义理论。但它已经闪现了不少帝国主义理论的影子。比如它认为，军队和国家权力精英在帝国主义扩张过程中不再受制于统治阶级经济利益的羁绊，而汲汲营营于其——套用韦伯的概念——威望追求。至于威望的代价问题，可以搁置不提，因为那本来就是一个政治上无权的社会所必须承担的。当1851年冬路易·波拿巴窃取了权力，马克思这样写道："法国逃脱一个阶级的专制，好像只是为了服从于一个人的专制，并且是服从于一个没有权威的人的权威。"[1][29]

---

① 参见《马克思恩格斯文集》第二卷，第 563 页，北京：人民出版社，2009年版。

在马克思眼里，路易·波拿巴只是流氓无产阶级两个帮派的首领，是暴发户和暴徒的头儿。马克思相信法国的真正权力因素是军队，而不是国民会议。早在第二帝国尚未建立时，他便写道：建成完全意义的共和国，只差一点，即（议会）永久休会，把（共和国）高唱的"自由、平等、博爱"信条换成毫不含糊的"步兵、骑兵、炮兵"。[30] 此前的拿破仑一世，也只能借助无休止的对外战争使其通过政变篡夺的政权苟延残喘。就这一点而言，对内专制和对外战争就像一对孪生兄弟，如影随形。[31] 在马克思看来，帝国主义和专制主义正如同一枚硬币的两面。

倘若马克思不是一味专注于经济和阶级斗争问题，而是在其阐述中加入政治心理学方面的考量，那么，他会很快触及后来被马克斯·韦伯（Max Weber）称为威望追求的那个点。皇帝、朝臣和将领汲汲营营，都希望获得人们对其卓然地位的认同，不独在法国，在欧洲，在全世界范围内，莫不如此。而且，要满足这种威望追求，只能寄望一次又一次的帝国行动：从巩固北非马格里布地区的统治，到哈布斯堡家族的马西米连诺一世（Maximilian）在墨西哥的冒险事业，无不代表着当时的法国政治。

诚然，关于上述政策轻率冒险的一面，在当时没有谁比马克思看得更加清楚了。法国当时外交内政的目标在于提升皇帝（拿破仑三世）及其帝国在欧洲大陆和整个世界上的威望，而并不以经济收益作为衡量标准，更不可能将经济收益作为最终目标。可以说，拿破仑三世的政策是拿经济资本换取政治威望。在这种政治威望追求背后暗含着一个承诺：在中长期，经济上将会有利可图；在短期，每个法国人将受益于法国的帝国威望，他们能从第二帝国的巨厦上沾得一分荣光。[32]

跟经济学帝国主义理论学说相比，政治学帝国主义理论自有其优点：他们援引多种资本类型来进行论证，不同资本类型之间可相互比较，相互转换。[33] 事实上，帝国主义这一概念的提出，确实受了路易·拿破仑政治的影响，并由此传播开来。[34] 英国当年保守党首相本杰明·迪斯雷利（B.Disraeli）在其1872年著名的"水晶宫演讲"中，使用了这个概念，借以描述一种扩张性的外交政策。不过，他推行这一政策，归根结底，主要还是为了提升英国王室的威望以及保守党的公众声望。甚至维多利亚女王在1876年4月加冕为印度女皇，也是彻头彻尾的帝国行为：它的目标是建立一个新的皇权，而在这个新皇权里，政治威望压倒了经济利益。

迪斯雷利大打帝国牌，与当时欧洲大陆的政治气候不无关系：在当时的欧洲，皇帝的尊号已经从巴黎移到了柏林。普法战争中败北的法国，于1870年9月重返共和政体；而在普鲁士的领导下，德意志南北大小诸邦在其王侯和国王率领下，于1871年初臣服于德皇的统治。欧洲的陆地帝国，比如两个拿破仑皇帝的法兰西帝国，以及在俾斯麦时代终结、威廉主义启幕之后前后两个"德意志帝国"，[35] 都曾试图与古罗马帝国"攀亲"，从而提升自身威望。而迪斯雷利则致力于在欧洲之外扩张英国的权力，以强化其全球威望，也即"世界统治地位"。当时的德意志帝国尚无海外殖民地，按全球威望的标尺来衡量，只能算是一个二流角色。然而，殖民扩张的狂热很快感染了德国。这种狂热同样是一种威望追求的外显，即冀望为德意志帝国争得"那太阳下的一席之地"。

因此，在当时，这种帝国诉求在内政上的作用体现在它试图使帝国子民都获得一份民族自豪感，以此纾解经济上的分配冲突；在外交方面，它能达到提升国际威望，增强其权力和影响力的目的。[36] 就这一点而言，威望追求无异于一种政治运作过程，不宜以短期的成本－效益分析来评估其价值。从广义上讲，我们可以把威望竞争解读为建立国际层级制的过程。这个层级制，无须"以战争作为出路"（克劳塞维茨语），至少在争夺主宰地位的竞争对手之间，无须动武。但这并不意味着，这些劲敌之间就可以完全相安无事，只不过因竞争而生的战争往往发生在各自统治范围的边缘，而且竞争各方也会极力避免与对方发生直接摩擦。[37] 他们通过武力制服在政治和经济上处于劣势的对手，赢得威望。只有当这种权力和威望竞争模式失灵的时候，边缘的帝国战争——往往是以不对称的战争方式出现——才会演变成帝国主义战争。只有到了这个时候，争夺霸权地位的竞争对手才会直接兵戎相见。

因此，政治学帝国主义理论关注的核心问题，[38] 是不同于经济学帝国主义理论的另一类竞争。那不是抢占市场和投资机会的资本竞争，而是一种争夺权力和影响力的国家间竞争。在这样的竞争中，经济学意义上的成本－效益平衡就显得没那么重要了。当然，威望追求也总会给非理性的动机和期望打开方便之门。不过，我们需谨慎待之，不能不分青红皂白就给威望追求一律扣上非理性的帽子。反而那种只拿经济利润来衡量成本和收益的考察方式，恰恰是不理性的。

跟一般主权国家不同的是，帝国总要承受一种非正式压力，即要在一切权力、威望、成绩可量化、较量的领域里保持领先地位。时至今日，这种争冠夺魁的压力，不仅体现在军事实力或经济业绩上，也表现在技术发展和学术进步上，甚至已扩展到了体育和文娱领域：诺贝尔奖斩获几何，大学排名怎样，奥运会奖牌数排名，奥斯卡奖花落谁家，等等，这些都成为展示和捍卫帝国"软实力"的竞技场。在这些舞台上，偶尔的名落孙山，立刻有人将它视作帝国衰落的先兆，而且无疑也会导致帝国威望的损失。在下一轮较量中，它必将竭力挽回颜面。不过，需要指出的是，上述这些领域虽是帝国接受霸主地位考验和检视的试金石，但终究还无伤大雅。

检验帝国优势地位，还有一个远比这些激烈得多的赛场，那就是自然科学和尖端技术领域。这些领域决定了对世界经济命脉的掌控力，而政治和军事的权力也正来源于此。航天的历史给我们提供了很好的佐证。20世纪50年代末，苏联第一颗人造卫星上天，航天事业取得了石破天惊的突破。美国朝野上下无不愕然，引发了所谓"斯普尼克惊恐"[①]，而且还直接触发美国太空计划的立项——通过这项计划，美国矢志在航天事业上赶超苏联。登月成功，正是美国奋起直追并取得领先的标志性事件。当尼尔·阿姆斯特朗走出登月舱，踏上月球的土地，那一刻，对人类来说的确是迈出了一大步。而就美国而言，首先是它在威望追求和优势地位上向前迈出的一大步。

要正确评估政治威望追求的意义，我们必须了解清楚威望竞争的框架条件，特别重要的一点是先把国际政治中的多极体系和两极体系区分开来。而且除了国际关系理论中普遍的多极和两极区分外，[39] 有必要加上对第三种可能——单极体系的区分。在单极体系里，那一极拥有无可争议的优势地位，它的威望追求，其实已降为威望的维持。在这种情形下，最重要的一点，是权力分

---

① Spunik shock，斯普尼克为苏联人造卫星的名字。

配的客观指标所确定下来的格局得到其中所有行为体的广泛认同。认同程度越高，国际政治秩序则越稳定，反之，则越容易发生拒绝追随甚至公然违抗现存层级制的行为。在伊拉克战争之初，种种论争甚嚣尘上。这些争论本质上都绕不开美国的政治威望问题。几个盟友公然拒绝追随，这自然给美国的威望招来不赀之损。

自 20 世纪 60 年代开始，法国在西方阵营里一直扮演着质疑美国至高无上威望的角色，甚至力图获得大致与山姆大叔平起平坐的地位，在西方霸权世界里与之平分秋色。戴高乐总统开了这一政策的先河，并且打上戴高乐主义的招牌。就连推崇自由社会和法式社会主义的吉斯卡尔·德斯坦（Giscard d'Estaing）和弗朗索瓦·密特朗（François Mitterrand）两位总统也步其后尘，追随了他的路线。至于英国人，则走了不同的路。他们与美国过从甚密，想借此搭美国政治威望的顺风车，从而也提升自己的国际声望。

这种来自"第二梯队"的威望角逐对于国际秩序的影响，因时而异。它在冷战时期的两极秩序中所产生的后果，不同于在今日单极秩序里的影响。两极秩序让威望角逐的影响效应受到了限制，而单极和多极秩序则会放大和强化这种影响作用。具体而言，在冷战时期东西方对抗的背景下，法国人偶尔唱唱反调，显然成不了什么大气候，不可能动摇法国隶属于西方阵营的属性，背离西方阵营也绝非法国政策的出发点。因此，法国在外交政策上虽时时展露其独立自主的势头，但不会逾制僭越。法国人的威望追求，与其说是为了改变当时的政治棋局，倒不如说是为了满足民族虚荣心。也就是说，美国在当时无意过度彰显其霸权地位，与此同时，英国人虽紧紧追随美国左右，从中所得却相对较少。

这一切随着两极体系的终结发生了微妙的变化。[40] 很明显的就是若以 1991 年为分界点，美国所面临的局面在这前后发生了巨大变化。1991 年底，苏联正式解体。但几乎直到十年之后，当事行为主体才清楚地意识到，两极体系的终结究竟给它们带来了怎样的后果。两极变成了单极，最大竞争对手出局，单极霸主的相对权力固然获得了提升，但来自"第二梯队的威望角逐"，如今也对霸主国构成了实实在在的挑战。它再也不能像从前两极对立时期那样，对这样的挑战泰然自若、坐视不管了。另外，霸主国的无条件追随者则行情看涨，至少是象征性上涨。总的来说，在两极体系的结构性压力消除以后，霸权强国对其盟友的期望压力远甚从前。鉴于近些年跨大西洋伙伴关系龃龉不断，很多观察家指出，美国已从"仁慈霸权"的角色蜕变为强硬的帝国强权；而这一切皆被归因于美国政府班底和政治智囊团的新保守主义思潮影响，[41] 但或许这一切只是两极压力消散所带来的后果以及由此而生的更激烈的威望竞争的反映。

霸权候选国之间的角逐越是激烈，霸主国家以帝国行动来彰显其诉求的压力也就越大。迪斯雷利的"水晶宫演讲"正是面对欧洲新格局所做出的一种反应：当时在德意志统一之后，英国对欧洲大陆事务的影响力已受到削弱；同时它又面临俄国在中亚的侵略政策的挑战。此外，随着美国的日益壮大，英国作为全球领先的工业强国地位也已岌岌可危。简言之，英帝国的地位受到了挑战，而迪斯雷利力推的帝国主义计划便是对这一挑战的回应。我们可以看到，这种对外部问题的应对方式远比经济学及政治学帝国主义理论所设想的更为激烈。此前英国几乎没有大费周章，便成就了其世界政治霸权的地位，如今它受到质疑和挑战，自当奋起捍卫，以求地位不失。那些在大部分帝国主义理论家看来是进攻性的表现，其实在政治行为主体眼里，可能恰恰出自再正常不过的防御动机罢了。

在整个 18 世纪，英国都充当了维持欧洲大陆均势的"平衡者"角色。保持欧陆的均势，压制可能威胁其霸权地位的对手之崛起，做到这些英国人曾经无需派出一兵一卒，只需在资金和道义上向相对弱势的一方施以援手，增强其承受力。英国人这种极为划算的霸权政策，在同法国拿破仑一世的争斗中走到了尽头。为了扳倒拿破仑，同时也为了维护其自身利益，在相当长的时间里，英国都不得不向欧陆投入兵力。而拿破仑不仅通过占领伊比利亚半岛在军事上压制英国；而且，他还以贸易封锁，即所谓"大陆封锁"来打击英国经济。此举意图切断英伦三岛与欧洲市场的所有联系，进而使英国屈服。

拿破仑帝国瓦解后的欧洲局势，完全符合英国人的利益。欧洲自此又恢复了昔日多极力量的均衡局面，但也同时渐渐朝着两极化的方向发展：在中欧和东欧，是沙俄主导的神圣同盟，与之遥遥相对的是西边实力受挫的法兰西。后者严重依赖与英国的政治同盟关系，而英国人也得以重拾其一贯的霸权政策，他们以其无与伦比的海军实力独霸海上霸权；他们倚借盟国和自身资金的优势，把持欧陆事务；他们为商品流通打开市场，并随着其工业革命的深入不断拓宽市场。英国人从他们成本极低的霸权地位中大受其益，除了战舰，他们几乎不必为此大费周章地投入人力、财力。因此，当迪斯雷利的对手——自由党人威廉·格莱斯顿（William Gladstone）力拒迪斯雷利的帝国主义政策，并完全贬斥帝国主义概念，实属情有可原。[42] 诚然，英国人一向在欧洲维持均势，在欧陆之外的地区实行间接统治，并推行自由贸易政策，英国人何苦要放弃这样一个有利局面，转向代价高昂且前途未卜的帝国主义冒险呢？

/ 扩张压力、边缘"地利"与时间主权

同样是维护自身安全并在军事上保持对竞争对手的优势地位,相比欧洲大陆国家,那时的英国人在这一方面的花费要小得多。他们除了在打造海军战舰上的投资以外,不必像对手那样需要一支常备陆军。在形势所迫,确需调用大规模陆军的情况下,英国人则长期采取在欧陆租借或雇用军队的做法。

跟陆军正好相反,海军曾是维护经济繁荣的一大利器。当欧陆国家的陆军大多数时间驻守根据地,让白银东流,海军战舰却随时待命,控制并守卫着水上商道,创造着政治和经济的双重附加值。对陆军而言,战争与和平之间有一道根本性的分割线:无论宣战还是媾和,都会彻底改变一支陆军的"相态"(Aggregatzustand);而海军,尤其是海洋霸主的海军,情况则迥然不同。即使真的天下太平,海军依然可以履行警察之职,在海上商道保驾护航,让商船免遭海盗之祸。可见,在海军战舰上的投入,无论从政治角度还是经济角度看,都物有所值。相形之下,陆军顶多在政治上获得回报。这也正是海洋帝国相较陆地帝国而言最为重要的成本优势之一。关于这一点,美国海军将领阿尔弗雷德·马汉(Alfred Thayer Mahan)在其名著《海权对历史的影响》(*The Influence of Sea Power Upon History*,1890)中有过细述。[43] 此外,在大英帝国诞生的例子中,我们还看到,英国地处欧洲权力中心之外的边缘位置也是其得天独厚的优势。在欧洲大陆那端,法国、普鲁士和奥地利在征战不休中相互削弱,也同时断了各自达致帝国地位之路。而英国则在隔岸观火中崛起壮大。此外,作为欧陆均势的平衡者,英国还控制着这些争霸战争的进程。[44]

那些从一个主权国家体系里或者一种由势均力敌的强国组成的多元体（Pluriversum）里脱颖而出建立帝国的努力，几乎都胎死腹中。而与此相反，那些起家于世界政治权力中心之外的边缘地区的，则常常顺风顺水，大获成功。身处中心从一开始就要付出多得多的努力，俾便在强手如林的竞技场上一马当先，形成帝国政权的雏形。在这一条冲向帝国的路上，必然伴随大规模的战争，战争中强大的国家联盟与初具雏形的帝国相对峙，难解难分。在这些霸权战争中，[45] 要么帝国胎死腹中，要么则像拿破仑的法国和威廉皇帝的德意志那样，在慢慢成形的帝国内部，军队获得主导权。但是，这又让帝国的继续壮大在成本上变得难以承受，同时在政治上束缚了帝国的手脚，让政治行动僵硬呆板。所以，与起家于边缘地区的帝国不同，脱胎于权力政治中心的帝国在其形成过程中，无权坐享前者独有的那种安逸局面：仅仅通过控制贸易流实现帝国统治，而且产出总高于投入。所以，在罗马帝国瓦解之后，欧洲虽然也出现过称雄一时的霸权，却没有一个长盛不衰的帝国。无论是腓力二世到腓力四世时期的西班牙，[46] 还是路易十四治下的法国，甚至由霍亨索伦家族统一后的德意志，皆因连年征伐而未能成功缔造一个帝国。而且到头来，还将原有的霸权优势也一并葬送了。

在政治权力的边缘地带，往往因为没有多个势均力敌的竞争者，而不会爆发毁灭性的大规模战争。在那里，帝国的崛起之路起步于一连串的"小战争"。在这些小型战役中，组织和技术上逊色的对手最终被制服。[47] 另外，这些小战争的特点是，一般无须投入庞大兵力，不必动用大量军备物资或庞杂后勤供给，因此战争成本不高。在那些成功的帝国诞生史之中，我们看到，它们大都产生于纷争不休的国际政治大空间之边缘，而不是中心。从英国、俄国、美国、罗马到西班牙及葡萄牙，莫不如此。[48] 就连奥斯曼帝国也起家于安纳托里亚半岛的边缘，直至帝国扩张阶段，才向小亚细亚和东南欧的中心地带徐徐推进。值得一提的是，古老的波斯帝国和中国，它们都是在国际政治的中心地带发迹并最终形成的帝国。在世界帝国光谱上，它们是绝无仅有的特例。

这些所谓侧翼大国，除了在对付对手和敌人时具有政策执行成本更低的优势以外，最大的长处在于它们源自边缘位置的"时间主权"（Zeitsouveränität，或者说时间自主性）。位于中心的强国，与对手常年征战不休，而对手中也不乏在人力和资源上胜出自己一筹者；而边缘的强国，却能将地处边缘的和平红利转化为对经济发展和基础设施建设的投入。18 和 19 世纪的英国，正是凭借此道，在经济上赢得了对欧洲大陆的优势。也由于英国在全球化的萌芽阶段便从贸易发展中大获其利，所以它才成为自由贸易的开路先锋和捍卫者，[49] 反对任何形式的贸易保护主义。不难看出，和平符合当时大英帝国的利益。如果要打仗，那也必然是为了保障商道通畅或者开辟新市场，也就是说它只打完全合算的仗。至于势均力敌的强国，英国则极力避免与之卷入冲突。17世纪西班牙衰落，葡萄牙后来沦为英国人的附庸，法国则为争夺霸权，疲于征战，以致最终国力大挫。此时，放眼欧洲大陆，英国人已经难觅对手。[50]

其实，美国的崛起同样得益于其地处边缘的"地利"。地利使得它在 1815 年（试图攻入加拿大各省，但最终在英国的抵制中败下阵来）和 1917 年（参与第一次世界大战）之间，避免了同旗鼓相当的劲敌短兵相接，一决高下。而在 19 世纪中后期，对墨西哥和西班牙的战争则属于帝国的扩张战争，对手跟它远不在一个级别。南北战争从头打到尾，也没有外来势力插足，搁在欧洲大陆，这是难以想象的事。在那里，如若遇到这种情形，其他国家会争先恐后，从强权政治的真空中捞上一把。

边缘位置的优势，也彰显于罗马的历史中。在很长时间里，罗马都在希腊化世界——当时地中海地区的政治重心——之外的边缘地带延展、扩张。相似的情形也可见于葡萄牙和西班牙两国。它们在欧洲权力中心之外的地带完成了其政治和经济上的迅速崛起。而当时的权力中心基本在巴黎—罗马—维也纳围成的三角区域。或许我们可以说，随着阿拉贡王室入主意大利之南，随着查理五世当选德意志国王（1519），西班牙便早早卷入了欧洲列强争夺霸权的战争，而这也正是西班牙厄运之始。因为这些战争让它在经济和政治上的实力大为受挫。这个情境让人不由联想到英国人，他们曾一直克制自己，竭力置身于劳民伤财的欧陆战争之外，或许正是因为他们从西班牙的历史中汲取了经验教训。事实上，他们确实做到了这一点，但在18世纪初期卷入西班牙王位继承战争是一大例外。不过说到底，英国参与这场大战主要还是力图将一个可能危及它欧洲影响力的反霸权阵营扼杀于摇篮。

那么俄国呢？不消说，近海的边缘位置有着与陆上边缘位置不一样的影响效应。沙皇帝国的崛起，从一开始就伴随着纷飞的战火。对手虽都非等闲之辈，但经过几十年的交战，最终也都臣服于沙皇。这段历史起于对金帐汗国的征战，最终沙皇在俄罗斯南部地区取代大汗成为主宰。此后，战火烧到了囊括乌克兰的波兰王国，随后继续与瑞典王国交锋，因为上述几国阻碍了沙俄向西北扩张的前进之路。俄国与奥斯曼的冲突持续了几百年。长久以来，奥斯曼人控制着博斯普鲁斯和达达尼尔海峡，封锁了俄国

/ 063

常年对外通商的必经之道。而且，奥斯曼人还因为拜占庭，拥有东正教的圣地，而那又是沙皇权力政治合法性的来源。[51] 从 19世纪下半叶开始，自诩为西、南斯拉夫民族庇护者的沙皇为争夺对这些斯拉夫民族的统治权，同奥匈帝国（哈布斯堡皇朝）展开了拉锯战。这种征战不休、烽火连天的局面，也导致沙皇帝国之创建付出了远比大英帝国或美利坚帝国更为高昂的代价。与此对应的是，在俄国，军队作为权力要素的权重远比在其他西方强国中更高。事实上，俄国从未像英国或美国那样，从其边缘位置中获得那么多好处。

然而，跟中欧和西欧强国相比，俄国还是优势明显。除了个别例外，俄国极少与大国联盟发生冲突。这样一来，它就可以逐一打击对手，各个击破。在这一点上，可以说，俄国人也充分利用了源于其边缘位置的时间主权：他们将领地扩张的时间进程放缓、拉长，将它细分为多个步骤和阶段。步步为营，稳扎稳打，这样就避免了陷入师老兵疲、力不从心的危境。

如果帝国丧失了按自己的节奏把控其扩张和巩固进程的能力，也就是说按部就班，加速和放缓帝国前进步伐的能力，那么对帝国政治而言，不啻为致命之害。来自外部和内部的因素，都能对帝国的时间主权施加双向制约。所谓外部因素，是指那些强有力的竞争对手及联盟，他们力阻帝国候选者的进一步壮大，或者对其业已取得的地位发出挑战。边缘位置的优势，说到底其实就在于它相比权力政治的中心更不容易发生上述那种直接冲突。在权力政治的中心，只要行为体尚未奠定无可争议的霸权地位，那么它就还不能自称为时间上的主人。而这种对时间进程的掌控，成为一种独立的影响因素，反过来也帮助行为体赢得左右时局走向的权力。相形之下，边缘位置的突出特点表现在，在这个区域内，一般只存在"一个"强大的行为体，这个行为体独掌时局轻重缓急的发展节奏。第一次世界大战，归根到底是一场欧洲内部的战争，也是包括俄国、英国在内的欧洲大国对时间节奏丧失掌控力的典型案例。当时，唯一的时间节奏大师是美国，它也是一战实际的赢家。

随着帝国的固本强基，情势也悄然发生变化。曾经的边缘，如今变成了中心；而昔日的核心地带，则可蜕变为新"世界"秩序中的边缘。这也可以解释为什么那些——除了少数例外——起步于世界政治权力中心的帝国，往往难产或夭折，而边缘的地利条件则能助崛起的帝国一臂之力。我们还不妨进一步延伸，可以说，因为既无劲敌环伺又享有拜边缘位置所赐的高度时间主权，边缘位置几乎就直接催生了帝国。此外，在那变动不居的边界，崛起中的大国没有遭遇任何劲敌的挑战；于是，边界好似真空，吸引着大国朝边界之外的区域扩张开去。美国的西部疆界就属于这种情况。它在 18 和 19 世纪不断往外延展推进，直至太平洋之滨。相似的情形还发生在俄国的东部疆界上，它在同一时期一再迁移，倏忽之间，触角已伸向北美大陆。然而，当俄国人将边界推至日本海时，它的扩张便戛然而止了。在那里，俄国人遇到了真正的对手。[52] 而在大洋彼岸的美国，其扩张之路并未止步于太平洋之滨，从 19 世纪晚期开始，美国日益壮大，一跃成为太平洋地区的强国。而这一扩张过程，最终也导致美日之间的矛盾一触即发。相似的情形，可见于欧洲殖民帝国的诞生史。当时，边缘出现权力政治的真空，刺激了列强一再外扩的野心。对于领土帝国的诞生，边缘的吸力效应所发挥的重要影响不亚于中心地带的扩张原动力。

当然，中心的原动力依然是帝国扩张不可或缺的前提条件。没有它，边缘的权力政治真空无法得到充分利用。中心的原动力并不会产生一种向外扩张的不可控压力，这也是帝国时间自主权概念的题中应有之义。否则，这种压力便将成为侵蚀帝国时间自主权的"内部"因素。帝国主义理论，无论经济学的还是政治学的帝国主义理论，都聚焦于上述这种扩张性压力。根据帝国主义理论的说法，帝国主义的崩溃指日可待，最有力的证据不仅在于强权国家之间的战争一触即发，更因为帝国的时间主权因内部因素困扰而受到了侵蚀。在毛泽东的世界革命游击战理论中，"农村包围城市"乃其核心思想，他借此阐述了这样一种帝国主义理论：帝国世界最终将不是毁于内部因素，而是毁于外部因素；不是败于其中心的演变，而是败于边缘的反抗。而他的理论其实也同样触及帝国中心的时间主权问题：中心的时间主权，受到了被毛泽东称为"持久战"的游击战争的制约和削弱[53]。

认为内部因素会侵蚀帝国中心时间主权的设想，进一步发展成为过度积累及消费不足的理论。按这一理论的说法，在经济中心的销售危机的"压力"之下，人们必须不断开辟新市场，以便为商品和资本输出打开方便之门。社会帝国主义理论提出另一种视角：帝国中心受到日益强大的压力，被迫从它通过帝国主义剥削或抢占殖民地而攫取到的超额利润中分一部分来犒劳和安抚它的社会底层阶级。而在政治学帝国主义理论里反复提及的威望竞争，说到底，本质上也不过是对外扩张压力的一种表述。这一压力，制约了帝国极具政治价值的时间主权。[54]

这种制约在处于世界政治中心的帝国竞争者身上表现得要远比在那些处于边缘地带的竞争者身上更明显——毕竟在边缘，时间视域（Zeithorizont）要更为开阔。为了证明其世界强国的地位或至少宣示具有世界强国的候补资格，当时欧陆大国都争先恐后地在海外攻城略地，抢占领土。首先是德国，其次就是法国，甚至包括意大利在内。如果哪个国家没有斩获任何殖民地，也没有寻求他径得以扩张领土，那么它不仅会在市场及原材料分配中无功而返，同样会在欧洲权力体系内丧失其分量和影响力。也就是说，这其中政治因素和经济因素是交织在一起，同时作用的。

　　19 世纪晚期弥漫于欧洲大陆的焦虑不安的情绪，[55] 主要就是在欧陆内部竞争的加剧下，时间视域持续收缩所造成的。不独欧洲，甚至边缘也受到了这种焦虑情绪的感染。19 世纪末，美国的扩张政策就是一例。不过，总的来说，边缘的竞争压力毕竟小一些。当位于中心的帝国政权和具有帝国雏形的政权越来越无力决定行动的方向，[56] 侧翼大国——除了在同日本的冲突中被严重削弱的沙俄帝国这个例外——则明显更从容不迫，能做自己行动和决定的主人。然而，边缘位置和权力政治中心的差异，不仅对帝国创建的成败、方式具有决定性影响，而且对于我们判定一个国家是霸权力量还是帝国也非常重要。

/ 霸权和帝国：棘手的区分

美国政治学家约翰·米尔斯海默（John Mearsheimer）认为，在多极体系中，所有大国都觊觎霸权之位，并为之尽心竭力，因为它会给人带来最大限度的安全感。然而，这种霸权之争势必会引起体系震荡，毕竟，每个大国在竞争中都会感受到来自他国的威胁，故而更加竭其所能，力求霸主之位不为旁人染指。米尔斯海默把这种恶性循环称为"大国政治的悲剧"。[57] 他认为，一国只要还想留在强国阵营，就注定无法完全摆脱这一悲剧。

跟霸权国家相比，帝国很少受到其他强国的困扰和纠缠，因而也比霸权更为稳固持久。在帝国的"世界"里，它们避免与那些旗鼓相当的强大行为体角力，而坐观较弱国家之间为争第二排、第三排，甚至第四排席位闹得不可开交。帝国中心还不时出面，充当调停人，避免这些国家因为竞争过烈而大打出手，诉诸战争。正因如此，我们经常会看到：帝国统领的内部疆域太平无事，而霸权控制下的区域剑拔弩张。当然，这绝不意味着，在帝国秩序里压根不会发生兵革互兴、武力相向的情况。实际上，反帝国主义的民族解放战争难以根除，而且，一般都比大规模霸权战争更加旷日持久。当然，霸权战争一旦爆发，程度会惨烈得多，往往在极短时间内造成各方的巨大损失。但反帝国主义的民族解放战争是在整体上挑战帝国的秩序本身，相比之下，霸权战争则倾向于让整体秩序走向稳固：霸权战争的结果只是霸权之位易主，秩序模式本身却仍得到冲突各方的认可。[58] 此外，战争对于帝国和霸权国家的功用各异，这也正是两者的差别所在。

在欧洲，人们对国际政治体系的不信任可谓根深蒂固，毕竟这样的体系极易触发霸权之争。20 世纪发生在欧洲的两场惨烈

/ 068

的战争，阻止了陆地霸权国家向陆地帝国统治的过渡。战争结束
以后，为了不让霸权之争死灰复燃，欧洲人积极寻求妙术良方。
历史已经昭示世人，战争每每得不偿失，即使赢了战争，也难免
成为政治和经济上的输家。[59] 有鉴于此，欧洲人才不遗余力地通
过缔结国际条约加强经济往来，特别是借助主权国家的民主化进
程来消泯国家之间的敌意，并遏制欧洲内部出现灾难性的霸权
争夺。

　　被今天的德国人主要描述为汲取一战、二战经验教训的过
程，在当年也可能完全有另一种解读：这是一个欧洲主权国家
秩序严防德国人卷土重来继而将欧洲大陆重置于帝国卵翼之下
的过程；[60] 同时，这也是欧洲人筑起堡垒，对抗已侵入中欧地
区的苏联所带来的新帝国威胁的进程。那么按这种解读，当欧
洲人在 1945 年之后宣称要走和平发展之路的时候，在其中扮演
主要角色的是北约，而不是欧盟和欧安组织。关于北约的角色，
第一任秘书长英国人黑斯廷斯·里奥内尔·伊斯梅（Hastings
Lionel Ismay）上将曾一针见血地概括为三句话："摁住德国
人，挡住俄国人，留住美国人"。这样说来，正因为欧洲人将
霸权之位转交给美国这么一个欧洲之外的大国，欧洲本土的霸
权之争才从此得以幸免。所以，欧洲战后秩序的建立，更多的
还是得益于美国的庇护，它给欧洲人提供了求之不得的安定局
面；而并非主要是在政治上汲取了历史经验教训的结果。当然，
说到汲取历史教训，这一点欧洲或许真的可为其他很多危机四
伏的地区提供借鉴。

/ 069

　　顺着这一思路，不难看出，大国为中等规模国家提供安全保
障不仅是创建和巩固帝国政权的手段，同样也是一种终结霸权之
争的方法。凭借此策，那些战乱频仍的地区偃兵息甲，实现持久

的和平秩序也计日可期。但这里有一个前提条件，即要有一个足够强大的外来大国有志于在饱受霸权战争之苦的地区实现长治久安，并为此提供相应的安全保障。在 1918 年之后的一段时间，美国并没有接过这一使命。而 1945 年之后，它则欣然接受了。[61] 当然，对美国而言，无论当初它曾期望从中捞到什么好处，接受这项使命无疑是它对西欧地区一项支费浩繁的政治投资。

与这项使命连在一起的是人们对美国行使"仁慈霸权"的想象，这个角色跟以前那种在大国竞争中的最终胜出者有很大的不同。后者是在与劲敌激烈残酷的竞争中脱颖而出，而前者的角色更像群畜的牧人，御敌于城门之外。它的"仁慈"不仅在于帮助属国抵御外敌，还在于它不再为一己私利滥用其力。它的本质特征是以服务众邦为己任，而很少为求私利与人为敌。按这样的理解，霸权其实是"潜在的帝国"，只是出于善意这种帝国性并未完全展现出来。当然，这里面或许也还有其他方面的考量，比如对法治的敬畏，或者有鉴于本国民众的道义呼声，或者出于政治智慧，等等，不一而足。无疑，是走霸权之路还是迈向帝国，也只有主导性大国才有这种选择权。所以，有必要游说这些大国——无论大声吁请还是厉色警告——让它们认清霸权角色之利以及帝国角色之弊。

按照上述观点，在这两种路径中，走哪一个，是一种主观选择，而且并非恒定不可变。所以，走哪一条路是一个政治道义和政治智慧上的问题，而不属于——姑且称之为——政治物态（politische Physik）的范畴。当然，主导性大国及其当权者是否真的接受这一观点，或者说占上风的是不是政治物态所主导的某种认知，这些都无法确知。不管怎么样，我们基本可以肯定一点，即站在主导性大国的角度，客观压力条件影响作用更大；而弱小一些的国家则更着力强调强国所拥有的决策余地。

迈克尔·曼（Michael Mann）把霸权理解为一和受规则制约的宰制力。它不同于帝国，因为帝国拥有绝对的主宰力，自感不受任何规则之束缚。曼由此推导出美国外交政策中的核心问题，即美国人必须做出决定，要走霸权之路，就得遵守相应的规则；如果迈向帝国，一旦失败，那么连霸权之位也保不住。可世界还是会一切照常运转，世人也将乐意接受多边主义结果。[62]和曼观点相左的是查默斯·约翰逊（Chalmes Johnson）。这位以研究东亚问题闻名于世的美国政治学家，针对帝国与霸权之间存在本质区别的观点提出了质疑。他更倾向于认为，两者的差异说到底其实就是一种修辞术，借助这一策略可以照亮现实的权力运作，使之看上去或冠冕堂皇，或黑暗龌龊。他说："一些作者将'霸权'概念描述为不占有殖民地的帝国主义，而在二战之后的'超级大国'时代，霸权又成了东西方'阵营'概念的代名词。美国总倾向于借用其他委婉语来代替或美化帝国主义概念，因为，这可以让美国的内政外交至少在它的国民眼里看来是光明正大、无可厚非的。[63]但也正因如此，帝国和霸权的概念问题才变得扑朔迷离起来。"按他的说法，"霸权"应当只是"帝国"的委婉表达。两者之间几乎没有什么实质性的差异，而仅仅代表了两种对秩序体系的不同描述方式而已。也就是说，这其中不涉及学术分类问题，而只关乎政治修辞。

但是两者概念上的混淆不清，显然不仅仅出自一种委婉表达的倾向。就连素以犀利直率著称的亨利·基辛格（Henry Kissinger）也在其近年的论述中，将"霸权"和"帝国"的概念等同了起来。他的《美国需要外交政策吗？》（2001）（*Does America Need A Foreign Policy?*）一书传达了一个关键信息，即扮演霸权的角色，很快就会严重拖累美国。如此一来，美国社会将无力支撑下去。在基辛格看来，不要说帝国，就是霸权的诱惑，对美国而言都是致命的。那足以将美国拖入衰败的深渊。[64]

不过，我们也可以转变一下考察问题的思路。不妨把帝国的创建理解为一种防御手段，用以解除霸权那始终摇摇欲坠的危险。如果霸权的定义是，它负责提供公共产品，诸如抵御外部威胁，限制较小国家的军备升级，规范经济空间，等等。对于这些公共产品，霸权从属国受益最大，而付出最多的却是霸权国家。所以，倘若这是我们所定义的霸权，可以理解主导国家及其国民对于这种成本和收益分配方式有多么不情愿了。而帝国的情形则完全不同。帝国让其中心地带的子民得到的比付出的更多，或者至少不必独力承担提供公共产品的成本，而是责令其保护国臣民一同分担。这样的帝国与一个霸权国家相比，将会赢得其子民的更多支持。在过去几十年里，当很多政客和知识分子以一种非美国式的口吻论及"美利坚帝国"——确切地说是表达了对建立和巩固美帝国的赞成态度时，[65] 很显然，他们是出于一种担忧，担忧面对一个须不断确立地位的霸权时不得不承担的风险和成本。对他们来说，概念上的确切区分不太重要。而他们所理解的"帝国"，其实就是一种稳固而持久的霸权形式。

关于帝国和霸权之间的关系，德国法学家海因里希·特里佩尔（Heinrich Triepel）做了迄今为止大概最为深入的研究。他在1938年发表了阐释霸权的皇皇巨著①。特里佩尔同样对帝国和

---

① 即《霸权》（*Die Hegemonie*）一书。

霸权是否分属不同学术范畴表示了怀疑。他认为，霸汉只是"用以表述帝国主义政治的一种形式而已"，[66] 其特征是"权力的自我约束"。[67] 特里佩尔认为，通过观察数百年来的历史演变，可以看到一个趋势：那些处在帝国权力统治下但并不隶属于帝国的地区，其独立性受到越来越多的尊重，他把这一趋势称为"强制力递减律"（Gesetz der abnehmenden Gewalt）。[68] 特里佩尔所看到的，其实是"权力自我驯化"的过程；[69] 其结果是，随着时间的推移，帝国基本采用了霸权的形式。"我们可以说，在现代的'帝国主义'政治语境中，谋求霸权已经逐渐演变为权力扩张的一种典型方式了。"[70]

在特里佩尔看来，帝国和霸权可以交会："当帝国主义主动放弃将他国并入旧式国家政权的架构之中，帝国和霸权则可能但并非必然彼此交会。"[71] 也就是说，特里佩尔确信帝国政策有向霸权政策转变的趋向，特别是当联邦制因素在帝国形成过程中发挥了重大影响时，这种转变趋势则表现得尤为明显。然而能否在任何时间、任何地点都实现转变，特里佩尔对此表示怀疑。在写作的 20 世纪 30 年代中期，特里佩尔能做出这样的审慎之论，真可谓恰如其分。

追本溯源，关于霸权是一种更自制之帝国统治形式的思考，特里佩尔与古希腊那些研究雅典海上霸权兴衰起伏的史学家和雄辩家不谋而合。后者逐级使用了不同的几个希腊语概念，如 arché，dýnamis 和 hegemonía。arché 表达了一种集中强大的权力关系，基本对应特里佩尔的 Herrschaft（支配地位）一词，dýnamis 也经常用来表述这层含义。而 hegemonía 却表述一种较弱的权力关系，按特里佩尔的观点翻译过来就是 Vorherrschaft（优势地位）一词。[72]

同样，迈克尔·多伊尔在他帝国的比较性研究中指出，公元5世纪的雅典和斯巴达各自同盟政策之间存在着一定差异，他还由此得出帝国和霸权类型上的差别：如果说雅典主宰的提洛海上同盟是帝国性质的，那么斯巴达为主导力量的伯罗奔尼撒同盟则是一种霸权。[73] 在多伊尔看来，霸权的典型特征在于，其宰制权仅限于盟邦的"外交政策"上，不会对盟邦内部事务横加干涉。不管是盟邦的政治体制还是经济制度，无论是其宪法问题还是市场调节问题，霸主邦都不会插手干预，更不用说以领导权的名义去改变这一切了。

多伊尔确信，在帝国之中，缺乏这种对盟邦内部问题不加干预的自制力。帝国统治的一个显著特点在于，在其内部和外部事务之间并没有一道明晰的界线，因此，它会不断干涉盟邦内部事务。[74] 这也正是雅典和斯巴达的差别所在：斯巴达止步于对盟邦外交关系的把持，所以伯罗奔尼撒联盟在面对爱琴海地区另外两大强敌波斯和雅典时，就能够保持一致对外、同仇敌忾的态势。[75] 而雅典正好相反，它一直插足其盟邦的内政：刻意让民主派占据上风，将包括死刑判决权在内的司法审判权据为己有，联邦在联盟地区发行统一货币，甚至迫令盟邦让出土地以便雅典殖民者落户安家。[76] 在当时的雅典，人们只相信，要想盟邦听命于自己，必须将其控制于股掌之间。当然，雅典公民也渴于在海上同盟的贡税中分得一杯羹。至于公民大会，关乎长远利益的方案总没法获得稳定多数派的赞成，只有短期的眼前实惠，才能获得多数人的鼎力支持。在多伊尔看来，斯巴达的贵族统治有能力实行霸权政策，而雅典的民主政治则明显带有帝国的倾向。[77]

当然，迈克尔·多伊尔也看到，斯巴达和雅典的联盟体系有着迥然不同的结构性前提条件。因此，两个政治行为体几乎谈不上什么选择走霸权还是帝国的自由。我们几乎可以肯定地说，在政治和社会制度上都偏向保守的斯巴达，霸权是它组织联盟的唯一选项。而雅典的情况则不同，联盟的扩充伴随着其内部激进民主势力的发展，雅典自身发展的原动力传导给了整个联盟体系，最终推动整个爱琴海地区发生社会经济结构的剧变。而且，在这个过程中，更具流动性的商人阶层取代了传统的地主阶层。[78] 可以说，雅典只能持续不断地干预盟邦的内部事务：一来是为了打造一个统一的经济空间；二来也可借助控制黑海和爱琴海地区的海上航道，消除海盗的侵扰和威胁；更重要的是，也为盟邦内部参差不齐的社会经济发展提供政治上的保障。只有确保民主派的统治，这一切才有实现的可能。恰恰是斯巴达的传统社会结构限制了它，使它只能止步于霸权形式的统治。而雅典的经济、社会和政治的原动力，则推动了其帝国的创建。

海因里希·特里佩尔也做了类似的论述。[79] 不同的是，按照特里佩尔的观点，霸权和帝国的诞生，以及两者之间的过渡转化，说到底取决于权力中心地带的社会经济形势及政治格局。而多伊尔对斯巴达霸权和雅典帝国的思考归纳为两者在政治结构上的差异。多伊尔认为，如果中心与边缘之间是一张交织的关系网，而且两者通过超国家的社会结构彼此相连，那么，可据此认为，这是一个帝国。而霸权则情况不同，它牵涉的是不同中心之间的一种关系体系，在这些中心里有一个中心鹤立鸡群，明显强过其他。[80]

以上述观点看来，一个政治秩序究竟应归为帝国的还是霸权性质的，取决于联盟下属的诸多邦国和政权各自的社会经济发展水平及其相对政治实力。倘若他们之间实力悬殊，而且这种差距还因为受到中心原动力的推动而继续拉大，那么宰制性政权的"帝国化"就势不可当了。反之，如果联盟成员之间的社会经济及权力政治差距较小，而且彼此之间的关系长期保持稳定，那么，权力系统的"霸权化"则合情合理了。对于霸权的形成，除了各盟邦之间权力落差较小这一条件外，还有一点也同样重要，那就是联盟下属政权无意排挤和挑战现有霸权国家，乃至取而代之。在这种条件下，霸权国家才会安心于保持宰制权，而不会力图从霸权转变为帝国。

因为拥有出色的军事实力，斯巴达面对其他盟邦优势明显，稳操胜券。但来自毗邻联盟体系的原动力，则让斯巴达人颇感威胁。于是，他们决定先发制人，率领众邦向雅典发难，以遏制后者的进一步壮大。

18 世纪晚期以来，世界政治进入持续的波动期，霸权秩序往往昙花一现：要么很快演变为帝国组织，要么在自我毁灭性战争中分崩离析。也许，除此之外，还存在第三种可能，即通过发展超国家政治组织，以及加强经济依存关系来稳定大国之间的关系，避免其过于波动不定。在这一方面，20 世纪下半叶的欧洲是个成功的例子。说到底，我们并不能排除霸权和帝国构架出现重合的情形。也就是说，在同一秩序之内，在某些方面表现出帝国特点，在另一些方面又闪现霸权的身影。

当今的美国是帝国还是霸权？要回答这个问题，我们首先要弄清一点，即帝国和霸权之间的差异要远比我们想象的更加模糊不定。如果说，判定为帝国仅仅是因为它干涉弱小国家的内政，判定为霸权则是因为它对弱小国家内部事务兴趣不大，那么按这样的判断标准——从卡特政府开始，美国就一直奉行积极的"人权外交政策"——自卡特政府开始美国无疑当属帝国，而在此之前，则是霸权。比如，它对以前北约成员国的军人专政就曾坐视不管。当然，如果真是这样，就彻底颠倒了两个概念之间的价值层级（Wertehierarchie）。或许更为合理的是，我们在应用这两个概念的时候，应当保持价值中立原则，借用它们来评判同一个政治秩序内各成员之间的不同力量对比关系：霸权是大致相当的诸多成员国中的佼佼者。很重要的一点是，这种"相当"不局限于权利和义务上的对等，也体现在实力和贡献上不分伯仲。但是，帝国需要满足的条件就完全不同。仅仅当一个政治秩序内的中心大国与其他成员国之间的权力落差大到无法通过法律拟制的平等来弥合时，才可以认定这个中心大国为帝国。剩下的问题就只是帝国以何种权力独霸天下了：经济、文化、政治，还是军事的权力。因为极少有一个国家会在每个方面都独占鳌头。所以，一个秩序究竟是更趋向霸权还是帝国，以及它正朝哪个方向发展和上升，这些问题从来都充满争议，难有定论。

第三章

草原帝国、海洋帝国和全球经济体：帝国统治的简要分类

迈克尔·曼在他以全球大历史为框架写就的巨著《社会权力的来源》（*The Sources of Social Power*）中，对社会权力的四种来源做了区分。[1] 其中的军事和经济优势，在超级帝国形成的初始阶段至关重要。没有这种优势，超级帝国的诞生无从谈起，那是权力扩张的基石。而迈克尔·曼所说的另外两种权力来源——政治和意识形态的权力，直到帝国的巩固阶段才慢慢上升为重要因素。在这个时期，帝国走出了相对活跃的扩张期，力图立足新攫取的权力，长久站稳脚跟。从这个时候起，一些在帝国创建之初显得无足轻重的因素开始发挥更大影响，比如帝国在辖制地区所费治理成本的高低，或者民众承担帝国经济负担的意愿如何，等等。

在帝国形成的萌芽阶段，成本和收益问题都无关宏旨。因为，要么扩张本身带来的收益高于它对资源的消耗；要么对一个收益丰厚的未来的期许尚足以抚慰人心。情势在过渡到帝国的巩固阶段时发生了变化，如果帝国不想覆灭于国家破产，或者在不堪重负的民众揭竿而起、奋起抗争中毁于一旦，它必须将想象中的收支平衡转化为实际的平衡，这通常也意味着必须降低统治成本。要达此目标，投入更多的政治和意识形态权力在大多数时候是最简单不过的方案。尤其值得注意的是，投入意识形态权力所需的成本远低于军事权力。因此，当帝国的扩张已达极限，再进一步就可能坠入"帝国过度延伸"的泥淖的时候，政治和意识形态权力对帝国的作用和影响便日渐凸显。[2]

迈克尔·多伊尔把帝国从扩张阶段转入巩固阶段的节点，称为"奥古斯都门槛"。[3] 多伊尔借此概念，喻指罗马皇帝奥古斯都所施行的一系列影响深远的改革。当时，他刚刚通过亚克兴角战役（公元前 31 年）铲除了他最后的对手。随后，"罗马共和国"转变为"罗马帝国"。[4] 正是在这道门槛上，许多创建超级帝国的大计最终功亏一篑。可以说，帝国从扩张阶段转入巩固阶段，是整个帝国历史上至关重要的一个转折。所以值得我们细细探讨，深入研究。

帝国的诞生，要么借助于武力的攻城略地、开疆拓土，要么归功于经济上的渗透推进。因此，我们可以看到，传统意义上的"世界帝国"是囊括了"政治统治空间"的帝国秩序。另一种帝国秩序则与之截然不同，它建立的基石是贸易体系和对当时"世界经济"命脉的掌控。[5] 虽然帝国有两种不同类型，不过，在历史上帝国极少纯粹以其中某一形式现身。几乎所有世界帝国兼具世界经济体的要素，尤其是那些存续长久的帝国，反之，完全不依靠权力政治因素得以持久的世界经济帝国也难觅其踪。

一般来说，跨越奥古斯都门槛引发的一个后果是政治统治结构充实和完善了原有的贸易体系。与此同时，在政治统治疆域里经济依存关系会明显强化，相反，世界帝国的崩溃往往伴随着对应世界经济体系的瓦解，这两者密切相连，息息相关。所以在西罗马帝国衰亡以后，那些相关地区间的贸易也随之陷入停顿，一蹶不振：大都市衰败不堪，大多数民众不得已重操农活，维持生计。[6] 惊人的相似情形出现在苏联。随着苏联的解体，曾经由它主导的经济体系也土崩瓦解。结果就是，无论中心还是边缘民众的生活水平普遍受到很大冲击。然而，大英世界帝国的衰落却并未给世界经济带来太多负面的影响，原因在于，美国严丝合缝地顺利接手了原先大英帝国所履行的职能。当然，1929 年的股市大崩盘也可以视作伴随这次过渡而生的一场危机。

/ 081

虽然我们认为，政治统御空间同贸易空间从来就不能完全割离开来，但是我们不妨姑且先将两者分开，相互对照着来理解和廓清。相对于帝国权力扩张的高峰期，两者在帝国的诞生阶段区别更加明显。在传统超级帝国慢慢成形的过程中，政治统领空间先于贸易空间产生。而近代欧洲的大部分帝国，情况则恰恰相反。很长时间以来，对这种关于超级帝国发展阶段的归类，人们做过一些补充，把陆地和海洋帝国的结构性差异也考虑了进去：陆地帝国，诞生于对统领之地的扩大、延伸；而海洋帝国，则通过加强和拓展商贸关系，完成扩张。经过一段时间的发展，我们也同样可以看到，出现在这种归类之中的相互转化和彼此交融的情形。比如，帝国统治空间常常为扩大内部经贸交流提供广阔天地；再比如，当贸易体系在政治冲突中遭到破坏，帝国中心积极介入，致力于贸易体系的恢复及其活动空间的保障。

在帝国的形成过程中，社会权力的四种来源权重不一。甚至在帝国权力扩张的高峰期过后，它们有时也会发挥不同的影响作用。然而，其中任何一种权力因素的短缺都会给帝国招来不利的后果：通过扬长避短，增强另外几种实力来弥补某一项短缺，代价将是高昂的。此外，长此以往，帝国内部的权力平衡也会被打破。所以，沙俄、奥斯曼帝国、西班牙全球帝国都没能在发展军事实力的同时，打造出同样强大的经济实力，这就导致了帝国的早衰，或者是帝国走向毁灭性的穷兵黩武。以葡萄牙和荷兰为代表的"海洋帝国"（seaborne empire）则正好相反，它们无力打造和支撑足以与其经济实力相匹配的军事和政治实力，因此不久之后，它们双双沦为新兴海洋帝国英国的副手。所以，我们有理由相信，如果帝国的四种权力来源均衡发展，共同支撑帝国巨厦，并且在跨越奥古斯都门槛后保持权力平衡，这样的帝国最可存续久远。罗马帝国和大英帝国就是其中的佼佼者。

帝国的诞生，或通过统治空间的扩张，或者通过贸易体系的强化，它们代表帝国在其边缘地带榨取剩余价值的两种不同方式：要么基本上诉诸军事手段，要么以商业手段为主。以军事手段榨取剩余价值的典型例子为草原帝国，而海洋帝国则是商业手段榨取剩余价值的代表。两者的区别不在于其剥削程度，而在于直接暴力的表现程度。在这一点上，草原帝国的程度要远甚于海洋帝国。海洋帝国的核心剥削机制不在于烧杀掳掠，而在于通商和交易。

两个海洋帝国，葡萄牙与其继任者荷兰，采取的都是上述商业榨取剩余价值的模式。[7] 它们曾经一度垄断了从非洲东海岸至东南亚广大地区的世界贸易。它们并没有在这些地区大举投资，而是通过广建贸易据点来猎取巨额利润。以葡萄牙人为例，在非洲东海岸和印度半岛，他们取代了阿拉伯商人的地位。阿拉伯人曾在这片土地上拥有密布各地的广泛商贸关系网，结果，不是被葡萄牙人取而代之，就是被后者武力切断。当时，葡萄牙人的对外政策基本上就是在重要的贸易枢纽建立要塞和据点。在这些据点——通常位于半岛上或者近海岛屿——他们只需投入少量的兵力防戍，他们并无意向大陆腹地推进。[8] 通过这些稳固据点和较大通商港口，葡萄牙人得以与当地统治者建立联系，并赢得了后者对其商业活动的支持。至于改善当地的政治统治和社会结构，助其走上现代化之路，葡萄牙人毫无兴趣可言。

/ 083

在 16 世纪初期，弗朗西斯科·德·阿尔梅达（Francisco de Almeida）成为葡属印度的"副王"。当时，他提出了一个方案，按该方案，有鉴于葡萄牙作为蕞尔小国所拥有的实力和机会相当有限的客观现实，他要求派出一支中型舰队，长期镇守印度洋，机动灵活地穿行于葡萄牙所建的各个要塞和战略要点之间。这样一来，一旦某个据点遭到威胁，有限的兵力可以迅速集结到位。由于葡萄牙不愿为辽阔的疆域统治付出过于高昂的代价，于是他们抛弃了在海外建立欧洲人永久居留地的做法。到 16 世纪中叶，非洲沿岸的白人居民也不过两三百人而已，而分布在印度和东南亚地区的欧洲人定居点，其实也只是为了加强和维护葡萄牙人所建立的战略要点而已。[9]

葡萄牙人将印度洋宣布为"mare clausum"（封锁的海洋），[10] 并从这种海域封锁的政策中大获其利，以此抵消控制贸易空间所需的成本。葡萄牙人把封锁的印度洋看作一个封闭的领地，他人如若穿行其间，必征以关税和杂费。葡萄牙人引入海洋通行证，即所谓"卡特兹牌照"制（cartazes），实现对东印度贸易的垄断：非葡萄牙商船，必须向葡萄牙海军购买这种许可证（否则就会受攻击）。[11] 通过这样的贸易垄断，葡萄牙人获得了那些在欧洲极受欢迎的香料，特别是胡椒、丁香和肉桂的定价权，而不必担心商业对手搞低价竞争。而且，如果非葡萄牙商人要参与东印度贸易，必须支付相应的许可证费用才行。葡萄牙驻守在印度洋的舰队，不仅为其要塞和贸易据点保驾护航，也担负落实葡萄牙海上贸易垄断的使命。

在此基础上，葡萄牙海洋帝国称雄一个半世纪之久。在这期间，它始终保持收支盈余。历史学家奥利维拉·马奎斯（Oliveira Marques）写道："1574 年的财政收支表显示，葡萄牙的亚洲帝国（包括非洲东部的据点在内）没有出现赤字，反而盈余 8 万多克鲁扎多（cruzados，当时葡萄牙的货币），1581 年盈余降到 4 万克鲁扎多，1588 年又冲到 10.8 万克鲁扎多。从 17

世纪20年代开始，形势急转直下，为对付荷兰和英国等对手，支出与日俱增。即便如此，1620年和1635年分别还有1.5万克鲁扎多和4万克鲁扎多的盈余。"[12]

保持贸易垄断，可谓葡萄牙海上帝国的阿喀琉斯之踵。这种垄断受到的威胁，既非来自出售商品给他们的当地人，也并非来自阿拉伯人——他们在这之前已从贸易网里被排挤出去了——真正的威胁来自他们的欧洲竞争对手。后者矢志打破葡萄牙的贸易垄断，力图取而代之，或者引入一种市场竞争体系来取代这种垄断局面。后来，荷兰人征服了葡萄牙人在东印度的海洋帝国，他们继续沿用葡萄牙留下的组织原则。不同的是，荷兰人以东印度公司这样的私人公司取代了葡萄牙人的国家资本主义，这种私人公司释放出巨大的能量，远非那个发放许可证的国家体制所能比拟。[13]

这种"私有化"的方式，正是军事榨取剩余价值与商业榨取剩余价值的分水岭。军事扩张一般在陆地上铺开，且以政治方式来策划组织。军事扩张的重中之重，是统治者或者军政精英层。他们是扩张能力的先决条件，直接组织并领导着军事行动。而商业手段的扩张，固然也能以私人——常常是贸易公司为载体——来开展、施行，不过商业手段的扩张缺乏总体战略计划，更多的是利用帝国边缘各个不同地区所涌现的种种机会。与军事方式的扩张不同，商业手段的扩张不会赢得领土上封闭的统治空间，而是千差万别的区块所围成的贸易空间。它们仅仅通过商道彼此相连，便借由这些商道，在经济上互通有无。所以说，通过商业攫取剩余价值得以建立的帝国，往往是海洋帝国；呈现在地图上，不是连成一体、界线分明的一个面，而是一堆散落四处的点，以及连接这些点的线条。查尔斯·迈尔（Charles Maier）言简意赅地概括了这一区别：一边，是些扩张成帝国的国家；另一边，是些维系着一个帝国的国家。[14]

　　葡萄牙和荷兰这两个海洋帝国的成功创建得益于一个重要的基础条件，即宗主国成功地掌控了重要的贸易流通。这种带有帝国性质的贸易体系具有一个鲜明特征：中心明显比边缘更受体制的垂青。贸易体系建立在一系列不平等协议的基础之上，这些协议都以中心的利益为指向。当然，这并不意味着依附于这样一个体系对于边缘就是有害无益，不过中心肯定比边缘从中受益更多：中心必须长期保有高收益，从而负担起维持这一体系所需的费用。帝国中心致力维持一个理想的贸易条件，这样，帝国就不必永无休止地向帝国贸易空间进行投资，而其他人也可坐享其成，从帝国所创设的安定有序的环境中获益。[15]

　　帝国中心通过对其"世界经济"的掌控所获得的收益，可以通过什么来量化吗？在这些收益中，帝国中心在世界经济总产值中所占的比重，恐怕不是最要紧的。比如美国如今约占全球经济总产值的四分之一，但随着东亚经济的迅速崛起，这个比例可能在中期呈下降趋势。[16] 相形之下，更为重要的收益，是对资本流动和知识流通的掌控。在大英世界帝国的鼎盛时期，英镑是世界储备货币，伦敦决定着利率走势和股价水平，英国的银行是全球经济的心脏，维持并调控着当时世界商品和资本的流通。正是主要借助对整个金融体系的掌控，英国人从 19 世纪到 20 世纪初期成功地主宰了全球资本主义经济。[17] 只要保住这一局面一天，英国人便能从中获利一天，进而也就能消化掉掌控贸易空间所需的费用，特别是英国皇家海军军费，以及通往印度的海上通道上各个军事据点的费用。然而，当大英帝国丧失了国际金融体系的主宰地位，帝国的统治成本又随着边缘民众反帝浪潮此起彼伏而与日俱增，后来它又卷入两场争夺霸权的大战（先是与德国，然后同日本），这一切的发生无异于宣告了帝国的终结。

我们可以通过与大英帝国的类比，来评判美国的帝国地位。当然，今日美国的经济实力远在当年英国之上，军事实力同样非当年英国可比。然而，对美利坚帝国的稳定性和持久性起着决定作用的，并不是美国经济的生产力水平，也不是它遍布全球的军事基地体系（这一体系，很容易让人联想到当年英国用来保证贸易空间安全的军事力量）。真正具有决定性意义的，是美国对全球经济资本流通的掌控力，对其他货币对美元价值的操纵力，是它通过不断创新对世界经济发展节奏的影响力。为了达到这种操控的目的，美国以世界银行和国际货币基金组织为工具，当然，还包括美国国内诸多研究所和技术中心，它们有磁石一般的吸引力，吸纳大批人才不断涌入美国。这一切，保证了边缘埋单、美国获利。而军事上的开支，则意味着收益的减少。

原则上，可以替代商业手段榨取剩余价值的另一种可能，是以军事手段攫取剩余价值。这种手段最为暴烈的表现形式，则是完全通过在帝国权力的边缘长年征收贡税，以及掠取财物来维持帝国军队的开支。通过这种方式，首先可实现军队的自给自足，其次，也足以支撑帝国在其都城大兴土木，显耀帝国及其统治者无上的荣光。这些浩大工程有时还会带来另一个结果，那就是通过文化和意识形态权力的补充，减轻了军事权力的负担。也就是说，这些宏大建设工程可以促使"硬"实力向"软"实力转化。在这个意义上，可以说，伯里克利时代雅典卫城的扩建，奥古斯都治下罗马城的重新规划，其实都可以理解为军事权力向文化和意识形态权力转化的一项工程。至少修昔底德就深信一点：正因为卫城之上那些恢宏磅礴的建筑，人们眼中的雅典要比它实际拥有的权力高出了一倍。[18] 对边缘的掳掠，支撑了帝国中心的建设，在中期还会带来统治成本的下降，如此一来，也使帝国政权得以延续更久。

对于纯粹以武力攫取剩余价值的方式来说，权力这种转向文化和意识形态方向的努力就显得无关痛痒，甚至根本不值一提。亚述帝国，就是纯粹以军事手段豪取剩余价值的典型。它倚重其独具优势的军事技术，特别是马战车和刀轮战车的运用，在美索不达米亚称雄一时。[19] 然而，亚述统治者的财力无法长久支撑代价高昂的军备投入。另外，对于长久掌控帝国的边缘，他们同样心余力绌，更别提在那里年年征捐收税了。那些肩负进贡重担的边缘统治者，想方设法逃避进贡义务。于是，在烽火不息的战场上夺取所需资源，就完全落到了亚述军队的身上。在当时，一座城或一位君主在亚述面前无非有两种选择：要么在亚述军队逼近的关头缴纳规定的贡金，拿出自己的物资储备来犒劳和供养帝国军队，从而在物质上确保这支军队效忠于亚述。要么，拒交贡赋。那么亚述军队就会以战利品的形式将贡赋夺入囊中。为了让臣属地区相信，年年进贡好过战祸不休，亚述人推行一种全面洗劫和毁灭的政策，他们也因这种涸泽而渔的政策而臭名昭著。但他们无以复加的野蛮和残忍，并非目的本身，而正是一种维系帝国的特有方式：这种方式加大了边缘地区君主叛离帝国所要面临的风险。叛离的方式，是拒不纳税。惩罚叛离的方式是让它成为战利品。这意味着尤甚于提高贡赋的代价：后果可能是城池被付诸一炬，田地被洗劫一空，臣民被赶尽杀绝。军队，正是这种征服政策的威胁手段和执行工具。

亚述帝国代表着帝国形成的传统方式。当然，在它之后，以如此残忍野蛮的方式索征贡赋的例子已极为罕见。或许只有后来的蒙古人也同样一意孤行地采取过这种穷兵黩武的策略。这一政策最大的缺陷在于，在此基础之上建立起来的帝国根本无力跨越奥古斯都门槛。相似的情形，还出现在斯基泰人后裔建立起来的草原帝国，那些游牧民族在冬、夏牧场转场中，大肆扩展自己的活动半径，加速了一个超级帝国的诞生。当然，那是一个短命的帝国。草原帝国之所以难逃短寿的厄运，原因在于游牧民族通常都无法摆脱军事扩张的宿命，转向定期征税来获得稳定收入，而不是一味依靠索取贡赋、掳夺战利品。按照严格的帝国定义，草原帝国因其短命充其量只能算作帝国概念的一个注脚而已。它是帝国的一种特殊形式。我们之所以要对它特别关注，是因为它代表着军事类型的帝国扩张，作为近乎纯粹的武力攫取剩余价值的形式，它值得我们研究一番。

草原帝国的历史非常悠久。不过，它在西方史学界只占次要地位。那些来自亚洲草原腹地的游牧民族，也常被史学家视为政治和经济有序发展的破坏者和捣乱分子，从斯基泰人到萨尔马提亚人、奄蔡人、匈人、匈牙利人，再到可萨人及蒙古人，[20] 他们前赴后继，试图打下一个超级帝国，而且都走过了相似的轨迹，即在帝国形成之初，这些马背上的民族都将进贡的重担压在那些紧邻其冬牧场的耕农肩上。这样，他们就取得了在广大区域内对外扩张所需的资源。游牧民族居无定所，生活条件变化不定，吉凶叵测，尤其大受气候变化和牲畜疫情的影响，为了求生存，他们不得不选择在其草原边缘，从农耕生产区猎取食粮、贡物。奇袭、掳掠，自一开始就是他们的生存之道。一旦他们的活动范围扩大，不再仅仅为了活命而东劫西掠，开始重视财富的积累，那么帝国诞生的序曲也就此奏响了。

　　通过考察5世纪卢阿（Rua）和阿提拉统治下的匈人帝国，可以看出，游牧民族超级帝国形成过程中的一些基本特征，[21]这些特征或多或少显现于所有的草原帝国。首先是族群的生成（Ethnogenese）。特点是多个部族并起，一个部族领头。成功的关键是部族首领的神明魅力（蒙古语：qut）①，首领也不遗余力地通过行动来提升其个人魅力。阿提拉被其臣民奉为天神，莫不景仰，无不畏惧。他本人也深信自己受命于天，受神谕之指引，他认定自己的统治必须囊括全世界。为了俘获帝国（军事）精英层的忠心，阿提拉将那些以战利品、赎金或贡赋形式缴获的金银财宝赏予他们。在精英层内部，由他排资论辈，论功行赏。在他的大帐之内，也按级别安排座次。于是，魅力型领袖的个人喜恶取代了氏族长老和部族首领的传统领导权。

　　按照马克斯·韦伯的定义，魅力型权威（charisma）是"对某种个人神性、英雄伟力或榜样性的超乎寻常的秉承"。[22]游牧民族社会的政治秩序从传统向上述这种领袖魅力的过渡转变，给部落和氏族的内部组织注入了动力。这又为帝国扩张奠定了基础。只有这样，我们才能解释游牧民族何以成就如此可怕的冲击力；虽在人数上劣势明显，却能一举攻破广袤无垠的地区，将其他大国奴役于其铁蹄之下。但与此同时，草原帝国的脆弱性也源于此。这类帝国常常在其魅力领袖亡故后，迅速落幕。[23]

/ 091

　　武夫扈从制取代了门第等级制，这加快了原本相互敌对的游牧部落走向统一，为其大规模扩张插上了虎翼。特别值得一提的是，如此一来，游牧民世界尤为欠缺的忠诚，以及其桀骜难驯的一面，也得以改观。蒙古大汗铁木真，即后来的成吉思汗，为

---

① 汉语译为忽提，意为智福大相，国富民强的保护神。

此采取了一种手段，他将以族群为单位组成的军队，改组为百夫队、千夫队。正是将士对其首领的忠心，将这些百夫队和千夫队紧密团结在一起。而且，他们在规模和构成上都取决于大范围作战的需要。[24] 桀骜不羁的部族被分成诸多军队单元，加以驯服。成吉思汗无情地粉碎了来自传统门第等级制卫道士的反抗。那些阻碍他宏图大计的宫廷萨满保守派，统统被他处以极刑。而那些顺从了大汗旨意的部落，为了保命则迫不得已为其南征北战，戎马倥偬。他们背负着掳掠战利品的巨大压力，望不到尽头；只有夺取大量战利品，部族首领才好班功行赏，以犒赐来收买部队头目的忠心。因此，成吉思汗不得不投入一轮又一轮的冒险征战，而无暇享受胜利的果实。

蒙古人的征服压力，实乃成吉思汗一手擘画，有意为之："蒙古人必须征服所有国家，绝不可能同任何民族和平共处。除非他们完全臣服于我们，否则必除之而后快。"[25] 事实上，大汗（大可汗）位于蒙古帝国权力金字塔的顶端，而作为地区首领的可汗，又对大汗负责，在这种机制下，蒙古帝国的统一只能借助推行持续扩张政策得以延续。1259 年成吉思汗之孙蒙哥死后，蒙古世界帝国瓦解成各自为政、彼此攻伐的分离帝国。

商业手段巧取剩余价值和军事手段豪夺剩余价值，好比一个"频段"的两端，而这个频段涵盖了各种可能性。但历史的常态不是"极值"，而是些"混合形式"。"混合形式"可能接近于军事手段或者商业手段榨取剩余价值其中的一极。一般而言，混合比例关系在帝国历史的发展进程中变动不定。19 世纪末，大英世界帝国正是为了确保能以商业手段榨取剩余价值，而被迫更频繁地诉诸武力。而蒙古人的分离帝国，也就是产生于中国和西伯利亚东部地区（即所谓"中心汗国"），以及伊朗、伊拉克和叙利亚（即所谓"伊尔汗国"）地区的局部帝国，也无法继续依赖军事手段，而是越来越借助行政手段调控经济，进而延续帝国的权力。[26]

然而，这绝不意味着，帝国的缔造者们有权在榨取剩余价值的商业和军事两种手段之间自由选择。一些先天约束条件不容小觑，诸如地理位置，中心的文明发展水平，精英层的能力和心态，历史影响，集体记忆，以及边缘对中心初露端倪的扩张野心的应对之策，等等，这些因素都举足轻重。数百年来，似乎有一种亘古不变的法则，即每隔一段时间，总有游牧民族异军突起，建立起草原帝国。他们在转瞬之间发展出惊人的规模，但又急速衰败，消失于历史长河。他们留给后世的不是丰功伟绩，不是灿若晨星的城市、皇皇庙宇或教堂，他们带给世人的是对阻碍其扩张霸业之一切文明的蹂躏。就连西罗马帝国的崩溃也是来自中亚的匈人不断侵犯的间接后果，匈人驱逐定居于俄罗斯南部草原的日耳曼人，迫使后者向西迁徙，这就给罗马帝国的边境带来了巨大压力，最终导致了边境的沦陷。相似的情形发生在巴格达的哈里发国①，那是一个笃信伊斯兰教的阿拉伯超级帝国。当蒙古人如暴风骤雨一般讨伐四方的时候，哈里发国早已辉煌不再，国力大不如前。[27]1258年，哈里发国被攻陷，这在伊斯兰世界的政治历史长河里，激起轩然大波，影响可谓深远。因为从此以后，在阿拉伯世界里再也没能出现一个帝国。帝国所留下的遗产被奥斯曼帝国和波斯萨非王朝瓜分一空。在中亚地区也能看到相似的情形：囊括了今天伊朗、阿富汗和部分中亚国家的花剌子模帝国

----

① 阿拔斯王朝。

被成吉思汗的蒙古大军击溃，整个经济、文化基础被连根拔起，毁于一旦。[28]唯有中华帝国大致安然无恙地熬过了蒙古人的统治，在近一个世纪的异族统治结束之后，中华帝国又卷土重来。

草原帝国在本质上具有明显的剥削特质：它们创造不了发达的文化，本与文明中心无缘，只能局限于掠夺边缘的财富，抢走边缘的文明成果。有鉴于其文明及技术落后的劣势，他们不得不倾力于其唯一的优势领域：军事。骑射部队迅疾如风，以极低的后勤成本达致极远之地，骑兵个个彪悍善战，他们的武器——复合弓射程远、准度高，首领在长期逐水而居的游牧生活中练就运筹帷幄的韬略，远非对手所及。凭借这种种优势，那些人数并不占优的游牧民族建立起史无前例的超级帝国。而罗马和中国，这两大文明帝国都以行政技术手段将所征服的地区一一融入其整个大帝国的版图，因而他们的扩张之路只能步步为营，徐行推进；直至帝国文明教化之力全部消耗殆尽方休。但草原帝国的对外扩张，无远弗届，唯一的限制就是自己部队的活动半径了。边缘往往只是出于对草原野蛮军队的深深恐惧而融进帝国，所以，草原帝国的这种统合方式是很脆弱的。[29]

以商业手段攫取剩余价值和以武力手段豪夺剩余价值，两者在原则上虽背道而驰，但有一点是共通的，那就是帝国空间几乎无休止的延伸，以及较弱的统合度。那些庞大的海洋帝国，诸如葡萄牙、荷兰和英国（西班牙从一开始就注重领土扩张，而非贸易），伴随15世纪中期欧洲人的地理大发现应运而生。而它们也只是实现了表面上的整合，未能完成行政管理和法律制度上的统一。[30]

海洋帝国有一点跟草原帝国颇为相似，即它对边缘的兴趣源自其剥削本性，至于传播文明的成果，它其实并没有多大热情；为此付出的努力，也相当有限。海上起家的贸易帝国，至少在其萌芽阶段，政策集中于在中心和边缘之间搭建一座经济联系的桥梁。对于新融入的贸易区，帝国极少触及其原有的社会政治结构。它的惯用伎俩是同当地当权者合作，利用当地敌对势力之间的鹬蚌相争，坐收渔人之利。归根结底，帝国也只是对某些特定的商品兴趣浓厚。对边缘投入越少，所得利润就越高。这就是在商业手段榨取剩余价值之基石上所创建之帝国打的如意算盘。

当然，从长远来看，这种盘算是否划得来，是否会产生反作用，最终导致反盈为亏，都不得而知。草原帝国军队对外长期掳掠和侵扰，导致边缘经济一步步走向衰竭；而与此对应的另一个问题也浮现出来：与外族异域的长期贸易往来会慢慢瓦解一个国家的社会政治结构。那些单单依靠武力手段榨取剩余价值或者单以商业手段榨取剩余价值的帝国，如果不在其边缘大力进行基础设施的投资建设，势必无法将这些边缘充分纳入帝国的"世界秩序"当中。能不能做到（在边缘投入）这一点，对帝国的存续和稳定来说，恐怕是最为关键的。历史上有一些帝国，它们的中心和边缘仅仅借助剩余价值榨取这条通道彼此相连。它们无一例外地比那些转向了行政省的常规管理模式——也就是说，不仅在边缘猎取资源，同时也投资于边缘——的帝国，更快地走上了衰亡之路。就帝国长治久安这一点看，没有一个海洋帝国或是草原帝国可与罗马帝国和中华帝国相媲美。帝国长寿的秘诀，大概就在于在危难关头、衰颓之际总有边缘襄助，挽大厦之将倾。然而，只有当帝国外围有强烈的帝国归属感且坚信帝国的崩塌于己而言弊大于利，它才可能对帝国中心施以援手。[31]

放弃对边缘不加节制的掠夺，转而对其基础设施及文明化进程予以投入，绝不意味着对中心和边缘之间贸易关系的颠覆。也不能据此认为，边缘已然成为帝国的纯粹受益者。但是，相关的负担会随着跨越奥古斯都门槛，得到更为均匀、合理的分配。一些负担也会转移到素来受益于帝国的那拨人肩上：昂贵的军备，新设立的管理体系，这些开支已经不能单靠帝国边缘那些臣属省份的贡赋捐税来消化了。要维系帝国的生存，帝国中心的臣民也得出一份力——比如通过缴税——才行。当然，这往往会遭到他们的抵制。在这个时候，在中心会慢慢升起一种支持政变的危险倾向，叛乱者许下减轻税负的承诺，收买人心。也就是说，帝国在边缘获得长治久安，代价却是，在中心不满之声日益高涨。这或许正是许多帝国从来未能跨越奥古斯都门槛的根本原因：毕竟边缘的骚乱不安，还是要比中心的民怨载道更易承受些，即便偶尔一个行省的叛离，也好过帝国都城的持续动乱。然而，回顾历史，似乎情况恰恰相反：行省的离心离德比来自中心的动乱常常更容易导致帝国的覆灭。我们看到，在大多数情况下，在整个帝国空间里实行更统一的行政管理手段来谋取剩余价值，这样做使得帝国更加长治久安、根牢蒂固。

/ 096

/ 帝国的两翼（或多翼）

　　诸多地理条件制约了帝国核心的扩张方式，除此之外，精英们有限的决策余地同样影响着帝国权力扩张的方式和机制。那些决策常常会借鉴历史的先例或受到一些政治神话的影响。17 世纪的英国，曾经对于自身定位摇摆不定，不知道该把自己视为罗马帝国，还是迦太基衣钵的继承者。横亘于这两者之间的是贸易大国（迦太基）与领土帝国（罗马）的鸿沟。[32] 英国人最后放弃走罗马领土帝国的老路，背后隐藏着一个考量，即这样的帝国不可避免地会沦为一人专政，正如我们在罗马从共和制转向元首制的过程中所看到的那样。不同的是，迦太基直至最后一刻实行的都是由一些豪门巨室掌权的寡头政治（Oligarchie）。所以，大陆扩张总与黩武主义唇齿相依，而黩武主义又常常坠入独裁或专制的深渊。如此一来，英国在 1688 年至 1689 年获得的立宪制胜利成果，将会白白断送。相反，一个跨越全球的贸易帝国往往建立在"间接统治"（informal rule）基石之上，它的发展与贵族统治方式非常契合：因为在这种制度下，只是偶尔动用一下雇佣军，而且原则上只在宗主国以外执行任务，所以军队不致成为一个危险的内政权力因素。英国将其自身角色限定为海洋贸易大国的做法，就好比筑起一道防线，从内部遏制政治上有害的发展苗头。

　　当然，我们也可以翻转角度来看这些问题。以罗马为例，我们也可以认为，对共和制的根本威胁来自其海洋扩张，而不是领土扩张。在与迦太基的竞争和缠斗中，罗马长期以来实行小规模缓步扩大其统治空间的政策，当元老院决定抛弃这一政策的时候，也意味着罗马共和国衰亡的序幕就此拉开。正是随着大胆的海洋扩张新政策的展开，权力集中到了那些认定共和宪政框架束缚了手脚的人手里。此外，罗马军团常年在海外卖命，服役时间大大延长，以至于根本无暇返乡务农，老兵问题由此而生，且矛盾一触即发。同样，军队指挥的服役期也不得不一再延长，时间一长，士兵与将领之间的信赖关系日渐加深，这就与共和国政治中的轮换制暗生抵牾。[33] 对新领土的每一次征服，都会制造新的精英，而他们的野心又唯有通过更多的征服方得以餍足。

这种演变，已在三次布匿战争期间露出端倪。随之而来的，是公元前 67 年至公元 85 年之间古代世界最宏大的一次海上扩张运动。[34] 这一运动的序曲是庞培将海盗清除出地中海的行动，这一行动疏通了连接东西及南北之间国际贸易的通道。他的目标已不再是消除竞争对手对罗马的直接威胁，而是在地中海建立一个普遍海上霸权，将地中海变成帝国版图的一部分。在那之前，罗马帝国是由很多领地所组成，现在它获得了一个海洋中心，一个新的重心，从此帝国的对外扩张动力及其政治秩序观念都发生了根本改变。在庞培主导之下，罗马实力得到极大扩张，在他之后的军政统帅都不得不以他的武功为参照，来衡量自己的功过得失。比如恺撒进军不列颠，称其为控制海洋权的重要一步，其实是要拿自己对海洋的征服同庞培对地中海的征服相提并论。同样出于与庞培、恺撒等前人一较高下的决心，奥古斯都将其一生的"丰功伟绩"在"功德碑"上铭刻下来，永垂后世。然而，他的流芳功名不在其对外扩张之勇，而在其孜孜勉力于帝国内部的长治久安。奥古斯都的这一决策影响深远，因为这也正是所谓"奥古斯都门槛"的核心所在。

可见，在公历纪年开始前后的一个世纪里，罗马帝国加速对外扩张，而这一现象也是贵族价值体系和普遍世界统治观念相结合的产物。这当中，航海成为一种胜利的象征，标志着人类智慧成功克服了过去千百年来陆地对人沉闷的束缚。英国的贵族阶层一方面与罗马的领土帝国划清界限，另一方面又在意识形态上与迦太基"攀亲道故"，不知不觉中已经走错了"跑道"：英国人没有意识到，他们其实很早就开始在走罗马人的老路了。[35]

当罗马人将政治和军事上的节节胜利当作一种文明的凯旋而额手相庆时，一种帝国自信心油然而生。而这种自信在他们与希腊化的东方文明碰撞之时，根本不可能产生。那两种文明的相遇，罗马人胜在武力，却输在文明。但他们在西边的情形则截然不同。先是在西班牙，再在高卢、日耳曼尼亚和不列颠，入侵的罗马人确信自己带来了更高水平的文明。而当地的土著——那些"蛮族"——既无大城市，也没有像样的手工业，对贸易所知寥寥。因此，罗马人在这些地区的武力戡乱行动，最终几乎不可避免地引致这些地区在文化上融入罗马。在西边，罗马从一开始就致力于边缘的投入；而在东边，则以剥削和奴役者的一面示人。用于罗马权力扩张的庞大资源，主要来自东边，但其文明化自信则生于同西边的交融之中。在与这两个天差地别的边缘地区之接触中，罗马人截然不同的做法在政治上影响深远：在东边，罗马摆出霸权姿态，在西边和北边则直接实行帝国统治。[36]究竟该展霸权之姿，还是行帝国之实，这个问题的决定权不在中心，在边缘。

东、西两个边缘之间的差异，长久以来影响着罗马帝国的政策，并且使两边一再处于相互敌对和猜忌的对立状态。特别是在涉及两边军团谁更有权拥立其统帅为皇帝的敏感问题时，双方更是争论不休。戴克里先（Diocletian）对帝国的改革，以及后来君士坦丁大帝完成对帝国的分治，都是充分考量这些差别的因应之策。但事与愿违的是，他们的举措反而固化了这些差异。要知道，罗马帝国此前正是通过消除那些差异汲取了力量，获得了统治的合法性。在公元 5 世纪，西部的边缘慢慢脱离帝国，在此关头，除了查士丁尼大帝一度力挽危局外，东边并没有为挽救帝国西半边的颓势而倾尽全力。恰恰相反，对于最终摆脱西部，摆脱它军事防务的无底洞，他们似乎没觉得有什么不妥：当时罗马帝国的东部贡献了 65% 的赋税收入，而大部分税收投入到军队中，军力的三分之二是驻扎于西部的。[37]

在某些方面，沙俄的情形与罗马帝国相似。不同的是，沙俄的东部是化外之地，而在西方俄国人又感觉低人一头，于是它奋力追赶西方的发展水平。在西方人眼里，当时的俄国是尚未完全开化的征服者，而在东方，它则被捧为文明大国。1864 年，在一封外交公函中，时任俄国外交大臣的戈尔恰科夫（Gortschakow）公爵，极力为俄国入侵塔什干的行径辩解，他将俄国当时的处境同其他推进文明的国家进行比较，认为它们都在边缘遭逢了未开化的游牧民族，不得已踏上一条对外扩张之路。[38] 这既是面对西方列强的疑虑所做的自我辩护——辩解俄国并未因此走上对抗英国的帝国主义路线，同时也是在呼吁国内贵族阶层支持俄国在亚洲的扩张政策。俄国在亚洲的扩张和征服政策当时并没有获得广大民众的支持，原因在于萦绕于俄国人头脑中的观念一直没变：俄国，属于欧洲；俄国的历史和抱负，应该在欧洲开花结果，而不是在亚洲。同罗马完全不同的是，俄国几乎无法从其推进文明化诉求中斩获任何政治资本。

在整个 19 世纪，沙俄帝国的东西两翼成为让俄国贵族和知识阶层头痛的一个问题。知识阶层一直在追随西方和神往东方之间举棋不定，揪心不已。广为人知的斯拉夫派与西方派之间的长期论争[39] 便是这一冲突的体现。一个处在这场冲突风口浪尖的问题其实就是政治上选择谁作为榜样，在文化上又该朝怎样的前景进发。在其他民族国家，虽然也时有这样的争论出现，但表现得不像俄国那般针锋相对、剑拔弩张。在俄国的争论，属于典型的帝国内部分歧，争论焦点在于，应由庞大帝国的两翼或多翼中的哪一方决定帝国未来的走向。

从彼得大帝开始，俄国贵族阶层——帝国的中流砥柱、"唯一代表并捍卫着帝国精神的社会阶层"[40]——就被迫承担起近乎人格分裂般的双重角色：一个，是在亚洲的总督角色；另一个，是在欧洲的绅士角色。很多沙俄贵族以及 19 世纪晚期以来的大部分知识分子，为摆脱这一双重角色的困境，往往选择倒向帝国两翼中的"一边"，但这样一来，他们就不可避免地与帝国的行动需求陷入冲突。导致的一个结果就是，领导阶层中的很多成员成为坚定的反对派，他们的对立姿态削弱了沙俄的实力，并最终推动了沙俄走向崩溃。作为沙俄的继任国——苏联，曾经一度成功将两种观念连成一气，但从长远来看，这样的代价太过高昂。[41]苏联继承了沙俄遗留的老问题，也同样由于这一老问题而落败：统合的压力让它不堪重负，最终压垮了帝国。

通过罗马帝国和沙俄的实例，我们可以看到，帝国各个边缘地区政治水平和文明化程度的迥异，成为超级帝国的心腹大患。而对于那些主权国家，特别是民族国家，这不会构成任何问题。主权国家或民族国家能在其内部化育出相对统一的政治和文化认同，并从中汲取力量，获得影响力，俾使面对其他诸国足以立于不败之地。[42]而帝国则必须化解其自身"内部"（通常多出现在国与国之间）的冲突和矛盾，处理得当，善加利用，以免大受其害或由此败落。

由此而败落的典型例子，便是哈布斯堡皇朝：最终，泱泱帝国裂解成了诸多小邦。由于地处欧洲的心脏地带，德国、意大利、俄国及奥斯曼帝国诸强环伺，哈布斯堡皇朝不只有两个，而是足足有四个边缘地区和影响源。它们都以不同的方式威胁着皇朝的生存，对此，哈布斯堡皇朝参照古罗马帝国的模式，在 1867 年下定决心，将帝国一分为二：一半是奥地利，一半是匈牙利。两国以莱塔河（Leitha）为界，一边（前者）称为内莱塔尼亚（Cisleithanien），隔河相望的另一边是外莱塔尼亚（Transleithanien）。然而，这又引发了一个后果，那就是，包括波希米亚人、摩拉维亚人和塞尔维亚人在内的斯拉夫民族群体在其中自感地位卑微处境不善，这就强化了他们寻求独立的决心。当时提出了"三元帝国"的解决方案，即以布拉格为都城，将波希米亚加为第三元帝国，可最终也不了了之。然而，即使是"二元帝国"，已经释放出强烈的离心力了。各个民族的生活空间越拉越远，帝国社会的中流砥柱——贵族阶层，在现代世界的社会经济巨变冲击下日渐陷入困境，巴尔干地区衰弱的经济造成了常年的预算赤字，这一切都让人对前途充满悲观甚至绝望。为了驱散这种"末日情绪"，人们甚至寄望于一场世界大战。也正是在这场大战（第一次世界大战）中，奥匈帝国分崩离析。[43]

按本书开篇给出的定义，哈布斯堡皇朝在严格意义上算不上帝国。然而，这并不妨碍我们从它的崩溃中细细体察一个超级帝国作为跨文明秩序体系的历史意义。在相当长的一段历史里，哈布斯堡皇朝不仅在政治上，而且在文化上，将整个中欧地区融合、凝聚于一体，它是一座桥梁，连接了东南欧边缘地带和西欧、中欧地区。它所起的这种作用，在 1918 年之后无人可及。或许有个例外，那就是南斯拉夫，然而，后者也只是在很短时间内，且在一个很小的地区内发挥了这一作用。事实上，今天的欧盟归根结底面临一大任务，那就是要寻求解决这一问题的长久之计。

相比之下，奥斯曼帝国的内部分工就做得更为成功。早在16 世纪，帝国就将鲁米利亚同安纳托利亚地区分开，成为行省。它们各自任命总督（beglerbeg）为行政长官，[44] 总督负责管理各自所属帝国领地的内部事务，同时负责边境的防务，自行筹措一切所需资源。不过，与罗马帝国和哈布斯堡皇朝情形不同，由于苏丹不容置疑的权威地位，加上奥斯曼帝国的高度集权，上述两个地区并未走向独立。奥斯曼帝国的衰落并非离心倾向演变的结果，它的覆没源自其他方面的短缺。

在帝国整合方面，成效更高的是中华帝国。它成功地应对了来自边缘的各种挑战，大抵维系了始于秦代（公元前 221 年～前 206 年）的中华大一统。从一开始，中华帝国便面临一个南北问题：在北面，它不断受到蛮族的侵扰；而在南面，则同诸多朝贡国维持着一种与北方华夷之间大为不同的关系。在中国，遏制南北方不致彻底分道扬镳的是一以贯之的"中央帝国"理念，它弱化了存在已久的离心倾向。就是这种离心势力在中华帝国衰颓和崩溃的时期，一次次导致南北方走向分裂并峙；而帝国每一次重整旗鼓，也总会带来南北方的重新归于"大一统"。[45]

在郑和率领船队（1405~1433 年）浩浩荡荡完成七下西洋的伟大壮举之后，大明帝国却退出了航海事业。焚毁宝船，只容在官府主持之下[①] 开展有限的口岸互市。[46] 明廷这一重大决定很可能源自中国人根深蒂固的中原为重的帝国观念。海洋扩张、发展海外贸易，可能极易动摇这一帝国意识。[47]

对于诸如葡萄牙、西班牙、荷兰及英国等欧洲海洋大国而

---

① 市舶司。

言，帝国边缘政治、经济、文化发展水平参差不齐的问题，要远比传统陆地帝国更为突出。[48] 这些海洋大国在亚洲遭遇了印度、中国和日本这样经济发达、政治稳定的国家或帝国。在那里，欧洲大国的帝国扩张刚开始只能限于商品交换和打开市场。在由此产生的贸易空间里，欧洲人虽有利可图，但面对当地的强权政府，政治上往往难有作为，影响力微弱。直到等来印度莫卧儿王朝崩溃（1739 年），而 19 世纪后半叶中国的清王朝也走向衰落、大势已去，欧洲列强的政治统治空间才不断膨胀，慢慢覆盖了它们的贸易空间。

　　海洋帝国在西面边缘的情形，则完全不同。在北美和南美，它们慢慢建起多个殖民据点，吸引了大批欧洲人源源不断涌入其中。这些离开欧洲，远渡重洋踏上美洲土地的人，怀揣不同的打算：有些人受了印加帝国和阿兹特克黄金神话的诱惑，期待在此迅速发家致富；有些人是为了追求一种在欧洲旧世界无以实现的新式宗教团体。不管他们的动机如何，结果是欧洲人在新世界引入了他们的经济模式，压垮了当地原有的结构。加上欧洲人武器技术优势明显，于是闯入者很快在美洲大地建起政治上直接受控于中心的帝国扩张空间。

　　也就是说，西班牙帝国及大英帝国的东西两翼，可谓云泥之别，两边的历史经历了完全不同的发展轨迹。但由于海洋将海洋帝国诸多属地同帝国的中心分割开了，所以，帝国边缘那种社会文化异质性对海洋帝国中心带来的冲击，远远不及它对陆地帝国中心的影响那么大。很显然，海洋帝国更有能力应对来自帝国边缘的各种挑战，即使失去某一边缘，也不会伤及帝国元气。在这方面，英国就是一个佐证：它在失去北美殖民地以后，又进入了一个新的帝国周期。

在帝国的兴衰起伏中，不同来源和不同形式的权力多管齐下，同时作用，这一点要比在主权国家历史中表现得更为强烈。如果说，基于相互性原则建立起来的主权国家联盟组织不可避免地导致了四种权力类型[49]在主权国家内部走向同化，那么，发展水平参差不齐的边缘客观上就要求帝国在某些时候多调动军事或政治权力，而在另一些情况下则运用更多的经济或意识形态权力。比如，帝国在军事方面的短缺可在其他方面获得弥补：那些被帝国的夺人光芒所吸引的民族，可能为了最终获得帝国的庇护而竭其所能，鞍前马后，为帝国拼尽一切。当然，他们的付出需要得到回报，而筹赏他们所需的资金远远低于动用帝国自家军队的花费。

帝国的边缘防卫，极少意味着要对付势均力敌的敌手。所以，就确保边缘安全这一点，那些商人、军师、民俗家和策反特工实际上常常发挥着比帝国常备军队更为重要的作用。这一点，从古至今，例子不胜枚举：远到古罗马帝国用以防御日耳曼人的"蛮族边界"，近到英国人和美国人在其"印第安人边界"上的所作所为，以及欧洲殖民势力渗入所谓无主地区，还有前些年美国人以数百万美元的代价"收买"阿富汗地方军阀，从而在短短几天之内便使当地整个权力结构地覆天翻，最终一举挫败塔利班政权。这些事件都印证了这一点。

除了金钱，也就是经济实力之外，文明吸引力，或者说意识形态实力在打动边缘地区民众，使之献身帝国事业方面起到了难以估量的作用。这一点，我们可以在罗马史学家塔西陀（Tacitus）有关阿米尼乌斯（Arminius）和弗拉乌斯（Flavus）

兄弟反目的记叙中看出来。这一对来自切鲁西（cherusker）部落的兄弟，心怀异志：兄长阿米尼乌斯，揭竿而起，发起一场抗击罗马的起义，改变了历史；而弟弟弗拉乌斯则执意留在罗马，继续忠心耿耿为帝国效力。这场跨越了威悉河（Weser）的争端，肇始于阿米尼乌斯对其兄弟弗拉乌斯的发难。他质问他那在为罗马人的战斗中失去一只眼睛的弟弟，残疾之痛究竟为他赢得了什么酬赏；"弗拉乌斯提及军饷上涨，获颁荣誉项链、花冠，以及其他军人勋章等。阿米尼乌斯对此不屑一顾，大声嘲笑说，这些都不过是给奴隶的一点可怜奖赏罢了"。[50] 而涉及该忠于罗马帝国，还是忠于切鲁西的出身，两人更争得不可开交。虽然阿米尼乌斯力劝其弟，思其故土，念及承自先祖的自由和家乡神灵，但弗拉乌斯不为所动，坚持选择效忠罗马皇室。打动他的是帝国之浩大，总督之权势。可见，让弗拉乌斯选择罗马的，除了罗马的政治权力之外，更加重要的是其意识形态权力，而并非在此之前已经元气大挫的军事权力。

在决定帝国的崛起和存续的诸多因素中，权力类型相互之间易换条件和转变方式有着不容小觑的作用。那些较为长寿的帝国都要经历多个周期，上述这两个因素则起到调节帝国周期的功用。它们不仅影响到前面已经提到的成本问题，关系到对耗费最低的权力类型的选择问题，同时也影响到帝国能否随时随地调用这一权力。一个帝国能在强盛周期维持多久，取决于它某一种权力的短缺是否可以通过另一种权力的富余得以弥补。

西班牙崛起成为欧洲霸权乃至称雄世界的全球性帝国，主要归功于其现代化的强大军备。其中包括一支纪律严明的步兵团和具有远洋作战力的舰队，而政治权力又为军事力量锦上添花：西班牙国内运转良好的官僚治理体系带来了国泰民安，这正是其政治权力的活水之源。在 1521 年城市公社起义被挫败以后，西班牙国内局势重归平静。相比同时期的法国，社会安定确实是当时西班牙的一大优势。法国人从 16 世纪 40 年代开始，长期陷于内部纷争，最终被一场旷日持久的内战 ① 彻底拖垮。然而，西班牙的经济缺乏一种发展的自动力。正如历史学家瓦尔特·伯尔奈克（Walter Bernecker）所指出的，它"缺少一个连通世界的金融系统，尤其缺少一个由企业家和商人组成的动力阶层：通过它跟国家政府的互相配合、双管齐下，在政治和军事权力之外，合力打造一种经济权力"。[51] 从根本上讲，支撑西班牙皇室大肆采购军火、维持帝国昂贵军事装备的，不过是采自美洲大地的真金白银。尽管"新世界"的贵金属源源不断流向大西洋彼岸——仅在 16 世纪流向西班牙的贵金属总值就高达约三万亿塔勒[52]——但帝国的支出常年高出国库收入约 20%。西班牙政权受困于其长期无解的财政难题，最终垮台。

西班牙世界帝国的另一大弊病是人口基数太小。特别是跟周围霸权竞争对手如法国和奥斯曼帝国相比，西班牙人口明显不足。雪上加霜的是，西班牙人口在 16 世纪又遭受重创，锐减约 20%。[53] 在当时的欧洲霸权之争中，西班牙的这项人口赤字所造成的不利影响刚开始还未显现出来——因为当时法国的内斗暂时抑制了其对外扩张的野心，而奥斯曼帝国的实力也在东边受到掣肘。此外，西班牙在与哈布斯堡家族德意志一支联姻后，充分利用了这一便利，在德国招兵买马，扩充了兵源。

最后还有一个意外事件也帮了西班牙一把，延长了它的帝国周期。1580 年西班牙国王 ② 继承葡萄牙王位，这样又一个殖民

---

① 指法国宗教战争。
② 即腓力二世。

帝国落入了西班牙手中，于是西班牙就拥有了举世无双的庞大商船队。就这样，西班牙失去尼德兰的损失在短期内得到了弥补。但在接下来那场长达 80 年、志在重夺叛离行省的战争[①] 中，西班牙资源耗尽，却未收获预期的胜利。17 世纪伊始，尼德兰人便展开攻势，他们的东印度和西印度贸易公司成功抢占了葡萄牙人在东方的部分殖民地和一部分贸易。《明斯特和奥斯纳布吕克和约》(der Frieden von Münster und Osnabrück) 和 1659年《比利牛斯条约》(der Pyrenäenfrieden) 的签订，标志着西班牙的第一帝国周期落下了帷幕。[54] 18 世纪波旁王室的改革暂使西班牙帝国得以苟延残喘，帮助它迈入了另一个帝国周期。然而在后一周期，其声势已远非昔比，在世界政治舞台上已是雄风不再。

归纳起来，可以说西班牙帝国的第一周期，归根结底，仰仗了其军事上的优势。而这一优势又源自其军队组织上的一系列改革成果，以及武器技术上的屡屡创新。[55] 但这些革新在另一方面也大大加重了军费开支的负担，这一切又因财政上的捉襟见肘而无以为继。同时，四周诸多强敌虎视眈眈，它们在军事组织和技术上奋起直追，迎头赶上。于是，在欧洲，西班牙的权势便轰然倒地。西班牙失去军事优势之后，之所以会连带着产生如此严重的后果，正是因为它没有其他任何权力类型强大到足以弥补其不足：西班牙的经济实力弱于其欧洲竞争对手；至于政治权力，尤其在结盟和在联盟中实现自我意志的能力方面，西班牙一方面受制于欧洲基督教教派分裂，另一方面又同正在崛起的英国的利益冲突凸显，于是政治权力也大打折扣。只是借助反宗教改革运

---

① 也称荷兰起义。

动，西班牙才勉强得以收获意识形态权力，但这项运动让它赢得同情和支持的同时，也树敌无数。另一边，起于尼德兰，紧接着蔓延整个欧陆的"黑色传奇"，抹黑了西班牙人，被西班牙的对手所利用，化育出一种强烈的反西班牙意识形态。这让西班牙在欧洲高高在上的领先地位显得暗淡无光[56]：人们大谈宗教裁判所的残酷和专横，腓力二世的暴行如何罄竹难书，西班牙人腐化堕落的国民本性；大谈西班牙妄图建立一个雄霸寰宇的全球性帝国来奴役万民，涂炭生灵——世界上其他所有族群将无一幸免。在这些骇人听闻的描述中，我们看到了近代欧洲最早的国际反帝国意识形态慢慢浮现。对此，西班牙的宣传机器黯然失色，无所作为。[57]

当然，西班牙的权力短缺一开始仅仅在欧洲暴露出来，而在欧洲以外的帝国领地尚未显现。岌岌可危的是它在欧洲的霸权地位，海外帝国依旧安然无恙。所以说，西班牙从欧洲霸主的宝座上坠落，并不意味着西班牙世界帝国就此衰亡。事实上，它在这之后继续主宰拉丁美洲长达一个半世纪之久，在太平洋及加勒比海地区继续称雄近两个半世纪。因此，把这一漫长的时期简单地称为颓败和衰亡期，是有失公允的。

按照大国兴衰的模式（Modell von Aufstieg und Niedergang）来看，几乎所有帝国的历史都经历了一个短暂且活跃的上升期和一段漫长的衰落期。上升期又在很大程度上与武力扩张期重合，而帝国权力在达致鼎盛之后，施行的种种改革一律被视为帝国进入缓慢衰落期的因应之计。这样一个研究帝国历史的理论模型，不可避免地对帝国的"军事"一面青睐有加，而对其"政治"的更新能力却重视不足。按照这一理论模型，无论是行政管理上的改革，还是经济秩序、财税体系乃至军事领域的革新，都不过是为遏止或延缓帝国那原则上无可挽回的衰落进程所做的最后一搏。

特别是在研究罗马帝国历史时，这一模式被一再引用，以至于几乎模糊了历史叙事和模型理论的假设之间的界限。按照这一模式的说法，罗马帝国最迟在 2 世纪初期，即所谓养子继承制时期，国力达致极盛；特别是在图拉真（Trajan）治下，帝国的疆域扩展至最大；此后，便陷入了漫长的衰落期。[58] 3 世纪末，帝国改革始于戴克里先，继而在君士坦丁大帝及其继任者治下实现帝国分治；最后，狄奥多西一世（Theodosius）在公元 380 年颁敕令将基督教定为国教，[59] 完成了向意识形态权力的转换。所有这一切努力，按这一模式的思路看来都没有对帝国的历史进程产生任何"根本性"意义。就像它对待西班牙的历史一样，那长达两个半世纪的帝国史被简单地说成是衰落史。而在所谓帝国"衰亡"的漫长时期里出现了周期性兴衰起落，却被这个模式所忽略——这种忽略未必体现在历史叙事中，却体现在历史意识里。尤为关键的是，这种兴衰模式里有一种历史必然性观念，它让那些帝国改革家身上充满宿命的悲情意味：不管他们如何励精图治，力挽帝国之将颓，到头来不过加速了帝国的朽亡罢了。

与崛起—鼎盛—衰亡的研究模式不同，我们在这里引入政治史中的周期模式（Zyklenmodell）来阐释问题。这一模式，由希腊化时代的古罗马史学家波利比乌斯（Polybios）提出，在意大利文艺复兴时期由政治哲学家尼可洛·马基雅维利（Niccolò Machiavelli）发扬光大。[60] 按照这一模式，所有政治实体，在其长短不一的历史中都会经历若干周期；在这些周期里，几经兴衰起伏。至于经历几次周期，周期内的上升阶段持续多久，这些则取决于政治实体领袖的政治手腕和远见。[61]

对于重构帝国历史，周期模式具有不少优点。首先，比起兴衰模式紧盯帝国的兴衰两个发展演变方向，周期模式深入肌理，带领我们看到更多帝国兴衰起伏的细节；其次，周期模式着眼于帝国如何克服危机的问题。也就是说，它如何奋力走出谷底，极力拉长周期的上升阶段，因此——也就是第三个优点——这一模式，自然更重视政治（及社会）行为主体的影响力。正是他们一手掌握政治共同体的命运——当然也是在其可供动用的资源及权力类型允许的范围内——他们可以通过种种革新措施，在源头遏制帝国的衰落，增强帝国上升的推动力。[62]

最近几年，在霸权周期理论的基础上发展出一些（数据）分析模式（analysemodell）。[63] 它们在阐释帝国起伏不定、变幻无常的历史时，相比传统的兴衰模式更加精确和细腻。按照乔治·莫德尔斯基（George Modelski）教授和威廉·汤姆逊（William R. Thompson）的说法，20 世纪初期的美国，由于在核心经济领域，如钢铁业、化工业及电气工程等行业一马当先，于是在整个经济领域赢得了全球领先的地位。在此基础之上，它在国际政治舞台上一举跃升为当时的世界领袖。在这个起于 1850 年，止于 1973 年的霸权周期内，经济发展和政治扩张携手共进。后来，又仰赖在新的核心领域，如信息工程和微电子等方面遥遥领先的技术优势，美国迈入一个新的霸权周期。这一新周期让美国在短暂的式微过渡期之后，成为美苏角逐的胜者，并因此成为硕果仅存的世界超级大国。

不过，上述这种理论也有其不足之处，那就是它那强烈的经济决定论倾向。套用权力类型的概念，在这一理论中，经济权力压倒了一切，排除了不同权力类型之间相互转换的可能性。结果就是，霸权周期理论的支持者认为，在美国之前，只有英国也曾经历那样两个周期：第一个周期建立于强大海权和商业优势基础之上；另一个，则得益于在工业革命中获得的领先地位。霸权周期的经济决定论，没给政治决策留任何影响余地。在这一点上，即使相比古典共和主义的政治周期理论，经济决定论也显得一叶障目、失之简单。至少前者还把社会道德因素和政治体的宪政秩序看作影响历史兴衰起伏的决定因素。

研究帝国历史，我们不妨将四种权力类型的概念同上述两套周期理论结合起来，跳出单一因素决定论的狭隘，承认决策精英对经历周期的方式不容忽视的影响力。比如，克服各种危机的努力，以及竭力拉长每个周期的上升阶段，等等。在这种情形下，猜测每一个周期的平均持续时长，显得无关宏旨，没有必要。我们要注意区分：有些帝国仅仅经历了一个周期，昙花一现；而另一些，则经历了好几个周期，且每个周期都有较长的上升阶段。前者的典型例子是蒙古帝国及拿破仑一世的法国，中国和罗马帝国则属于后者，而奥斯曼帝国、西班牙和大英帝国也属于后一种。另外，或许可以说，一个帝国可资支配的权力类型越少，或者优于竞争对手的权力类型越少，那么周期持续时间也就越短；反之，帝国的权力类型选项越多，它在周期的上升阶段就停留得越久。此外，权力类型的多元化，也给帝国决策精英增加了调控周期进程的机会，也就是加速或者延缓周期的进程。[64] 当然，我们也不应高估精英层的决策空间和余地，他们能施加影响的是周期如何进展，至于跳脱或中止周期，他们是无能为力的。

帝国要在周期的上升阶段长驻久留，一个关键因素就是迈克尔·多伊尔所称的所谓"奥古斯都门槛"。[65] 屋大维（奥古斯都）推行的改革基本上涵盖了三大要素。首先，他努力赢得罗马有地贵族的信任，凭借他们的支持，打破城市寡头统治阶层的权力垄断；其次，他左右了罗马的宪政秩序和行政制度的革新，且并未引发政治危机；最后，他对整个行政体系进行了大刀阔斧的改革，将那些行省从寡头统治者贪腐的老巢转变成治理有效的帝国之一部分。屋大维试图通过这些改革方案结束内战，巩固自己的权力，并由此从根本上重组罗马的政治秩序，而这种重组也被后人视为共和制的终结，同时也是元首制的滥觞。但与此同时，他也确实创立了确保"罗马帝国"（Imperium Romanum）长治久安的各项制度。随着奥古斯都门槛的跨越，罗马告别了盲目的大肆扩张阶段，由此引发的种种内耗内战也随之烟消云散，至此，罗马迎来了它长期稳定的统治期。

此后，罗马周期在周期上升阶段至少停留了两个世纪之久。这要是在帝国建立之初，听上去无异于天方夜谭。要知道，此前罗马国内经历了数十年惨烈的内战，在这些战争中，帝国边缘一次次沦为争夺帝国中心权力的基地和军事要冲。当战火燃尽，罗马面临着帝国分崩离析的危险，就像曾经的马其顿帝国在亚历山大大帝死后迅速分裂的情形一样。为了平息内战，罗马历史上三番五次出现所谓"三头同盟"，这一次又由"三雄"将各大行省划为各自势力范围，这种三分天下的局面，如按马其顿帝国的经验，原本可以轻易分裂成几个各自为政的继任国。特别是帝国分裂成东西两部分，这在当时已不只是一种理论上的可能性。然而，屋大维还是成功地使行省的臣民都归心帝国，帝国军队规模得以大幅削减，[66] 进而降低了疆域防务的费用，也为降税减负铺平了道路。[67] 在彻底击败迦太基之后，罗马继续南征北战，除了控制整个地中海地区，还将势力范围向西北和东南的两个方向拓展开去。就是这样一个扩张性权力中心，现在成了保障"罗马治下的和平"（pax Romana）的"罗马帝国"。

　　奥古斯都改革成功的关键在于，他化育出一个对腐败具有抵抗力的行政管理层。为达此目标，屋大维不仅致力于机构改革，同时也倾注心血改革帝国精英的风纪。这位在公元前 27 年被元老院赐封为"奥古斯都"（意即神圣至尊之人）的皇帝，当时推出一系列革新风纪和宗教的新政，在现代历史文献中常有人认为，这些政策源自他根深蒂固的保守主义倾向，同时也是其个人价值观的体现，另一些人则深信屋大维本人正是靠着那些他后来所激烈反对的手段上的台。对其前后矛盾之虚伪性的指责，从道德的角度来看，固然不无道理。不过，我们讨论一个帝国的革旧维新和强基固本，重要的是政治成效，而非道德上一以贯之。[68] 当时，铲除充斥于共和制寡头政治统治后期的腐败已势在必行，[69] 这也是帝国谋取剩余价值方式实现转变的先决条件，即从护民官之类的地方军阀所采取的掠夺机制转变为定期制度化的税收方式。要落实这一点，清正廉洁而非损公肥私的公职人员必不可少。而在帝国管理精英中提高抗腐力恰恰是屋大维风纪和宗教改革措施之着眼点。这其中包括对元老院的多次"清洗"运动，当然，屋大维也借机铲除了那些政治上并无污点的对手。另外，他颁布《关于选举舞弊的尤利法》（lex Iulia de ambitu），那些被证明有贪腐渎职行为的候选官员，五年之内不准担任公职。[70]

　　不过，屋大维看重的不仅仅是帝国精英政治上是否忠诚可靠，清官贤相是否后继有人也是他非常关心的大事。在帝国内战刚刚结束之后的头几年，屋大维即命意大利行省的臣民大批迁入帝都，敕封骑士为城市贵族，新任命一批元老院议员。通过这些举措，他给罗马政坛注入了新鲜的血液。虽然这些政策成功提升了他在整个领导层的威望，但屋大维并无意将这种招贤纳士的方式常态化，他只是把它作为非常时期的权宜之计而已。在屋

/ 115

大维看来，更好的方法是实现精英层的自我更新。要么自己延续后嗣，要么通过领养的方式传宗接代（这在当时的罗马相当盛行），未婚人士的继承权大打折扣，国家还加大了对死后无嗣者财产的征收。相反，对于孩子超过两个的家庭，政府予以财政补贴，对通奸者或伤风败俗者严惩不贷。儿女满堂的执政官，在卸任后可优先挑选行省来管理，而不像人丁不兴的执政官只能等抽签决定。[71] 也就是说奥古斯都不欢迎一个"独身主义"的精神精英层，因为那需要不断从外部来补充和更新它。他希望创造一个能够自我换血、自我更新的精英层——哪怕在另一方面会限制他对精英层人员构成的影响力。我们可以把他的这一举措解读为他实现从"权力"（potestas）① 到"威信"（auctoritas）② 转变的计划。[72] 此外，这也是一项预防措施，确保帝国人口的稳定——要知道这一难题也同样困扰着奥古斯都的继任者们——使得精英层成为万民之表。我们还不妨将它理解为一项提升政治及军事精英层抗腐力的重要举措：相比那些靠单打独斗而飞黄腾达的野心家，出身达贵世家的人更经得起贿赂的诱惑，因为前者顶多会顾及一下自己的身后之名，却不必挂念子孙后代的福祉。

奥古斯都门槛，说白了就是一系列深刻改革之和。通过这些改革，一个帝国告别了对外扩张阶段，过渡到一个有序的长期发展阶段。奥古斯都门槛，用周期理论的话来说，就是最大限度地延长帝国周期上升阶段的存续时间。而在罗马帝国的自我认知中，这些改革措施引发的变化是，共和制的周期历史观——在从波利比乌斯到撒路斯提乌斯（Sallust）的历史学家中一直占尽上风——现在让位于"永恒罗马"（Roma aesterna），

---

① 或者称为"支配力"，乃后世 power 一词的源头。
② 即后世所谓"权威"（authority）一词的源头。

即"帝国千古长存"的帝国意识。[73]总览罗马种种革新措施，我们不难看出，跨越奥古斯都门槛其实也意味着一场深刻的权力类型转换：军事权力的重要性大幅下降。有鉴于此，屋大维才敢大规模裁军。与此同时，政治、经济尤其是意识形态权力的权重上升。除了借助"帝国永恒"的意识形态灌输，和平的理念也提升了帝国意识形态权力，即"罗马治下的和平"，这也成为帝国合法性的一个新的来源。也就是，只要罗马帝国存世一天，则天下太平；帝国根基越是稳固，和平则越有保障。

帝国一旦跨越了奥古斯都门槛，中心和边缘的关系也随之发生变化：从剥削与被剥削的关系转向了教化与被教化的关系。在建立独立官僚体制之后，罗马帝国的行政管理摆脱了昔日城市贵族寡头政治的专断妄为，并且中心的公民权慢慢扩展到部分行省民身上。这一点，在几次罗马人口登记和财产调查中可见一斑。公元前70年的调查结果显示，罗马帝国统治区域男性公民数总计91万，而公元前28年由屋大维和阿格里帕（Agrippa）主持的人口统计则显示罗马公民已达406.3万。数字上的提升，不能单单归因于计入了妇孺的人数。20年后，罗马公民数再增17万，达到423.3万。[74]当然，这也不是什么惊人的攀升，但它标志着帝国已开启了一个新的发展阶段，这个发展阶段随着212年至213年的卡拉卡拉敕令（die Konstitution Caracallas）的颁布而落下帷幕。该敕令将罗马的公民权赋予了意大利以外全帝国的自由人。[75]

可以说，随着卡拉卡拉敕令的颁布，罗马帝国中心和边缘之间的差异性越变越小乃至无足轻重的演变过程已经正式画上了句号。早在哈德良（Hadrian，117~138年在位）统治时期，意大利便失去了政治和经济上的特殊眷顾，降格为一个普通的帝国行省。正是在这一时期，帝国的经济重心从中心转移到外省，昔日的帝国中心意大利进入经济萧条期。一个最明显的表现就是其南部人口的大量减少。[76] 帝国军队从此也主要从部队驻地的行省来招募，军事权力也不再是帝国中心用来统治边缘的工具，反倒是边缘自己打造了一种确保帝国延续的军事力量。是那些出生于意大利之外的皇帝，如来自北非行省的塞维鲁（Severer）家族，让军队建设重新成为罗马帝国政策的重心。

跨越奥古斯都门槛，特别体现在两点上：中心和边缘之间的政治和经济差距消失无存；中心在法律上的种种特权也逐步取消。这些特权往往是作为胜利的果实赐予那些征服者的。在罗马，卡拉卡拉实施推广公民权的改革后，戴克里先又继以税制改革，对意大利征收直接税（此前对意大利免征直接税）[77]，最终，随着帝国中心从罗马迁到君士坦丁堡，罗马帝国完成了其去中心化，或者说中心的弱化。就连帝国西半部的行政中心即首都也在不久之后迁往他乡，293 年迁至米兰，自 402 年起，因地形易守难攻，拉文纳（Ravenna）成了西罗马帝国的首都。

还有其他帝国也跨越过奥古斯都门槛吗？在帝国历史的比较性研究中，我们不难看到帝国史上两种大相径庭的现象：有些帝国故步自封于奥古斯都门槛，止步不前；而另一些帝国则义无反顾跨过了那道门槛。在这里，我们可以再次援引西班牙的例子。随着查理五世 ① 在 1556 年淡出朝政，而帝国的泱泱国土又一分为二——西班牙和德意志神圣罗马帝国两支，查理五世结束了他惯用的巡游统治方式——他曾以这种方式既维护了在军队中的权威，又在帝国四方尽显其统治者的威仪。1561 年腓力二世定都

---

① 也即卡洛斯一世。

马德里，使之成为帝国统治的中心，并创建了一套在当时来讲高度现代化的官僚体制。[78] 从此，野蛮征服的时代成为历史。在边缘地区无序地以武力掠取剩余价值的时代，一去不复返。然而，对西班牙来说，其军事力量作用力的衰减，没能通过提高政治、经济和意识形态权力的分量而得以弥补。所以，西班牙并没有在世界政局中真正完成它从剥削和奴役到文明教化的角色转变。[79] 尤其值得注意的是，它从未如罗马那样，发生明显的去中心化。因此它也无法像罗马那样实现边缘的振兴。

西班牙之所以停滞在奥古斯都门槛，故步自封，问题应该不出在宗主国与海外殖民地的关系上。最主要的原因可能还是西班牙与其他诸多欧洲列强争强斗胜耗尽了国力。西班牙失败了，从本质上讲，是作为"霸权"的西班牙失败了，而不是作为"帝国"的西班牙。换言之，西班牙帝国之所以最终崩溃，是因为西班牙在欧洲的霸权争夺战中耗光了那原本可造福帝国边缘的庞大资源。此外，由于卷入长年霸权战争，帝国不得不孤注一掷，以举国之力强化其军事实力。

罗马占尽天时地利，加上政治上的好运气，使得它在击败迦太基和东部一些王国之后，举目再无对手可堪匹敌、与之争锋。这样，罗马彻底收进和平红利，并将其投入帝国文明的传播之中。相比之下，西班牙的情况则截然不同：面对奥斯曼帝国的冲击，尤其又经过同近邻法国的冲突，西班牙不得不从 16 世纪初期开始就投入巨资改进攻城技术，建立全面的防御体系。[80] 最终，光是偿还国债一项，西班牙就要花掉它 65% 的财政预算。[81] 其庞大军队因开支过高而难以为继，而海军又在北非巴巴利海岸 ① 和加

---

① 即阿拉伯人所称的马格里布，巴巴利是欧洲人的叫法，相当于今天的摩洛哥、阿尔及利亚、突尼斯和利比亚。

勒比海及中美洲地区遭到蛮族的挑战，甚至还受到了死敌英国暗中支持的私掠者及海盗的侵扰，这一切都让帝国体系内各地之间的经济往来受到了严重影响。

为了减少损失，西班牙在美洲和欧洲之间的航道上引入了护船队，从此商道得到了大西洋无敌舰队的护卫。从军事角度看，这项举措无疑很成功，在 1560 年到 1650 年，90 年间的多达 15000 次航行中，西班牙仅仅损失了 62 艘船。[82] 可是，这项政策花费巨大。西班牙一直未能化育出像英国"商人冒险家"（merchant adventurers）那样一个自由企业家阶层。它的跨大西洋国际贸易始终处在国家政府的掌控之下。西班牙世界帝国必须一直像统治陆地空间那样来组织其贸易空间，这样造成的一个后果就是，它无法将统治成本长久地维持在低位。

同样在奥古斯都门槛上止步不前的，还有彼得一世（即彼得大帝）的沙俄帝国。彼得一世很清楚，要实现沙俄帝国的长治久安，必须先广泛动员民众，充分利用国家资源。在此基础之上，效仿西方，将军队职业化，并建立完备的官僚机构。[83] 但要做到这些，就必须首先将莫斯科公国封地制组织下的领土扩张引导到国家控制的轨道上来。彼得一世建立常规陆军，取代了先前一到冬天就遣散的贵族雇佣军队。新建的常规军在 1709 年的波尔塔瓦（Poltawa）会战中小试牛刀，一鸣惊人。彼得一世开创的治国体系，其核心部分是将官僚机构与沙皇个人相分离，世俗世界与宗教领域相分离，这些核心制度一直保留到 1917 年。在改革军事和行政制度的同时，他还将原本彼此完全隔阂的世袭贵族 ① 与军功贵族融合成新的贵族阶层。于是，一个新的帝国

①　波雅尔。

精英层由此而生。在 1722 年颁发的贵族等级表，即《官秩表》（Rangtabelle）中，个人功勋重于个人出身。此外，在戈特弗里德·莱布尼茨（Gottfried Wilhelm Leibnitz）的建议下，沙皇还努力培育学术精英，挑战了东正教神职人员作为智识权威的地位。采纳了拉丁文君主尊号 Imperator Russorum[①]；将帝国首都从莫斯科迁至圣彼得堡——在一片荒芜的沼泽地上，新的帝国中心拔地而起，这象征着帝国改革进入高潮。[84] 当年深受拜占庭影响的"第三罗马"——莫斯科，从伊凡四世（即伊凡雷帝）进行帝国扩张开始，就一直为帝国合法性发挥了关键作用；[85] 如今，它的尊位被号称"新阿姆斯特丹"的圣彼得堡取而代之。新都帮助俄国赢得了更多的海权，对提升帝国国际地位功不可没。同时，它也为帝国增添了几分炫目的文明之光。可以说，在彼得一世的改革政策里，我们看到其中很多特征是非常符合一个跨过了奥古斯都门槛之帝国的。

然而，在帝国接下来的发展上，彼得一世的俄国却走了一条不同于罗马帝国的路径。这既跟它们不同的地理条件和文化背景有关，也跟两国所秉持的不同政治目标不无关系。当屋大维着手改革的时候，他相信，在扫除所有威胁自己主导权的竞争对手之后，帝国就无须继续扩张下去了。或许，在葡萄牙殖民帝国并入西班牙帝国后，腓力二世本可知足而返，但苦于西班牙在欧洲的主导地位依然根基不牢。而彼得一世跨入奥古斯都门槛，则是为了继续推进沙俄的帝国扩张，同时也为了能在同其他欧洲劲敌（特别是瑞典，也包括奥斯曼帝国）的斗争中采取进攻态势。也就是说，彼得一世政策的重点不在于降低统治成本，他要动用一

---

① 即"俄罗斯帝王"。

切资源和力量控制并继续延展帝国泱泱疆土。为达此目标，沙俄在其历史上从未满足于只在边缘攫取剩余价值，它还要不断向帝国中心地区的臣民压榨、索取。因此，为了扩展帝国的边缘，彼得的政策最终引致对中心的"自我殖民化"。

至于奥斯曼帝国，它跨越奥古斯都门槛的情形及后果也与众不同。它在跨越门槛的同时，还必须在生产方式上完成游牧到农耕的转变，[86] 否则，奥斯曼将很可能与之前那些草原帝国一样年寿不永、昙花一现。因为那些游牧征服者未能创建出自己的行政管理结构，于是，他们干脆采取拿来主义，在占领地区直接沿用拜占庭的行政制度，并将之推广至整个帝国。[87] 其实，建立帝国行政管理制度与摆脱奴役和扩张的压力，两者原本就紧紧相依。而要建立一个制度化的有效管理结构，必须先让帝国精英及其军队、官僚的生活方式获得一定的连续性和持久性。实现这一点的前提则是，帝国军队不单单指望着打仗来养活自己。那时，在帝国的边界线上，虽然战事仍未消停，[88] 但军队的补给已开始转向依靠封邑制（如帝国重骑兵西帕希）或者依靠关税和地租收入（如耶尼切里禁卫军那样）。

虽然有上述那些举措，但纵观奥斯曼帝国的整个历史，军事力量始终是其政权的基石。成为常备军的耶尼切里军团骁勇善战、纪律严明，在西方军队面前渐显优势。但随着西方对武器技术的改进以及军制方面的革新，苏丹亲兵的优势很快便荡然无存。那个曾经令人生畏的奥斯曼帝国，一下子变成了"博斯普鲁斯病夫"。

除了军事实力，当然，奥斯曼帝国也拥有一定政治权力：在很长一段时间里，它免受内斗之害，在欧洲霸权争夺战中它曾是几大欧洲列强无名有实的重要盟友，尤其是法国，它试图通过与奥斯曼联手建立对抗哈布斯堡皇朝的"第二阵线"。与政治权力不同，奥斯曼人的意识形态权力好像一把双刃剑：一方面，这把剑使奥斯曼在伊斯兰世界里一度赢得众人的追随和效忠；而另一方面，这把剑在基督教世界却点燃了敌意的怒焰。在1453年君士坦丁堡陷落之后，无数讨伐土耳其人的檄文纷纷号召人们对来自东方的祸害发起十字军东征；西方基督教国家应搁置一切政治矛盾，同仇敌忾，一致对付来犯的土耳其人。

奥斯曼帝国从一开始就有一大软肋，那就是经济实力不足。虽然生产方式从游牧转变到了农耕，经济薄弱的局面却并未因此得到根本改观。那时，外国公司控制着作为海上咽喉的两个海峡，于是几乎所有的海上贸易都落入了外人之手，而帝国只能从他们的营业额里抽取一点可怜的关税收入。[89] 帝国的资源只能通过行政手段来谋取，也正因如此，帝国在建立行政制度方面极具创造性。然而问题在于，奥斯曼既没有推出积极的经济政策，也没能建立一种有效的激励机制，扶持起一个帝国自己的商人阶层。

在历史上，帝国政治－军事权力和意识形态－经济权力的分布不均，导致了它们在遭受重创之后克服危机的能力和自我革新力也不尽相同。奥斯曼帝国在1402年迎战帖木儿大军，在安哥拉（安卡拉）一役中一败涂地，帝国虽元气大伤，却并未崩溃。[90] 而且它慢慢休养，最终恢复了过来，并进入了一个新的帝国周期。当然，在外部，这也得益于帖木儿之死导致其短命帝国的瓦解，其速度之快，好似它当初的崛起。在奥斯曼，比起前任巴耶塞特一世（Bayezit I，他在战败后，沦为帖木儿的阶下囚，并死于狱中），苏丹穆罕默德一世的帝国版图缩小了一半。但随着他的上台，一个新的帝国周期也就此启幕。[91] 在这一周期里，帝国经历了 15 世纪的长足发展，而征服君士坦丁堡最终让它在欧亚文明的交会之处继承了拜占庭的衣钵。

与帖木儿的交锋当然完全是一场军事力量的对决，而经济权力则无关宏旨。在同西方的较量中，情况则大相径庭，战时的幸运天平并未太偏向哪一方，天时地利各有千秋。在这种情形下，经济实力的重要性一下子凸显出来，在这方面，奥斯曼帝国的战略劣势日益明显。关于奥斯曼帝国，史学家中一直存在这样一种观点，即在其漫长的历史中，奥斯曼直接从崛起阶段坠入了衰落期，而并未在帝国周期的上升阶段停留太久。支撑这一论点的证据是奥斯曼严重不足的经济实力。[92] 但事实上，这个观点无法解释奥斯曼帝国在 16 世纪和 17 世纪何以在帝国周期的上升阶段坚持那么久。

说到跨越奥古斯都门槛，除了罗马帝国，最重要的也最有意思的例子当属中国了。关于中国，值得注意的首要一点是中国拥有比其他所有帝国更为宽裕的时间来巩固其帝国权力。在秦代，中原版图基本定型，大致与今日中国的疆界相吻合。在领土变迁方面，中国的情形不同于大英帝国：英国在其第一和第二帝国周期之内，经历了疆域变迁。当时，他在东翼的扩张取代了西翼的扩张。而中国的几次帝国周期演变始终发生在同一地理空间里。在秦代，此前以武力征服的地区在行政上实现了大一统。秦皇嬴政分天下为三十六郡，郡下设县，郡县行政长官由皇帝钦定，直接听命于中央政府。[93] 到了汉代（公元 220 年亡），帝国的文官制度进一步加强，朝廷成为帝国文化中心。儒家仁学的重大发展强化了文武百官效命朝廷的忠心。随着对儒术的尊崇，[94] 帝国治理改以儒家的君子之德为基，而不再倚重法家原则、刑律和政令。儒家伦常大道是崩坏还是发扬光大，对于帝国周期的运行演变至关重要。草原帝国的命运很大程度上维系于其军事权力，而在中国从来都是其他类型的权力更占上风。

在中华帝国形成过程中，还有一个很有利的条件，那就是它在完成征服、一统中原后，仅仅在北面还面临一定的军事威胁。面对盘踞北方的胡人，"中央帝国"打怀柔和亲政策加奇袭反击战略的软硬两手牌。汉廷发动的奇袭战并不求为帝国开疆拓土，只为威慑敌胆，击破屡屡进犯的异族联盟。秦灭六国后，秦皇嬴政即命北筑长城，以御匈奴南犯中原。汉武帝对北胡的政策则更具攻击性。他用兵奔袭千里，长驱直入匈奴腹地。不过，在通常情况下，中原的"对外政策"限于通过向胡人定期纳贡，以阻强敌于外。作为交换，不少胡人政权派质子到中原，接受汉文明的教化，并借由此法让其归心中原。可见，怀柔政策明显倚重意识形态权力，而非军事权力。由此可见，中国帝王选择的这条路颇类似于 3 世纪开始罗马皇帝同日耳曼人周旋时所采取的策略。[95]

对武力的克制，是中华帝国史的鲜明特点。不过这有一个背景条件，即中国在其统治的"世界"之内，久未遭逢势均力敌的竞争对手，因而得以着力于守卫"帝国的蛮夷之界"（imperiale Barbarengrenze，于尔根·奥斯特哈默语）。同时，这些地缘政治条件也有利于在官僚行政体系之内施行儒家的君臣纲常。从根本上讲，儒家思想与群雄逐鹿、诸侯争霸时代所需的激进主义政治南辕北辙。原则上，儒家排斥侵略性外交政策。

在其漫长历史的大部分时间里，中华帝国的主要威胁并非来自外部，而在其内部。在汉王朝日薄西山之际，中央权力式微，门阀贵族阶层迅速崛起，瓦解了统一的帝国官僚行政制度。[96] 而商业和金融业，统合帝国大疆的两个最重要工具，也日渐萎缩，中国分裂为南北朝。在隋、唐（618~907 年）[97] 时期帝国恢复统一，随之而来的是儒家君臣纲常之道的发展和中兴。隋代设立科举制度，以科考在官僚体系内化育出一个博学多识的士大夫精英阶层。唐朝末年，东边河朔的藩镇坐大，帝国上下重武轻文，不久，帝国再次崩解。在随后的"十国"时期，整个南方在政治上陷入四分五裂，直至宋朝（960~1276 年）恢复了帝国的统一。[98]在宋代，商业迅猛发展，货币流通激增，同时儒学复兴，这一切合成一股力，推动了帝国的中兴。[99]这一周期模型一直延续下去，直到中国与西方强权迎头相撞，才戛然而止。崛起的西方强权和以西方为师、走上了现代化之路的日本，成为中国新的霸权竞争对手。在同这些列强的对抗中，军事权力的分量一下子超过了过去两千年的任何时期。

哪一种权力类型对一个帝国的崛起和稳定起到关键作用，这既取决于帝国的内部因素，也与其外部条件息息相关。在内部和外部条件之间存在一种不对称关系，它左右着"帝国理性"（Räson），而这种特定的帝国理性又直接决定了其帝国精英的行动余地有多大——无论成还是败。这里所谓"帝国理性"也正是我们在此书中所泛指的统治世界的逻辑之具化。

第四章

文明教化与蛮族边界：
帝国秩序的特点和任务

大空间秩序，乃至于全球性政治秩序面临着比以前更大的正当性压力。倘若政治秩序涵盖区域较小，小到城邦联合体，或者中小国家结成的联盟，那么大家或许会在边界问题上争论不休，甚至会由此引发战争，但至少对于这种秩序的基本架构没有异议。小空间秩序，有一个优势，那就是人们一般会认为，它们的形成自然而然，故而也是天经地义的。但对于大空间秩序，人们的看法则截然不同。之所以这样，归根结底，应该跟大空间秩序内中心与边缘之间的权力落差有关。而且，秩序涵盖的政治或经济空间越大，这种权力落差则越显著。如今，在大空间秩序里最明显可见的一点是秩序内部统治性的一面。那些臣服于大空间秩序的子民，对其秩序存在意义和目的的追问，完全不同于那些身处小空间秩序者。在小空间秩序里，权力中心多，故可以彼此制衡：其他政治体的存在，正好解除了某单个政治体证明自身存在正当性的压力。[1]

与此完全不同的是，在那些大空间秩序里，中心的统治权或主导权即便不致遭到完全否决，但也总逃不掉来自边缘的一次次质疑。一个典型的例子就是当年约翰·冯·沙里斯布利（Johann von Salisbury）对霍亨斯陶芬王朝皇帝腓特烈一世的质问："谁要德意志人来做诸国的法官？谁给了这些笨拙粗野的人当家做主、恣意妄为的权利？"[2]答案显而易见：没有人。在他看来，德意志人只是自作主张占据这一未被授权的角色，这种自以为是的越权行为越早放弃越好。根据蒂托·李维（Titus Livius）的记载，汉尼拔也曾对罗马人发出类似的责难。在当时的西班牙，罗马人想在政治上压制汉尼拔，就像当初对待他的前任哈斯德鲁巴一样。汉尼拔喝道："这个丧失人性的狂妄民族，什么都想据为己有。他们四处插手，我们跟谁开战，跟谁修好，他们都要横

加干涉。他们把我辈撵进被山川河流围起来的圈子里，不让我们越雷池一步，而这帮人却无视他们自己当初划定的界线。"³

　　如果大空间秩序由帝国的中心来统治和维系，那么它难免会因为独断专行和单方受惠而遭诟病。姑且不论这样的指责是对是错，我们有必要先提一个问题：面对反帝国的批评声音，该如何证明帝国秩序的合法性呢？

/ 和平：帝国统治正当性的源泉

　　和平，一次又一次被人拿来作为帝国秩序存在正当性的理由：小空间秩序体系常常为你进我退的边界问题大打出手，争斗不休。只有那些由中心统治的大空间政治秩序才能摆脱这种宿命。小空间政治秩序自称有自然性的优势，但帝国的意识形态则直指其兵连祸结的恶名。在帝国秩序体系正当性的辩词中，最有名的一则来自维吉尔的《埃涅阿斯纪》（Aeneis）。依据朱庇特的神谕，罗马民族便是埃涅阿斯的后裔。维吉尔假借众神之主朱庇特之口称，罗马人是"世界之主"："战火将熄，昔日粗蛮的世界渐趋平和。／白发苍苍的'信义'女神菲得斯和守护家庭的维斯塔，奎里努斯及他的孪生兄弟雷木斯，／他们颁定律法：那阴森可怖的战争之门将会关闭，用铁栓牢牢锁紧，／大门内那丧尽天良的'骚乱'狂魔，蜷缩在一堆可怕的武器之上，／被千百条铁链双手反绑，张着血淋淋的大口，牙齿咬得咯咯作响。"[4]

　　对但丁而言，"至珍之宝是人类的和平共处"。他认为，要达至世界和平，人类全体必须"臣服于同一统治者……当他们服膺于唯一的主，他们便最接近上帝。同时，这种臣服也与上帝的旨意最为契合。它将给人类带来福祉和康宁"。[5]对但丁来说，不建立大一统的"普世帝国"（universal monarchy）——比如中世纪和近代早期一个囊括了整个欧洲的帝国大空间秩序那样——永久和平将遥遥无期。因为一山难容二虎，两强对垒，必有一争。但丁以此反对法兰西腓力四世御前政论家们的观点，也同腓力四世支持的意大利归尔甫派①的看法背道而驰。后者否定建立

━━━━━━━━━━━━━━

　　①　教宗派。

普世帝国的必要性，主张创建一个由独立城邦和领土国家组成的体系。但丁谴责他们，称他们不过是戴着伪善的面具空谈公义罢了。因为，公义获胜，大行天下，并不是这些人真心祈望的。

在欧洲政治思想史上，很少有人像但丁那样如此坚定不移地将和平的夙愿同建立帝国秩序联系在一起。只有托马索·康帕内拉（Tommaso Campanella）和乔万尼·博泰罗（Giovanni Botero）与但丁相肖，力倡帝国治下的和平。他们鼓吹建立一个由西班牙统治的，从欧洲推及全球的政治秩序。[6] 然而，欧洲政治思想界的主流更关注主权国家之间的"协定和平"（Vertragsfrieden），而较少关注帝国"统治下的和平"（Herrschaftsfrieden）：保障和平，需要来自原则上权利平等的行为主体共同达致的集体约束力，而不应该依靠来自和平空间中心的主导性力量。伊曼努尔·康德在其论文《论永久和平》（*Zum ewigen Frieden*，1795）中对这一设想做了最有名也最为有力的阐述。[7] 按照他的观点，主权国家之间的协定和平通过建立一种邦联（Staatenbund）得以保障。康德反对为追求和平"不计代价"的观点，他将帝国治下的和平视为"坟墓的安宁"（Friedhofsruhe）。而政治不自由和经济停滞是帝国治下的和平必须付出的代价，而这代价太过高昂。此外，这样一个和平秩序难以持久；要不了多久，必将在叛乱和起义的战鼓声中被击得粉碎——特别是，边缘难逃野蛮的奴役和盘剥之劫数，因为帝国需要拿物质实惠来抚平帝国中心臣民丧失自由的痛苦。

这种借边缘代价来驳斥帝国秩序的论证方式，有不少例子。其中一个是孟德斯鸠在《关于普世帝国的思考》（*Réflexions sur la monarchie universelle*，1727）一文中对普世帝国的批判：罗马人为了创建首个普世帝国，不惜荡平整个世界。可即便如此，他们也没有后来居上的西班牙人那般野蛮。因为，后者为了独占一切，而不惜毁掉了一切。[8] 孟德斯鸠对帝国的批判干脆将帝国自我表述中的文明与野蛮之关系整个颠倒了过来。他称帝国政治本身就是野蛮。如果一个大国在远离本土的海外东劫西掠，行径野蛮，那么这种野蛮也必然反作用于其中心，假以时日，中心就会沦落得与边缘一样，同一套统治和压迫的伎俩也会用在中心子民的身上。按孟德斯鸠的说法，帝国的内在规律决定了它趋向于自我毁灭。因此，它定然要守护的和平，难以持久。针对西班牙统治在意大利南部所带来的社会经济的严重恶果，孟德斯鸠不禁质问：建立于专制权威之上的世界帝国是否还能在一个贸易主导的世界里拥有容身之地。

在 18 世纪，西班牙仿佛走到了代表文明理性之"商品社会"的反面，俨然成为人类进步的一大绊脚石。[9] 从这时起，在世界政治及经济理论界不断冒出一种观点，认为通过商业手段能比政治权力更有效地统合幅员辽阔的大空间，而且在很长时间里，这种统合方式都被视为非帝国式的。同样，康德对永久和平的论述之所以对后世影响深远，很大程度上也在于，他确信通过经济合作之途统合广袤大空间的新思想完全可以跟保障和平和自由的需求统一起来。民主和平论与帝国和平说是一对相互对立的模式。民主和平论推崇一个由主权国家组成的多元体系，这一体系的和平性源自民主作为一种政治制度已在所有参与国的内部开花结果。[10]

21 世纪初，罗伯特·库珀（Robert Cooper）将民主和平论进一步发展为后现代国家秩序模式，但同时他也弱化了民主和平论的效力要求（Geltungsanspruch）。[11] 在库珀眼里，后现代国家的"世界"大致不超出欧洲的范畴。与之并峙的是其他那些依然奉行现代国家规则的"世界"：为了生存遵循同一规则的行为体，彼此争斗，永无宁日。这些规则被米尔斯海默表述为：唯有当某一大国鹤立鸡群，掌握了全球性主宰力量，才能消除霸权战争的隐患。[12] 就这样，通过反证，米尔斯海默从"现实主义"国际政治学角度重申了帝国的"自我正义性辩护"，即帝国是永久和平唯一可靠的保障。罗伯特·卡根（Robert Kagan）在他辛辣的论著《天堂与实力：世界新秩序下的美国与欧洲》（*Of Paradise and Power: America and Europe in the New World Order*）中，援引了库珀的后现代世界和现代世界的政治概念，他把后现代世界称为康德式的世界，把现代世界称为霍布斯的世界：美国不得不一如既往，游荡于充满猜忌和戒备的"霍布斯式（无政府状态的）世界"里，而欧洲则在"康德式"的天堂般世界里优哉游哉。然而，卡根思想的关键之处在于，这两个世界不能彼此分开，独立存在。欧洲和平的实现，必须仰赖美国强大的军事实力。[13]

/ **132**

　　同样，我们可以说，美国继承了昔日大帝国的衣钵，将维系辽阔疆域的大空间之和平作为其主导权最为关键的正当性工具。所不同的只是，在民主帝国条件下的和平是以践行和捍卫人权为准绳的。人权取代了昔日帝国挂在嘴边的文明教化需求。同样有着悠久传统的还有繁荣承诺，这一点会继续存在。无论哪一种价值占上风，前提条件都是实现和平，否则践行价值无从谈起。在这个意义上讲，实现帝国和平，乃是为践行这些价值而铺平道路。所以，几乎所有的帝国都不会单纯将和平作为自我正义性辩护的唯一基石，他们会将和平同特定的使命联系起来，从而实现和平。

/ 帝国使命与帝国的神圣性

/ 133

所有较为长寿的帝国，为了自证其存在的意义和正义性，都会挑一个世界历史性任务或使命，它赋予帝国一种"救世性"或"宇宙论"意义。霸权强国无须使命，而帝国则不能没有使命。霸权强国必须在同竞争对手的争霸中保住自己的地位，在竞争中，自然完全可能运用到意识形态权力，但它主要还是在外交政治中发挥作用。与此不同的是，帝国使命面向帝国之内的子民，尤其是帝国中心的民众。不过，最关键的是，帝国使命其实是政治精英层的一种自我暗示。他们通过这种暗示，汲取继续推进帝国大业的信念和能量。

当然，我们可以在"意识形态"的概念下去研究帝国使命，探讨世界帝国的救世伟业或受命于天的大任，进而按图索骥，试着找出帝国主义行动的硬核，而我们发现，这硬核往往都披着并不光彩的物质利益的外衣。马克思在其《路易·波拿巴的雾月十八日》开头部分提到 [14]：我们不妨将意识形态理解为政治和社会行为体对自己所设目标及目的之局限性的一种（必要的）自我欺骗。[15] 如果我们这样解读意识形态，那么，意识形态批判说或许倒是能为我们研究帝国使命提供一个创造性视角，让人豁然开朗。但是，人们很容易将意识形态等同于一小撮当权者及其御用知识分子惯用的瞒天过海、掩人耳目的伎俩，在广大民众面前极力掩盖其帝国政治的本来面目和真实意图。从这个角度看来，马克思主义理论中批判性的意识形态概念仿佛变回到法国启蒙运动时期的"神父欺骗论"了。有鉴于此，本书在原则上放弃了在意识形态的概念下探讨帝国使命问题。与经济学帝国主义理论结合起来了的意识形态批判说常常会引起对帝国政治复杂性的简单化处理，认为帝国政治不过是少数几个行为体力图实现私利罢了。

跟意识形态批判说的惯常推测截然相反的是，帝国使命确实也会衍生出一种自我约束力和自赋义务。显然这是拿帝国行为体的直接物质利益所无法解释的，因为从那个角度来看，这些约束和义务无疑都属于资源浪费。帝国使命要求其主人公们肩负起实现帝国宏图大计的重责，而那宏图大计又绝非朝夕之间一蹴可就。故而它会大大超出一切个人私利的范畴。因此，我们也可以将帝国使命看作一种工具手段，借助此术，一个志在千秋的帝国将其行动逻辑强加给那些出现在帝国每一个时期的当权者：这种使命要求当权者，若想要推行帝国政策，则须搁置一己之私利。从这个意义上讲，帝国的使命特别以帝国精英为对象。

帝国借助了使命这一工具，委其政治和社会精英层大义在心、重任在肩；且防止精英为图眼前私利而罔顾帝国的千秋大业、生死存亡。这个隐喻说法，换个角度也可以理解为帝国精英不同成员之间的一种互动和协作：帝国"决策精英"在短期须依赖包括知识分子、作家、学者、记者等在内的帝国"宣传精英"的支持。依靠他们为大众鼓吹一种帝国愿景或幻景，美化乃至神化"决策精英"的权力，并为其正义性摇旗呐喊。不过这种愿景或幻景在政治上所起的作用，并不仅仅是维护权力的正当性，同时还有一种制约决策的自我约束力作用。通过这种方式，原本并无权力的知识分子也能发挥不容小觑的影响力。在古罗马，聚集在盖乌斯·梅塞纳斯（C. Clinius Maecenas）周围的诗人圈子就曾为新秩序所用。在中国，起到类似作用的是孔子和他的儒家弟子们，在西班牙，则是萨拉曼卡学派的那些新经院哲学家们。在英国，大任落到维多利亚时期的诗人肩上；在苏联，则是马克思主义知识分子挑起这一大梁。而在今天的在美国，则是那些新保守主义理论家和政论家为政权鸣锣开道：首先，他们抛出了冷战结束后美国该担负何种世界政治使命的问题，另外，他们取得为美国所面临的问题和挑战把脉诊断的权职——且不论他们下的诊断究竟是对是错。

虽然，帝国使命确实为一个世界帝国的合法性提供了自我辩护，但它的意义绝不仅限于此。说得直白点，借助帝国使命，帝国合法性的自我证明得以转变为帝国的自我神圣化。帝国的准宗教性意义设定促使那些政治当权者和社会显贵在做决策时不致太过随意和武断。即便他们重权在握，但他们终究还是帝国权力的一部分。为了达致这种超脱个人意图的高义，必须赋予帝国使命一种神圣光芒，让使命高高凌驾于日常政治俗务之上。这一点在罗马帝国的使命中表露无遗：在地中海及周围地区实现和保障"罗马治下的和平"。

当然，我们可以说，在地中海驱逐海盗和在东面结束霸权战争无疑完全符合罗马的意大利商人和银行家的利益。因为这样一来，贸易风险就降到了最低，投资环境变得更为安全。但是，也不排除商人同海盗合作，[16] 以及金融家大发战争横财的情形。也就是说，海上航道的安危、和平局面稳定与否，其实取决于利益集团以及经济整体运行情况。因此，帝国不能将其合法性的核心来源建立在这样一个脆弱的基础之上。帝国使命必须摆脱行为体利益波动不定的影响。这个时候，即可搬出使命神圣化这一利器了。正因如此，古罗马帝国为达目的，将和平神圣化了。屋大维建造和平祭坛就是将这一信念具象化。所以，这位罗马第一公民和他的继任者们都毅然以帝国大业为己任，而这也是每一位希望赢得民心、获得元老院认可的皇帝都必须孜孜以求的。

更多时候，帝国使命可能扎根于一个帝国潜在的自我认知里，但也可能一再地被公然召唤和策划。前一种情形，大多出现在天下太平的稳定时期；后一种，则一般发生在举步维艰的危难之际。3 世纪中叶后的罗马，当帝国边境威胁日增，一度告急，和平便再次抬升为帝国的世界历史性使命，且灌输到民众的群体意识当中：要让老百姓清楚地认识到，帝国一旦失守，对众人而言将意味着什么样的损失。[17] 此前政治精英的抱负和自我约束力如今要推及广大庶民，唤醒他们为帝国兴亡安危而献身的意志，那正是帝国存续所急需。最后，就连教父圣奥古斯丁也加入保卫罗马帝国的行列当中。当时他力图让帝国的基督徒们明白，以帝国为后盾的和平有利于布道和基督徒的生活。因此，虽然帝国也有过黑暗的初期，且至今仍弊病丛生，但帝国的存续仍然符合基督徒的利益。故所有教徒当挺身而出，奋起守卫之。[18]

但是，对帝国使命的神圣化做出更重要贡献的，不是政治理论家，而是学者文人和造型艺术家们。建筑师和雕塑家大兴和平殿（Templum pacis），以建筑和雕塑为形式承载和固化罗马统治的文明因子。尤有甚者，梅塞纳斯的诗人圈子聚集了包括维吉尔和贺拉斯在内的那个时代最有感召力的诗杰，他们为屋大维的新政高唱赞歌，颂之为世界之新生，声称只要罗马帝国存世一日，这个世界便永不消亡。对屋大维来说，文人骚客的支持无疑至关重要。因为单靠法条、律令，新政显然无法落实。需要一种文化荣光加以渲染，赋以意义，而这正是官吏仕宦之辈所鞭长莫及的。

特别是维吉尔，他的诗作大部分都与屋大维的新政息息相关。以《牧歌》（Bucolica）为题他创作诗章 10 首，对城市贵族的道德沦丧大加鞭挞；另外，他讴歌田园生活，称赞其为祖先之法（mos maiorum）复兴的源泉。维吉尔力倡重振祖先之法，进而消除当下的黑铁时代，并复兴人类历史初期的黄金时代。在另一部诗集《农事诗》（*Georgica*）中，维吉尔重申了类似的理念。[19] 名著《埃涅阿斯纪》（*Aeneis*）由于作者的溘然离世，成为未竟之作；而按诗人遗愿，本该被付之一炬。在这部幸存下来的史诗里，埃涅阿斯逃离熊熊大火中的特洛伊，奔赴罗马，并且预言了奥古斯都"跨越全球"的太平盛世。维吉尔在书中再次勾画出一幅普世和平秩序的蓝图，在这当中，埃涅阿斯以奥古斯都的原型和榜样现身。他的节节胜利，代表着在通往和平的路上对一切邪恶力量的胜利。因此，罗马帝国不仅志在和平，还在仁爱。维吉尔笔下那披着宗教圣光的罗马使命，是一个志在实现天下和平、共抵仁爱彼岸的使命。这一天命正是朱庇特"无限帝国"（imperium sine fine）①，即"永恒的罗马"预言的源头。"对他们（作为埃涅阿斯后裔的罗马人）我不设任何时空之限，我赋予了他们无限的帝国。没错，狠心的朱诺，惊惧不已，将沧海、大地和青天搅得疲惫不堪，她也将回心转意，同我一起呵护这些世界的主人，这身着托加长袍的民族。"[20]

罗马人在地中海地区的统治获得了正当性，因为它确保了天下太平，融入帝国者也沾得了文明与教化的雨露。而远在帝国疆界之外，蛮族当道，狼烟不息。不过，这些还不够：帝国和平还跟黄金时代的神话扯上了关系，并借由此道给帝国和平平添一抹神性的光辉。几乎可以说是取帝国之道，重返天堂。无论是黄金时代的概念，还是关于将充满敌意的世界挡在墙外的天堂乐园（《伊甸园》）之信念，统统源自东方。这原本同罗马人尚武的权力政治思维方式格格不入，但维吉尔将这些想象巧妙地糅进他虚

---

① 也译作永恒帝国。

构的罗马史叙事当中，对促进帝国的文化融合功不可没。他暗指，罗马征服东方，不仅是在权力政治上完成了征服；同时，它还有意接过东方在文化和政治及意识形态上的衣钵。对埃涅阿斯出走特洛伊、奔赴意大利之旅的叙述，成为这一交接的注脚。东方的文明世界，在一片纷争中正陷入自我毁灭，特洛伊之战则是这一毁灭的征象。而拯救行动，以罗马帝国式和平之形自西而来。综上所述，我们可以想象，为何奥古斯都一心要救《埃涅阿斯纪》于既毁，并且坚持将维吉尔的这部伟大遗作公之于世了。

同样，贺拉斯[21] 创作的部分诗作也服务于罗马的帝国使命。在他早期的作品中，有关内战的骇人阴影弥漫其间，他将驱散这战争阴云的希望寄托在屋大维（奥古斯都）身上。对贺拉斯而言，罗马的国体危机主要不是宪法危机，而是一种道德危机。在这一点上，他与奥古斯都的改革新政思路可谓不谋而合。他厌恶纵欲、通奸、贪婪、欺诈、骄奢和懦弱的品质，推崇古罗马的美德，诸如节制、勇毅、虔敬和正义。这些美德倘能大行其道，黄金时代自可久续永延。而防止世风堕落、道德沦丧，是帝国应负之责。故应使民风、礼仪和正义感与时俱进，获得新生。为这样一个帝国，贺拉斯写出了他最为响亮的一行诗句：为国捐躯，甜美而光荣（Dulce et decorum est pro patria mori）。[22]

细览维吉尔和贺拉斯的诗作，我们可以看到其中的观念：帝国和平不仅被视作大空间统治秩序的一个特质，而且它同时还是时代之新生、扭转颓势之需。帝国之重不光体现在权力政治上，它的存在还深具宇宙观和救世意义。这一点，正是帝国与主权国家及霸权国家的差距所在。后两者，按照它们的自我认识，是因应时势而行事，而帝国则不同，它直接引领时局之发展。赋予帝国使命神性光辉正是基于帝国上述需要的一种最强有力的表达。

在维吉尔和贺拉斯笔下，所谓黄金时代代表的已不仅仅是一个伟大宇宙纪年的开始，而且它还预设了一种前提理念：帝国能够左右整个宇宙纪元的发展。时代的发展进程被重启，而帝国之伟力会将其固守于初始阶段。也就是说，原本认为不可避免的——从黄金时代到白银时代，再经青铜时代，最后走向黑铁时代——坠落过程，被遏制住了。在任何一个衰落与消亡都被视作历史发展之必然趋势的时代里，遏止衰落、阻止世界末日的来临便成为帝国的世界历史性职责。与此不同的是，在18世纪的启蒙时期，人类历史将不断走向进步的基本史学观被普遍接受。人们开始认为，帝国是人类历史的加速器，它们向世界各地传播了文明进步的成果。如果它们做不到这一点，也会给人类历史造成重大影响。这一观点适用于英国人和美国人的情形。

当然，并不是在所有帝国身上都可以看到如此强烈的宇宙观和救世意义上的自我神圣化。说到罗马，如前所述，它巧借源于东方的历史叙事强化了帝国的自我神化。随着基督教被确立为国教，包裹在这种帝国使命里的某些神性因子不得不被剔除掉。而在此之前，奥古斯都就已经提出要把"尘世之城"（civitas terrena）和"上帝之城"（civitas dei）区分开来。神化帝国的理念对后世究竟有多大影响？我们只需翻开11世纪的历史即可管窥一斑。当时，霍亨斯陶芬家族自称他们的王朝统治为"神圣帝国"（sacrum imperium），这一王朝后来又以（德意志民族）"神圣罗马帝国"的国号沿袭了下去。[23] 同样在这一表述下，帝国神圣性得以树立的基石是帝国作为世界末日"拦阻者"（katechon）的历史神学角色。倘若帝国消亡，世界末日必将来临。[24]

对西班牙世界帝国而言，以武力反宗教改革可以被看作它的帝国使命。而这一使命绝非仅仅由宗教改革所挑起，它的根源在收复失地运动（reconquista）中已露端倪。当时，西班牙人步步推进，最终夺回信奉伊斯兰教的摩尔人在伊比利亚半岛上控制的领地。收复失地运动的征服精神，与它后来对"新世界"的征服可谓一脉相承。而这也渗透到了将犹太人和摩尔人赶出西班牙的运动当中。排犹、异端审判和对尼德兰新教徒的迫害成为西班牙的帝国使命，而这一使命在16世纪晚期演变为一种"堡垒心态"。驱使西班牙的帝国使命转入防御保守的是新教徒阴谋论，即西班牙人假想新教徒在全世界范围正酝酿着一场旨在颠覆西班牙帝国统治的阴谋。此外，西班牙的帝国使命带有明显的天主教烙痕，最显著的表现是他们那种非逼新大陆的"化外之民"皈依天主教不可的想法。从这当中西班牙人也获得了在中南美土地上开展大规模扩张运动的动力。[25]

显而易见，人们一般会把奥斯曼帝国看作伊斯兰世界里一支抗衡西班牙的力量。然而，我们容易由此而低估奥斯曼在宗教政策上的宽容和自由。这一点，恰同西班牙在其属地暴力推行天主教的做法形成了鲜明对比。奥斯曼帝国好像一件百衲衣，由自治权高低不一的宗教族群（millet，即米利特）拼凑而成，其中也包括拥有自己内部组织的犹太人和基督徒团体。在相关历史文献中，一个争议颇大的问题是，究竟该不该把宗教多元主义看作奥斯曼自我认知的一大组件。还是说，奥斯曼帝国在16世纪初期征服阿拉伯诸国之后，便自视为伊斯兰教世界帝国，以抵御异教徒为己任了？[26] 按照前文针对超级帝国不同边缘的思考，我们或许更应该说，创建了奥斯曼帝国的土耳其民族原本既无组织力又缺乏使命感，他们在其扩张区域里与当地两种相互抵牾的帝国思想不期而遇，于是索性将两种思想统一起来，熔为一炉。一方面是来自阿拉伯及穆斯林地区的观念，即以火与剑为伊斯兰教的传播披荆斩棘，开辟道路；并且这始终都为每个信奉伊斯兰教的超级帝国视为核心职责。[27] 另一方面是拜占庭帝国相对保守的行政管理方式。奥斯曼人为了能够对征服地区实现持久统治，大致沿袭了拜占庭的这套管理方法。[28]

在此基础之上，最后甚至发展出奥斯曼帝国与东正教会的非全面联盟。联盟针对的首先是西方基督教界，挑战的是其教宗至高无上的地位。于是，在欧洲地区，奥斯曼帝国一度成为巴尔干半岛上基督教团体和社群的临时庇护者，当时这些人的自主和自治仅在奥斯曼帝国方才得到保障。结果还引发了很多基督教徒加入土耳其军队，与土耳其人成为同一战壕的战友。当然，从这当中无法孕育出一种真正的帝国使命。奥斯曼人的帝国使命一向十分脆弱，从未像其他一些帝国的使命那样上升为一种权力要素。而这一点，也正是奥斯曼人为其帝国摇摆不定的两面性所付出的代价。奥斯曼帝国国运式微后未能迈进一个新的帝国周期，这也算是其先天不足的帝国使命造成的一大恶果。

目光再投向沙皇俄国，它的帝国使命受宗教的影响远超上述其他国家。当奥斯曼帝国继承了拜占庭留下的行政组织方面的遗产，俄国则接过了拜占庭庇护东正教的使命。在这接力棒易手之初的 1472 年，伊凡三世与拜占庭末代皇帝的侄女索菲娅·帕列奥罗格（Sophia Palaiologa）结为连理。很快就有人点破，这桩婚事本身颇有跟罗马帝国攀亲的意味。后来在修道院院长普斯科夫的斐洛菲斯（Filofei von Pskow）的信件中，正统性转移又被进一步升华为"第三罗马"的理念。[29] 此外，俄国人把打击游牧民族鞑靼人的战争说成是保护基督教民不受敌寇侵扰的正义之战，这样一来，沙皇的对外扩张政策同样在政治实践上算是完成了对罗马-拜占庭传统的继承。伊凡四世时期建造于莫斯科的瓦西里升天大教堂正是这一使命及其成就在建筑上的表达。[30]当然，帝国历史的发展未必是由一成不变的帝国使命所左右。在一些改革派眼里，这些使命可能反倒成了现代化的阻力。比如在彼得一世时期，彼得大帝将俄国以向东扩张为主的使命扳了过来，转向了与西方邻国发展水平看齐的政治使命。

在奥斯曼帝国那里，我们已经看到了帝国高效的行政管理体系与赋予政治精英驱动力的帝国使命之间的矛盾对立。这一点，同样可见于沙皇俄国的历史。为了同西方接轨，彼得一世义无反顾地抛弃了前任沙皇们的帝国使命。自此，他也为俄国国内在向东去还是朝西看的问题上的纠结与对立埋下了伏笔。时至今日，这种紧张关系依然挥之不去，影响着俄罗斯历史的发展。而俄国作为正统基督教信仰卫道士的观念并未随彼得大帝改革的展开而消退，也没有被其他新的使命所取代。并且在国运堪忧的危难之际，它一次次重新浮出水面。反击拿破仑的战争便是其中一例。战争结束后，俄国人把他们的胜利归功于其农民的虔诚信仰。这个时候，俄国人怀着一种要把西方从物质主义迷梦里拯救出来的信念，将那原本倒向东方的帝国使命转向了西方。[31]沙皇亚历山大一世坚信自己身负以基督教道德重塑欧洲的神圣使命。他梦想着将各种不同基督教派重新整合，熔为一炉，炼成一个放之四海而皆准的普世基督教。在1815年的维也纳会议上，诸国宣布成立神圣同盟，意在开启一项以欧洲各民族的和解为目标的运动。[32]不过，最晚到克里米亚战争结束的1856年，俄国誓同西方发展水平看齐的思想再进了一步。这一点在俄国人的眼里之所以绝对必要，是因为他们不想重蹈奥斯曼帝国的覆辙。相反，俄国人谋求在东南欧，在连接黑海和地中海的黑海海峡地区接手奥斯曼的遗产，这将意味着去实现他们第三罗马的光荣梦想。但要做到这一点，他们就必须西化。所以，俄国才会一个时期为其帝国使命而奔劳，在另一个时期又忙于同西方的发展节奏接轨。于是它就在两种状态之间来回切换、穿梭，而这一点也深深影响着俄国历史的发展进程。

俄国的发展滞后于西方，这对俄国而言固然是一大隐忧。但帝国使命的逐渐消散更是极大破坏了帝国内部的稳定。因此，在1917年的两次革命中，旧势力之所以迅速被赶下台，也是因为他们早已丧失了将万民召集于世界历史性使命这一大纛之下的凝聚力；或者说，这一使命早已无法再在民众心中激起足够的回响。这一幕，后来又在苏联解体的事件中重演。正如1977年苏联新宪法所宣称的，苏联的帝国使命在于"联合所有民族和人民共同建设共产主义"。[33] 然而，在此宪法颁布之时，它已然成为一句空话。苏联陷入大衰退的标志之一就是它丧失了它的使命；最后，只得以一种犬儒主义方式对待它的使命。帝国使命已经从帝国内部的发动机沦为纯粹的舞台布景。[34] 苏联的发展由此失去了推动力，失去了促成戈尔巴乔夫改革所必需的动力。

英国和美国这两个来自西方的帝国则走了一条截然不同的路。它们都放弃了狭义宗教性的使命，虽然偶尔也给它们的使命披上一层富有宗教意味的修辞学外衣。如果我们把英国看作西班牙世界帝国的继任者，那么——这也正好符合16世纪到19世纪欧洲观念史的发展——取代先前天主教信仰的是文明之进步：英国人的帝国使命是向世界四处传播他们的现代文明成果，虽然他们的政策经常只是为英国商品打开海外市场而已。[35] 鲁德亚德·吉卜林（Rudyard Kipling）写过一首很有名的诗："挑起白人的负担……为他人谋福利，为他人争利益。"[36] 在这首诗里，英国人的物质主义私利完全退到了帝国文明教化使命的身后，消失不见。当然，这也招来意识形态批判者的抨击。不过，在诸多研究英帝国的观察家中，即便像马克思这样一个最不可能忽视物质利益的思想家也承认英国对外扩张在"客观上"起到了文明教化的作用。

1853 年，马克思在其《大不列颠在印度的统治》(*Die britische Herrschaft in Indien*) 一文中写道："英国则摧毁了印度社会的整个结构，而且至今还没有任何重新改建的迹象。"[①][37] 他把英国侵入印度社会带来的摧枯拉朽的破坏力归因为先进生产力与落后生产力的矛盾冲突。千百年来，手纺机和纺车一直是印度社会联系农业和手工业的枢纽，但随着英国商品涌入印度市场，印度的纺织品失去了竞争力。[38] 然而，这一切"与其说是由于不列颠的收税官和不列颠的士兵的粗暴干涉，不如说是英国的蒸汽机和其自由贸易造成的结果。由此，也引发了亚洲有史以来最大的一次社会革命"。[39] 作为亚洲史上第一次且仅有的一次社会革命，马克思认为这场革命之发生恰恰反过来为英国入侵印度提供了合理性依据，而英国人在全球市场法则下的征服运动变成了一次文明教化行动："我们不应该忘记，这些小小的公社带着种姓划分和奴隶制度的污痕；它们使人屈服于外界环境，而不是把人提高为环境的主宰；它们把自动发展的社会状态变成了一成不变的自然命运，因而造成了对自然的野蛮的崇拜，从身为自然主宰的人竟然向猴子哈努曼和母牛撒巴拉虔诚地叩拜这个事实，就可

---

① 参见《马克思恩格斯全集》第二卷，第 679 页，北京：人民出版社，2009年版。

以看出这种崇拜是多么糟蹋人了 。"①40

　　要证明大英世界帝国文明教化之功，我们大可不必像马克思那样仅仅看到英国人那间接的并非有意而为的影响作用。在此，我们可着重提一提奴隶制度和黑奴贸易。这两者在欧洲帝国诞生史首个阶段中就已泛滥不堪，最终正是在英国的干涉下废除——至少受到了遏制。而这并非英国海洋霸权的间接影响作用，而是它直接的、明确的目标之一。41 在 19 世纪，为了遏制依然猖獗的黑奴贸易，英国动用了数支舰队在非洲西海岸巡逻。在英国本土，首先是圣公会神职人员以及贵格会教徒将废奴主义推向帝国使命的中心。他们合力促使英国在其掌控下的世界经济体系里把贩卖人口列为非法贸易。并且为了打击这一贸易，他们不惜动用帝国的权力手段。42 这也同时可以解释，为什么英国人在美国内战时期并没有站在南方诸州的党派一边，借此来削弱和牵制美国这一日益强大的竞争对手。毕竟，这更符合大国竞争的逻辑；可如果那么做，就与英国人的帝国使命背道而驰了。

　　美国的帝国使命说到底可以视作英国帝国使命的延续：市场经济、民主和人权共同构成其使命的三角，三者的优先等级又视具体地区挑战之情形或世界政治局势之变化而各有不同。这并不是说，我们可以把美国的政治直接简化为它的帝国使命。对美国来说，军事安全需求同经济利益同等重要，当安全需求与帝国使命的要求发生冲突时，一般来说前者具有优先权。43 于是，在这样的考量中也就产生了美国政策中饱受诟病的双重标准。也就是说，在现实中我们一次次看到：如果符合其军事安全需求或经济利益的话，美国完全可能对某些行为体放下它帝国使命的要求。

---

①　参见《马克思恩格斯全集》第二卷，第 683 页，北京：人民出版社，2009年版。

帝国使命与帝国存续或自我提升的需求之间出现紧张对立，这在帝国历史上并不鲜见。这种矛盾关系就好像一道红线，贯穿于整个帝国史。最起码，对于那些没有把血腥攫取私利作为唯一使命的世界帝国而言，这种矛盾确实存在。考察草原帝国的历史，我们会发现在它们身上最容易看到帝国使命与实现私利完全一致的情形。然而，其代价就是，帝国必将年寿不永，昙花一现。一个在其中心以民主制构建而起的帝国在其实现帝国使命的路上会有很强的自我约束力，这种自我约束使民主帝国具有比专制或贵族统治的帝国更高的责任感。[44] 没有向上述职义务（Rechenschaftspflicht）的权力精英会更快、更容易地摆脱掉责任的束缚，而另一些政治家每隔一段时间就得参加竞选，以获求广泛支持，还要跟诸多储备精英一较高下。他们这些人要摆脱责任就没有那么容易了。此外，获取帝国政策的资讯变得更加容易，从此，曾经由统治精英垄断的"统治秘术"（arcana imperii）大为缩水，这对帝国使命的特性和意义都造成了深刻影响。也就是说，帝国使命发生的悄然变化，不仅同"民主革命"进程有关，还受到"媒体革命"的直接影响。如此看来，帝国中心选民的参与也会对帝国使命与实现私利之间的对立起到某种平衡作用。此外，边缘的民众也可要求兑现帝国使命，以反对帝国的现行政策。

在一个民主帝国里，有诸多政治选项可因应帝国使命和实现私利之间的矛盾对立。美国总统西奥多·罗斯福与伍德罗·威尔逊的政策反差就是其中一例。在美国历任总统中，老罗斯福一向以传统的帝国主义者著称。在他的外交政策中，追求利益最大化重于帝国使命的义务。最明显的表现就是他在 1904 年将"罗

/ 147

斯福推论"补充到门罗主义里。据此，当某地政治运动已发展到有损当地政府偿还美国债务的能力时，美国有权介入干预。就是说，美国作为"国际警察"，将有义务制止"错误行为"。而与此同时，老罗斯福在太平洋地区推行制衡外交政策，这却跟实现美国主导地位（比如面对日本）几乎没什么关联。[45] 也正是基于大国均势的外交思想，老罗斯福勉力在日俄战争中斡旋，也因调停有功而在 1905 年 ① 获得诺贝尔和平奖；这一调停也反映了他大国平衡的外交思想。也就是说，老罗斯福刻意要约制美国的帝国使命。当他谈及美国的"国际警察"角色，他希望这个角色仅限于同美国直接利益挂钩的情形。

与之相对的是伍德罗·威尔逊的外交政策，他赋予美国全球性职责。为此，他不得不为帝国使命设定价值规范。倘若美国没有一个将使命凌驾于直接经济和政治利益之上的想法，那么，美国在一战中的军事介入——明知会带来重大人员伤亡——就无法在国内赢得支持了。威尔逊的外交理想主义涵盖了建立全球性和平秩序（"一场结束一切战争的战争"），实现各民族的自决权，并确保它在民主体制下长存（为了民主而让世界更安全）等内容。这些规划获得了民众的赞同，进而华府获准干预一些按此前美国外交共识本不应插手的地区 。[46] 当然，威尔逊所获得的有限支持还不足以让美国将外交重心长期定在欧洲大陆。正因如此，《凡尔赛和约》的签署即宣告了威尔逊在政治上的失败：他为美国擘画帝国使命时，高估了美国国民的追随意愿。

西奥多·罗斯福和伍德罗·威尔逊代表着大空间的利益政治和帝国使命之间对立关系的两种极端。时至今日，这种矛盾对

---

① 此乃作者笔误，应该是 1906 年。

立依然遗留在美国的政治生活中，并且反映到美国总统及其智库的政治立场，以及将其政治决策传达给公众的方式上。此外，它也影响到新闻和学术界对政治决策的解读。而在评判和解读这一块，也存在两极化现象，就好像一长串可能性所构成的线段之两端。在其中一端，某个以利益为上的政策会被说得好像它其实在遵循帝国使命的规范一样；而在另一端，即便帝国行动主要是服务于公共利益或者以在边缘政治上的边缘地区落实人权政策为指向，但被聚光灯照亮的仍然是帝国的私利。做出后一种解读绝不仅仅是那些反帝国的思想批评家之独门秘技。[47] 有一些政客，他们相信只有把落实价值规范说成是利益追求才能帮他们赢得足够支持，于是他们也会采取这一策略。

　　帝国使命总倾向于拿宗教概念及宗教感染力来武装自己。很多欧洲人对美国政治的宗教修辞术一窍不通，也说明他们对美国的帝国使命一无所知。这种修辞术，既不能简单归为在基督教底蕴厚重的选民当中拉选票时所施展的计谋；也不宜——像我们在欧洲新闻评论中经常听到的那样——被降格为纯粹的非理性行为。这其中其实触及了美国政治上自我认识的内核：从威尔逊在美国加入第一次世界大战时设定的目标，到艾森豪威尔登陆诺曼底时发出的"欧洲的十字军东征"的壮语豪言，以及里根把苏联描绘成"邪恶帝国"，最后到小布什提出"邪恶轴心"的概念——将伊拉克、朝鲜等国网入其中 [48]——凡此种种，无一不是这种自我认识之体现。

　　帝国旗帜鲜明的自我神化，总会激起反帝国的情绪。对于这样的反应，在意识形态方面最有力的证据出现在《圣经·旧约》中的"但以理书"里。书中描述了但以理为尼布甲尼撒王释梦，当统治中东地区的塞琉古人声称已建起永世不朽的显赫帝国，这一妄断通过但以理对尼布甲尼撒王巨像之梦的解释被完全否定了。按他的解释，当世的帝国只是历史上依次出现的四大帝国当中的最后一个，且已日薄西山，余日不多了。[49] 在这里，书中关于世界末日临近、天国就要到来的预言否定了世俗帝国万古长青的宣言。有鉴于此，尼布甲尼撒王的梦和但以理的释梦一再受到反帝国的反叛者和革命者的追捧，并被换上新的外衣，赋以新的内涵，也就不足为奇了。

在这当中，我们可以观察到一种基本模式：帝国修辞术借用了准宗教的确信；而这也激起了同样建立在宗教确信之上的反帝国的对立修辞术。在当下有关美帝国地位和权力的论争中可见这一模式的身影：美国越是高调地以准宗教性确信解读和传达它的政策，比如将其敌人诋为撒旦或魔鬼，就越会强烈地激起那些同样心怀宗教确信的力量担起反帝国的要角，与之大唱反调。所以，很长时间以来，这一叛逆角色都由伊斯兰主义所扮演也就毫不奇怪了。伊斯兰主义构成了美帝国最有力的挑战，因为它在根本上否定了美帝国的使命，把美国称为"大撒旦"。[50]

帝国恶魔论在本质上是一种抬上宗教层面的蛮族论。按照这一理论的说法，那些远在帝国统治之外的民族通通被视为低人一等的化外之民，自然也被列为帝国主义文明教化的潜在对象。而反帝国的恶魔论则以牙还牙，它将帝国的中心描绘成道德败坏的巢窟，罪恶的深渊。

　　针对帝国使命所要反对的敌人，或者通过使命防止其政治上变强变大的对象，为他们构建一套"话语"（discourse）对帝国使命的说服力来说有着至关重要的作用：这个对象我们在这里可以用蛮族或化外之民的总称加以概括。

　　蛮族论是帝国的惯用伎俩，至少对于那些以文明教化其治下疆域为己任的帝国而言，蛮族论是其普遍特性。[51] 蛮族论的关键作用在于，将帝国的疆界划定为非对称接触区域。也就是说，跟一般国与国的边界不同，边界上的并峙双方在本质上绝非同类；美好和高贵的"世界"止步于此，此界之外，便是吉凶莫测的无序之地，对它必须昼警夕惕。在这个意义上，可以说，帝国的边界也总是宇宙与混沌的界线。所以，我们就能理解，帝国——如本书开篇所提到的——为什么那么注重其对外疆界的单向通行性了。

　　蛮族论所制造的非对称性首先体现在，通过这种论调其中一方变成了政治的主体，而另一方则被当作政治客体；并且从此将双方的这种角色融入政治的观念世界。当然有人会反驳说，在帝国的边缘，主体和客体的角色分配实乃权力政治作用使然，何须刻意制造一种"话语"体系。事实上没有蛮族论，帝国疆界内外的差别只是纯粹权力落差或者是一种组织严密的军队同松散部落联盟间的差别而已；但是蛮族论则硬是将这种差异转变为一种"法定"差异。并且仅当蛮族接受了帝国的文明教化，也就是说甘心"去野蛮化"，这种差别才可能减弱。要进入帝国的空间，他们就得变得跟里面的子民一样才行；要不然，就只能以俘虏之身进入帝国，而当俘虏被押解过市，无疑也宣示了帝国权力之

/ 151

强，蛮夷威胁之大。这一传统可追溯至古罗马战功显赫的将领和皇帝的凯旋式，再到后来欧洲诸多殖民帝国对土著民的民族志研究，直至最近一次阿富汗战争（2001年）后发布塔利班俘虏的照片，从中我们都可以瞥见这一传统的身影。

在本质上，具有非对称性的蛮族论有着不同的表现形式：它可能以人类学研究现身，强调只要在政治和社会方面向帝国靠拢，自我文明化之门便随时敞开；它也可能穿上宗教的外衣，也就是说，可通过皈依帝国的宗教来实现"去野蛮化"；最后，它还可以诉诸种族差别论。后一点，在殖民主义历史中相当普遍，不过，这种形式基本上排除了彻底去野蛮化的可能。不过，蛮族论很少拘囿于上述某一种形式。大部分情况下，这几种形式连成一气，或者彼此交融，于是就可能导致边界功能的强化，或者是弱化。但不管怎样，非对称的基本态势不会改变。另外，蛮族论还会在帝国边缘制造一种介于帝国内部和帝国外部之间的缺口。在现实政治中，这种缺口并不多见。在帝国辽阔的边缘地带，内部和外部的分水岭往往游移不定，究竟一个族群或部落在多大程度上、在哪些方面听命于帝国或者逆帝国意志而行，这从来就不能一锤定音。因此，同样在语义学上，蛮族论也向来有助于稳固那些原本模糊不清乃至几不可见的边界。它为帝国划了一道虚构的分界线，弥补帝国事实上轮廓不明的缺陷。这里所言之非对称，其实就是一种身处帝国边境地区的人自己根本无法确知的非对称，而帝国的中心却借助这种非对称确保了其对统治区域的边境已尽在掌控。

回到古希腊，在波西战争以及雅典提出霸权主张的背景下，蛮族概念才被正式赋以政治的内涵：蛮族成为希腊人所代表的文明世界的反义词。这样一来，雅典人的对外征服政策便笼罩了一层文明教化的光环。[52] 在希罗多德（Herodot）笔下，蛮族的典型特征是，生活方式上游牧式的居无定所，淫乱无度，饮烈酒，食生肉，甚至人吃人。而帝国的文明教化意味着让边缘地带的游牧民过上稳定的农耕生活，取缔人祭和食人陋习。[53] 而在帝国民众的集体意识里，关于人祭和食人行为的印象向来根深蒂固。在上述两种描述之外，流行于游牧民族当中的"抢亲"之风又给帝国的蛮族画像添了浓重一笔。[54]

　　帝国一旦跨越了奥古斯都门槛，也就是说，从扩张阶段进入了文明化阶段，蛮族带给帝国的威胁感便与日俱增。这种威胁感尤其体现在他们对女性恐遭伤害的臆想上，而这一条红线，从古罗马和中国，再到欧洲的殖民帝国，一直贯穿至西进运动时期的美国。它的调整版，广见于 21 世纪初期发布的那些受侮辱受蹂躏的女性影像及报道中，这些现象对于在富足世界边缘地带所发生的族群（蛮族）战争已经越来越普遍了。[55] 这些报道又加给所谓文明世界一个要求，即在必要时应当武力干预，哪怕出于在这些地区实行最基本的人权保护。

　　有关蛮族凶残本性的报道和影像震撼了帝国民众的群体意识，并且强化了他们奋起捍卫帝国边界的决心。与此同时，在实际政策上，帝国力图促使边疆游牧民族定居下来，让猎人成为农民。对帝国而言，达成这种转变的目的始终如一，那就是保证帝国边界之外也长治久安。因为这样一来，用以抵御游牧族群侵扰的军事成本就会大为降低，而帝国的边防之务自然也从此往外挪到了那些已经"去野蛮化了的蛮族"身上。

　　除了让这些好斗的游牧民族定居下来，实现边境和平，还有一种方案是招安他们，使其为帝国效劳，直接委以戍守帝国边疆之任。在诸多传统帝国之中，罗马人最谙此道，中国人则很少这么做。运用此策的例子还有不少，比如沙俄境内的哥萨克人，比如一些欧洲殖民大国招募异族兵团入伍。而美国利用阿富汗军阀颠覆喀布尔的塔利班政权不妨视为帝国戡边缘之乱的冒险政策之现代版本。之所以说这个政策很冒险，是因为合作双方可能随时翻脸，以致兵戎相见。也因为，帝国的文明教化权可能会受到挑战，最后甚至引火烧身，遭到那些本应效命帝国、以帝国财力武装起来的蛮族的反戈一击，或者被蛮族一步步取而代之。在这项冒险政策里走得最远的，当属推行"军队蛮族化"[56]的罗马帝国。这项政策，导致了它——至少在西面——在政治和军事上的失败。公元 6 世纪，帝国的西半部瓦解为一众日耳曼人的王国（这些王国决定了此后欧洲历史发展的进程），帝国大空间分裂为小空间统治秩序。而在中国，蒙古人带来的帝国"蛮族化"则经历了一段完全不同的发展历程：它引发了蛮族同化，而且在程度上远超当年西罗马帝国的情形。中华帝国的大一统大抵维持了下来。为此，蒙古人需要一套官僚行政体系，而大部分官吏都不得不从被蒙古人武力收服的汉人中招募。[57]

/ 154

早在蒙古人接受先进中原文明同化之初，成吉思汗之子蒙古大汗窝阔台便放弃了最初要将中原大地变为蒙古牧场的计划，而改为向臣服的汉人征税，从而获得更为可观的财富。[58]然而，执行这项决定，蒙古人心余力绌。为摆脱对被征服者的过度依赖，蒙古人授权穆斯林行包税之务。这些穆斯林大多是沿丝绸之路来华的商人，本是中国和西亚之间贸易往来的纽带。这些人扑买中原课税，大敛横财。这种毁灭性的包税制在中国北方地区造成了严重的经济困局。最后，民众对包税人深恶痛绝，且闻之色变，见了他们就好像见了蒙古骑兵一样。蒙古人所采取的攫取剩余价值的方式，对于当时的社会经济结构虽非一击致命，但经过长年累月的过度透支、涸泽而渔，最终压垮了整个社会结构。

　　成吉思汗的孙子忽必烈在灭南宋王朝之后，采用"大元"的汉文国号，建立元朝；且宫廷延用汉人礼制。随着统治疆域的不断扩大，蒙古人越来越依赖汉族文人，没有他们，整个浩浩帝疆的官僚体系都难以运转。后来，蒙古人在 1315 年正式恢复科举考试，科考也为来自其他邦族的贤能入仕为宦打开了方便之门。这样一来，元廷便不必完全仰赖汉人了。与此同时，蒙古人也刻意避免被发达的中原文明彻底同化。他们明令禁止本族人同汉族妇女通婚，以蒙古文处理朝政；一到夏季，便迁回蒙古草原。[59]与之相对的是，汉民族这边的儒家思想深信文明有潜移默化的德化之力。只需假以时日，即便北来的野蛮蒙古人也可得教化。元朝覆灭后，蒙古人退回漠北。但中原社会已经发生了根本性的变化，武力作为统治手段获得了更多认可；以军事力量抵御北夷南侵的需求显著上升。

　　在西班牙帝国史上，蛮族论又经历了另一番景象。帝国并未遭逢蛮族侵犯的危险，新发现的"新世界"里的野蛮人在西班牙人眼里仅仅是文明教化的对象。按西班牙的帝国使命，文明教化意味着基督教化。于是重点不在促使游牧民族定居下来，而是终止人祭。当时那些惨无人道的礼仪被当地大部分印第安民众所接受，因此，西班牙人，如弗朗西斯科·维多利亚（Francisco Vitoria）在其《论西班牙对野蛮人的战争法权》（*De jure belli Hispanorum in Barbaros*，1539）中所言，不仅要干预、解救那些将被献祭的牺牲者，同时他们还要建立一个足以阻止土著民继续推行这套礼制的政权。[60]"野蛮人"从未对西班牙的政权构成过威胁，从西班牙世界帝国的崛起到衰落，他们自始至终都只是帝国政治的客体。[61]

在沙皇俄国，哥萨克人的情形介于古罗马蛮族和西班牙人所遭遇的蛮人之间。正是哥萨克人的游牧民生活方式使他们有能力守卫那迷失于无垠草原之间的帝国边界免受其他外来游牧民族的侵扰。也正因如此，沙俄无意让他们定居下来。当沙皇让这些半野蛮的民族加入戍守帝国的行列之中，其实是冒着一定风险的。风险在于，蛮族在帝国疆域内有强烈的反叛倾向和劫掠冲动。要知道，正是有了哥萨克人的鼎力支持，18 世纪早期俄国的农民起义才如此风起云涌，也因之而对帝国政权更具威胁。即便从 18 世纪 50 年代开始哥萨克骑兵已更加紧密地融入了沙俄军队，他们依然是沙俄帝国使命中一个有点说不过去的因子：有鉴于他们的作战方式，很多俄国观察家都不禁质问，沙俄帝国这些所谓文明教化之师难道不是比被征服的高加索及中亚地区的民众更为野蛮吗？[62]

在 19 世纪欧洲人的观念里，阿拉伯奴隶猎手和奴隶贩子臭名昭著，已然成为野蛮人的代名词，于是欧洲殖民列强的帝国使命也直接针对这帮人。猎奴和贩毒由来已久，它源于非洲的阿拉伯人地区，纵深蔓延至撒哈拉以南的非洲。它为欧洲人在整个西非和东非地区夺取当地政权提供了一个正当理由，至少是提供了一个冠冕堂皇的借口。[63]然而，在另一方面，欧洲列强也通过指责霸权竞争对手的野蛮行径来为自己的主导权辩护。在第一次世界大战中，德国人就指责协约国从海外殖民地搬来土著兵团为欧洲殖民者作战，从而使整个战事野蛮化。反过来，协约国这边也针锋相对，痛批德国人。后者在侵入比利时的战役中，以极为野蛮之法对当地平民犯下滔天罪行。[64]

帝国使命中的文明教化的成分越是突出，蛮人的反面形象便越显得清晰和突出。这一点也反映在近年来围绕恐怖主义尤其是自杀式恐怖袭击的一系列论辩中。而在那些族群冲突触发的战争中所发生的现代大屠杀，才让我们最真切地感受到野蛮力量在今天所带来的威胁。[65] 在公共舆论中，那些在富足世界的边缘参与种族屠杀的士兵，那些渗入富足世界的恐怖主义者，都是新帝国那用以文明教化之国家暴力所应打击的对象。不过，野蛮人不仅要跳离文明化的要求，而且一旦成功突入帝国空间，他们将成为和平和繁荣的一大威胁。

首先，帝国使命为帝国中心的精英指引了方向，而蛮族论则将帝国空间的秩序同混沌的周遭世界划清了界线，那么繁荣承诺则应当由帝国向其治下所有芸芸众生传达。这项承诺涉及的不是那些远大目标，或者一些虚幻的架构，而是帝国对其境内所有百姓许诺的实实在在的实惠：帝国之疆，丰衣足食；帝界之外，贫困交迫。因此，帝国体系向外扩展、延伸，对边缘而言，不啻福音佳讯。事实上，繁荣承诺也正是帝国证明其存在正当性的最有力依据之一。因为在很多情况下，帝国的边界确实也是由富转贫的分水岭。然而，事实能否如此，还取决于帝国的类型及其行使权力的方式。

草原帝国的典型特征是，它们不会将其统治方式从剥削型过渡到投资型，或者说是文明教化型。在这些征服者眼里，那些被征服之地，归根结底就是战利品；同样，他们也将占领地作为战利品来对待。由于被征服者几乎无一例外地在文化上优于那些游牧民征服者，于是后者只能将其统治筑垒于武力和掠夺之上。在这种情形下，要维系帝国统治变得相当艰难。通常他们都或多或少依赖定期的突袭、掳掠得以苟延残喘。如若他们也拿繁荣承诺来证明其帝国正义性，那恐怕是骗人的把戏，大概没人会相信。

然而，中心和边缘之间那种压倒性的剥削与被剥削关系，绝非像我们所看到的那样，仅仅体现在草原帝国对其领土空间的短命统治上，其实也屡见于早期的海洋帝国。葡萄牙和荷兰的贸易霸权曾经涵盖从印度到东南亚的广袤地区，他们这种霸权在本质上也是剥削性的，跟投资建设几乎沾不上关系。但是，他们得以统治的基石，是维护而非破坏当地既有的统治体系及社会结构。

他们的占有方式，是交易，而非武力。草原骑兵为了夺取财富，攻破继而摧毁挡其去路的一切秩序体系。而那些商人冒险家则紧随新世界发现者的步伐，建立海洋帝国；顺应而不伤及当地既存秩序结构和生产关系，并作为纽带，将它们连为一体。他们牢牢掌控远洋贸易，实现大区域间的经贸往来，并按他们自己的意愿支配着国际贸易条件。[66]

当然，时间一长，随着贸易额的逐年增长，欧洲的商贸统治也削弱了当地既存的社会及政治结构。贸易帝国曾经十分依赖的那些社会及政治条件受到了侵蚀，这种侵蚀悄然不觉，但日积月累。在一定程度上，贸易帝国仍需仰赖这些条件过活，但终有一天，帝国会将其蚕食一空。到那时，帝国要继续生存，就必须为当地统治体系及社会结构之稳固投资出力了。这种投资的范围非常广泛，可以是对基础设施建设的资助，制造技术的输出，鼎助其建立工业，在大城市和军事战略要地设立兵营，也可以是派遣行政管理人员帮助当地人建立现代行政管理体系。但这样一来，不可避免也会引起帝国成本的增加。而在这种情况下，中心为了在帝国政策中继续牟利，几乎总是选择退出直接管理，退回到商业技术手段的掌控上；并转向寻求更为有利的贸易条件，以获得更高商业利润。如果我们静观细察世界经济史前后发展的脉络，会发现在 20 世纪下半叶，全球性经济体已取代了昔日的海洋帝国和贸易帝国。而且，在一段时间里，这些经济体的运行成本远低于从前的帝国。这一优势能否长期保持，则是另一回事了。这一点，我们在下文还会讨论到。[67]

/ 159

谈到跨越奥古斯都门槛，[68] 我们也可以把它看成是任由中心慢慢掏空边缘之外的另一种处理边缘问题的方案：在这个方案中，帝国会在相对较早的时间点开始往边缘投资，以唤起边缘对帝国秩序长治久安的关心。在这方面，帝国手里有三个政策选择，它们既可以单独运用，也可以——如现实中更常见的那样——组合起来运用。第一种可能：提供公共产品。包括帝国之境天下太平，安全旅行和经商的机会，以及司法保障等。这些好处，身在帝国边缘的民众完全跟帝国中心的同胞一样，人人有份。也就是说，在享用公共产品这一点上，没有一个帝国子民会被排除在外。

除了上述提供公共产品以外，还可以通过强化境内经济依存关系，进而促进帝国空间的繁荣。为此，一个重要的前提是，产于帝国各区的商品，必须多元互补，能够充分满足帝国境内的互通有无。比如说，在古罗马帝疆之内，西西里、埃及和北非提供粮食，而意大利则输出葡萄酒和橄榄油。[69] 也就是说，帝国空间内的经济依存关系得以建立的基础，是境内各地生产剩余产品的商品经济取代了自给自足的自然经济。由此，贸易量增加，商品交换持续发展。当然，商品经济生产和贸易发展的规模在很大程度上取决于航道和商路是否安全畅通。所以，提供公共产品和提高经济依存度这两者可谓息息相关、唇齿相依。

然而，帝国所关注的不仅仅是贸易空间的安全。其实在大多数情况下，贸易空间是伴随帝国扩张才被真正开拓出来：工匠和工程师紧随军队而来，扩建或新建贸易港口，建造道路和桥梁，最终将帝国的统治空间变成经济空间。公元前 2 世纪，古罗马人伟大的筑路工程彪炳史册。亚壁古道（via Appia），弗拉米尼亚古道（via Flaminia）、艾米利亚古道（via Aemilia）等，这些深思熟虑和用心良苦的项目不仅仅为了在经济和军事上打通帝国四境，同时也显示出，罗马有意锤炼并完善自己建设帝国的能力。罗马人在建造桥梁方面累积的经验，为他们修筑笔直的道路打下了坚实基础。在这之前，古商道往往蜿蜒曲折，仅驮畜可通行；马车只能望之兴叹。而今，这些羊肠小道变成了由石子铺成的笔直大道（四季可用），这些都成为帝国文明伟绩的象征。除去军事和经济上的实用价值外，这些道路也通向了帝国空间的罗马化及其文化大一统。在戴克里先皇帝在位期间，罗马帝国全境道路网总长最终达到 85000 公里。[70]

铁路（还有传达信息的电报）对大英帝国的重要意义，大抵相当于道路网之于古罗马。从此，大宗商品的运输不再仅仅依赖海路，还可通过陆路送达，既迅捷又价廉。欧洲其他殖民列强也纷纷步英国人之后尘，利用铁路深入其占领区域的腹地，开拓市场。如此一来，商道从海洋延伸到了路上，将那些远离海岸的地区同帝国的经济中心成功地连接起来。[71] 在这里，值得一提的是，在欧洲人从其殖民地撤离之时，他们遗留给当地的铁路网，大部分甚至比这些取得了独立的国家几十年后所拥有的铁路网更先进。造成这一变化的原因可能有很多，但最关键的一点是，铁路线曾是帝国之躯的血脉和神经，当帝国巨人轰然倒下，那些帝国境内的基础设施也随之倾颓乃至废弃。苏联解体，由它发起组织并一手掌控的经济体也树倒猢狲散。从中，我们就可以看到，帝国商贸及经济区的瓦解也会带来区域内基础设施的倾颓没落。[72]

在 19 世纪到 20 世纪之交，沙俄在其广袤无垠的疆域内，尤其是在西伯利亚，改进了交通运输技术，这成为它得以与西方列强抗衡的关键因素。当时，俄国落后的经济越来越威胁到它在政治上的独立地位。对于这一点，财政大臣谢尔盖·维特（Sergej Witte）深信不疑。他担心，俄国倘若不能奋发图强，崛起为一个经济中心的话，那么要不了多久就会沦为西方列强的殖民地，任人鱼肉。[73] 因此，维特推行了旨在提升经济繁荣程度的政策，而他的手段则是在全俄境内大修铁路，改进交通运输条件，开拓国内市场。在他的经济理念里，首要的一点便是以高效的铁路网运输取代中亚地区古老的商队贩运。与此相关的还有他的另一层想法：俄国人要跨过西伯利亚深入东亚，打开那经济发达的对手不得其门而入的市场，进而获取那里的原材料。由此，便催生了西伯利亚铁路这一浩大工程，它最终也成为连接欧洲大陆和俄罗斯东亚领土的大动脉。

在这方面，军事和经济这两方面的效应常常结伴而行，同时显现。在 19 世纪中期的克里米亚战争结束以后，人们意识到，相比扩军来说，提高军队机动性更能改进俄国军队的战斗力。在克里米亚战争中，俄国从莫斯科地区向克里米亚半岛调遣援军，比英法联军的动作慢了一半。[74] 普鲁士位于柏林的总参谋部更害怕一支提升了机动性的，而不是徒增规模的俄国军队。也就是说，大规模修建铁路系统颇具军事战略意义。有了铁路，人类第一次可以如此快捷地大范围调兵遣将，及时实现远距离的后勤补给。[75] 但很快，铁路网所带来的经济效益也显露出来：货物运输成本降低了，相距遥远的经济体连成一气，刺激了经济的发展，由此促进了整个帝国的繁荣。可以想见，相似的情形同样出现在罗马帝国的筑路工程上：通过新修大道，罗马军团可以携辎重快速转移，这一显见的军事战略优势，直接促使帝国下定了筑路修道的决心。但从长远来看，帝国四通八达的道路也通向了经济统合，而从这当中，边缘比中心受益更加明显。可见，道路带来的经济效应毫不逊色于其军事意义。

当然，我们在此也要补充说明一点。在军事动机刺激下获得的交通大发展，并不一定会带来经济溢出效应，或者说未必会带来充分的溢出效应。关于这一点，恰恰又是俄国给我们提供了一个绝佳例子。他们的铁骑深入东亚地区，力图把中国北方及朝鲜半岛尽收囊中，一手掌控。而它的扩张，引发了同日本的冲突。1904 年至 1905 年日俄战争的惨烈败局，再次暴露了俄国的弱点，只不过这一次主要暴露在海军方面。战败引燃了 1905 年的革命，也就此敲响了沙皇俄国的丧钟。

类似的演变，我们还可以参照一下西班牙帝国。在它那边，问题并不出在帝国漫长的外部边界上，而在于：大西洋海上航道的安全护航制之启用，使其经济陷入僵化，渐失活力，大大抑制了其经济自主性。所以，跟 19 世纪及 20 世纪初期的沙俄相似，西班牙在 16 及 17 世纪没能在经济上充分整合其辖治的广大属地。事实上，它在西欧经济体系里，最后竟沦为一个欧洲与南美之间贸易中转国的二流角色。[76]

为了改变这一局面，西班牙人沿着新重商主义路线，推行了一系列革新措施。早在 1743 年，何塞·德坎皮略（José de Campillo y Cossío）就在其出版的《美洲经济治理的新体系》（*Nuevo sistema de gobierno económico para la América*）一书中提出了经济和政治重建的计划。[77] 他在书中分析指出，西属美洲的大部分财富留在了美洲，它跟西班牙本土之间的经济联系已渐行渐远。所以，加大力度在经济上统合整个帝国，从而增强帝国生命力，已势在必行。唯有重组经济结构，帝国才能赢得生机。在这一点上，何塞·德坎皮略与谢尔盖·维特不谋而合。作为财政大臣，德坎皮略着手经济改革：安达卢西亚被首当其冲地取消了贸易垄断地位，随之消失的还有强加在它身上的护航制。通过贸易自由化，德坎皮略力图振兴西班牙的生产制造业，并打击走私。不过，他的真正目标是将西属美洲打造成宗主国的原料供应地，以及西班牙本土商品的倾销市场。如此，帝国两端之间的贸易额将稳步增长，也会为帝国的中心创造出更多价值。

德坎皮略致力于产品的多样化，然而，这一下子也增加了西属美洲的负担。这在美洲克里奥尔上层精英中产生了不小影响，直接推动了后者一步步脱离宗主国。因为在他们当时看来，宗主国不是改革的动力，而是发展的阻力。相比继续留在西班牙的帝国阵营里，或许政治独立能给他们带来更长足的经济进步。于是，为求独立，他们开始盯紧每一次机会。结果，西班牙在 18 世纪 80 年代的这场旨在加强帝国经济统合的改革努力，最终事与愿违，而且以帝国的政治分裂告吹。

除了古罗马和大英帝国，走进中华帝国我们也可以很好地认清帝国秩序与经济繁荣之间的联系。在公元 3 世纪到 6 世纪的帝国分裂时期，随着商业和手工业的衰落，货币流通量回落，[78] 货币作为维系帝国经济空间最重要的工具之一，其意义亦大幅削弱。而在帝国重归统一之后，尤其在唐朝，帝国境内的基础设施大为改善，发展态势又来了一个一百八十度的翻转：开运河，筑道路，帝国四域八方在经济上更紧密地交织在一起。这就既在政治上，也在经济上，促进了帝国的大一统。

随着唐王朝的衰亡，帝国统合的经济空间再次星落云散。但到了宋代，国内贸易再度繁荣，货币流通量增加，中国实现了经济的一次真正起飞。也正是在这一时期，人类首次尝试用纸币取代金属货币。[79] 对于帝国秩序同经济繁荣之间的依存关系，恐怕没有哪个地方的人像中国人那样，有如此直接的切肤之感了；这或许也能解释中华帝国何以拥有绵亘千秋的生命力以及分久必合的周期性规律。

在帝国全境统一货币，已为帝国四境之内的繁荣昌盛提供了极为有利的条件。货币统一当然并非远途贸易的先决条件，但无疑极大减少了远途贸易中的麻烦，从而提升了贸易的广度和深度。真正的先决条件，应该是币值的稳定及帝国中心的偿付能力。无论是罗马帝国还是中华帝国，周期性爆发的通货膨胀都给帝国境内的商业发展带来恶劣后果，从而也妨碍了帝国各地间的经济整合。至于西班牙，一再遭遇国家破产，不仅暴露了帝国的阿喀琉斯之踵，同时，也严重削弱了它在欧洲的经济地位。毋庸置疑，英国人对货币的重视，举世无双。结果，英镑后来越过帝国之界，一跃成为世界经济的储备货币。也正是强大舰队和英镑组成了帝国巨厦的支柱。当英国在一战期间从债权国沦落为债务国时，英国人世界帝国的丧钟也敲响了。美元取代了英镑，成为世界货币；决定 20 世纪世界经济周期的，也不再是伦敦，而是纽约了。

确保帝国繁荣的第三个选项，是向边缘地区直接投资出力，从而在经济和文化发展水平上拉近边缘与中心的距离。这种边缘投资，用帝国主义理论是无法解释的。而帝国理论，在解读边缘投资时也不得不将其归因为帝国的长远战略考量。可这一战略考量的长远性，充其量也只有从帝国使命的角度讲得通，但没办法在当权精英的实际政策中找到注脚。总的来说，这样的文明化投资在帝国历史上屡见不鲜。当然，草原帝国除外。鼎盛时期的海洋帝国同样不在此列，而当从海洋起家的超级帝国将其统治触角伸向陆地，或者在陆地帝国根深固本，稳住了阵脚以后，这样的文明化投资总会出现。英国人属于前一种情况，后者的典型例子有中国，而罗马大致相当于两种情况的混合。

/ 166

倘若帝国能成功兑现繁荣承诺，借助蛮族论搭起一道看不见的虚构边界，永葆帝国使命的可信度，最后，保障四境之内天下太平，那么帝国就可实现长治久安，国祚永续。上述这种多管齐下的合力可确保帝国的延续，反之，一旦其中某些环节失灵，那么就会把帝国推上衰败的歧途。与此同时，帝国的敌人也潜伏于这些失灵环节，蠢蠢欲动。

第五章

帝国落败于弱者的权力

很多帝国挫败于强大的竞争对手。它们要么在战场上折戟沉沙，被打回区域强国的原形；要么遭到严重削弱，以至于在接踵而来的国内革命和内战的冲击下，消失于世界政治大版图。拿破仑帝国和威廉皇帝的德国，与其说是真正的帝国，倒更像是帝国候选者。它们在遭受军事重创之后，都依战胜国的决议成了民族国家，且在国力与规模上也按欧洲均势的内在要求受到了约制。虽然过程更富戏剧性，但这两个国家的军事挫败，其实都不过是17世纪上半叶西班牙帝国失利的翻版。[1]与之大相径庭的是沙俄、奥斯曼帝国及哈布斯堡皇朝的命运。它们的失败归因于多重因素的组合拳：帝国国内的积弱，军事上败于权力政治上的对手；最后，国内人民揭竿而起，点燃了革命烈火。如果说，拿破仑的法兰西和威廉的德意志直接溃败于各自劲敌的军事优势之下，那么在另一边，军事实力只是压倒早已陷入长期衰退的沙俄、奥匈及奥斯曼的最后一根稻草。参加第一次世界大战，也正是它们用以扭转帝国败势的最后一搏。

相比败于强敌的帝国而言，面对弱小对手帝国马失前蹄的例子更加发人深省。人们起初完全没有料到，那些弱小势力有朝一日竟会成为帝国大患。倘若帝国行为体被势均力敌或者力胜一筹的对手所遏制，说明帝国的一个关键特质在它们身上尚显不足——世界统治力或者最起码对自己"世界"的绝对主宰力。在这种情况下它们只是狭义的帝国，因为按照帝国的严格定义，在它们的"世界"里找不到一个对手与之匹敌，遑论力胜一筹了。那么我们在这里观察到的，本质上就并非帝国的失败，而是大国的兴衰。对于后一个话题，大国理论或霸权战争理论有过阐释，[2]但是这个话题跟帝国秩序及其衰落的主题关系不大。

当然，如前文所述，在现实中霸权国家同帝国之间绝非判若鸿沟。它们的差异，并非总如概念所示那么清晰可辨、一目了然。事实上，不同帝国的"世界"，大可相互交叠。17世纪的西班牙和英国之间的情形便是如此。再比如七年战争期间争夺北美霸权的英国和法国。还有一个例子，是沿黑海至兴都库什山脉一线互起争端的英国和俄国。在这些不同帝国"世界"犬牙交错的重叠区域，霸权之战与帝国战争交织在一起，在那里上演的，究竟是强国之间争夺主导权①，还是帝国势力镇压反帝国行为体的抗争②，并非总是一目了然。在东西对抗的冷战时期，所谓代理人战争，大致符合下述模式：两大帝国中的一方，披上了反帝的外衣，假借反帝国之名，给对手的帝国边缘上爆发的反抗运动推波助澜，从而将霸权冲突维持在小范围的拳来脚往、小打小闹上。毕竟双方都慑于对方的核武器威胁，这样的霸权冲突已经不再会以大规模战争的方式上演了。

当帝国在其边缘同较弱的反帝国行为体陷入冲突时，那冲突是确实只关乎反帝国行为体，还是说背后虎视眈眈地站着另一个帝国"世界"的中心，这一点并非总是一望可知。也许，后者正处心积虑蛰伏于对手的"世界"里，或者隐匿于夹在敌我世界之间的真空地带，伺机给霸权竞争对手制造失败。在越南，美国遭遇了这样的失败，而后来出兵阿富汗的苏联也一样。这还只是其中最重要的两个例子。

当霸权竞争国家拥有了核武器及核武投送系统，大规模霸权战争爆发的可能性变得微乎其微。但在这之前，情况则完全不同，发生在帝国边缘——如果那里正好是帝国候选者们利益场和势力范围交叠之地的话——那些小小的帝国战役总潜藏着升级为

①　霸权战争。
②　帝国战争。

霸权战争的危险。欧洲列强纷纷卷入"一战",就让我们清楚地看到了这一点。在奥匈帝国军队总参谋长康拉德·冯·赫岑多夫（Conrad von Hötzendorf）伯爵眼中，他竭力主张的对塞尔维亚之战不过就是一场小小的帝国战争，旨在教训或消灭那破坏奥匈帝国内部和平的敌手。虽然在战争的第一年，奥匈帝国军队出师不利，[3] 但没有人怀疑他们将最终击败塞尔维亚。不出意外的话，这次交锋将同过去众多巴尔干战争一样，只是区域性强权按照其利益诉求重塑地区政治格局的又一次努力而已。然而俄国的参战让情势急转直下。俄国人素来自视巴尔干半岛斯拉夫民族的守护神，且力图借此之名进一步推进它的帝国势力范围，于是自然站到了塞尔维亚一边。当俄国人实施全国总动员之后，一场小规模的帝国战争顷刻间演变为一场霸权大战，而这场战争最终断送了欧洲在全世界的领导地位。

可见，战争波及区域的有限性是帝国战争的固有特点 。而霸权战争则不同，它颇具星火燎原之后劲，冲突往往不断扩大，越来越多的地区被卷入其中。基于这些原因，我们可以理解，为什么反帝国行为主体倾向于将它们对帝国统治的抗争变成霸权战争的一部分。这个计划一旦得逞，它们成功贯彻自己政治意愿的机会便大大增加。

德意志帝国的军政领袖其实从一开始就很清楚，如果介入奥匈帝国与塞尔维亚的争端，势必会引爆一场霸权大战，战火恐将超出传统帝国战争的地域范围，烧到巴尔干地区之外。如果必须得在空间上扩大战事，德国人至少希望能在时间上把控战事，唯有如此才最终赢得战争。这正是当时德军总参谋长阿尔弗雷德·冯·施里芬（Alfred von Schlieffen）计划的关键点：它计划在西线奇袭法国，迅速逼其就范，然后集中全部兵力迎击东边的俄国。从德国的长远利益来看，速战速决重于一切。因为，一旦战事拖得太久，德国迫于地缘政治的劣势，会有腹部受敌之虞。为了在时间上掌控战争进程，德国采取了积极的进攻性战略。但这无疑也是极大的冒险。当柏林也意识到这一冒险已让它深陷危局，便竭力在最后关头遏制事态进一步恶化，[4] 但当局势发展到 1914 年 7 月底的时候，一切努力都为时已晚。德国人铸成了大错，他们任由奥匈帝国对塞尔维亚发起了一场规模有限的帝国战争，却没有采取足够的防范措施来避免自己陷入霸权战争的泥沼。而这场霸权战争规模之大，影响之巨，远非一场发生在欧洲边缘的帝国战争可以比拟。[5] 而且我们看到，随着帝国战争演变为霸权战争，德国人在时间上的自主权荡然无存。

　　在塞尔维亚战例中，我们再次清晰地看到，在欧洲成功实现帝国政治的可能性大异于其他大陆。当美国在中美及加勒比海地区，包括后来在太平洋地区发动小规模帝国战争时，它不必担心与诸多强国发生冲撞。最多也就是如 1898 年美西战争那样，碰上一个"大国"对手而已，而且还是一个没有盟友的孤强。[6] 而欧洲的情形截然不同。每一次小小的帝国战争都隐藏着升级为一场霸权大战的威胁。就连沙俄在高加索和中亚地区挑起帝国战争之时，也没有随之卷入一场霸权冲突的远忧。只是在东亚，情况稍有不同。因为日本迅速崛起后，已跃升为一个怀有帝国野心的强权。按俄国人的最初打算，1904 年的日俄战争本只是一场帝国战争；但情势骤变，很快战斗转变为一场大规模的霸权战争。结果，俄国人铩羽而归，战争失利，他们在欧洲的地位也被削弱。[7]

　　同样，英国也做到了在挑起帝国战争的时候，不招惹其他的霸权竞争对手。这样的例子不止一个，比如攻占埃及的战争，同样还有它随后在喀土穆镇压马赫迪起义的苏丹战役——这一战可谓伊斯兰主义的先声。另一佐证是在南非爆发的第二次布尔战争。当时，虽然德皇威廉二世在"克鲁格电报"（Krüger-Depesche）中向布尔人示好，但并未在实际行动中给予后者任何支持。

对英国人来说，最大的一次危险出现在1898年的法绍达（Faschoda）事件中。那时的英国距离一场霸权战争仅一步之遥。当时，英国基奇纳（Kitchener）伯爵率领的远征军在南苏丹一个叫法绍达的小地方与马尔尚（Marchand）少将所率的法国军队狭路相逢，一时间两大帝国强权剑拔弩张。双方火药味十足地对峙了数周之久。[8] 幸亏是在非洲，大家还能妥协、忍让，撤军收场。要是在欧洲，事态发展将不堪设想。此外，远在非洲、高加索、加勒比海或者菲律宾，战争的爆发即使意味着对平民的血腥暴行，也难以在社会中激起惊涛骇浪；如果发生在欧洲，恐怕政府早已被淹没在一片愤怒的声讨中了。换句话说，在欧洲，所有战争呈现对称性倾向，而在欧洲之外的战争有可能呈现非对称态势。在非对称战争中，帝国在技术和组织上的优势发挥得淋漓尽致。正因如此，所谓帝国过度延伸（imperial overstretch）问题，主要出现在欧洲之外的地区。而且它很快又带出另一个新问题，即面对帝国非对称性优势，反帝国行为体是否还有可能，以及在什么情况下才有可能实现其政治意图。它们必须找到一条出路，转弱为强。

关于帝国过度延伸以及它对帝国稳定的长远影响等问题的研究，可上溯至爱德华·吉本（Edward Gibbon）的里程碑式名著《罗马帝国衰亡史》（1766~1788 年）。[9] 他透过罗马历史，同时参考当时英国的发展轨迹分析指出，帝国最严峻的挑战来自一种在疆域上过度延伸以及不加节制地包揽任务和责任的倾向。在新近的史学文献中，它们分别被称为过度延伸（overstretch）和过度承诺（overcommitment）。按这一理论的说法，帝国暂时从那些并非利益攸关的地区撤出，或者适时卸下那些在特定时局下挑起的职责，这些都符合帝国的生存利益。正是通过这一点，可以看出，帝国的生存需求同主权国家世界的运行之理完全背道而驰：帝国受到的空间之羁缚和公约之约束越少，则其稳定性越强；而主权国家世界（Staatenwelt）则相反，其中的成员国受领土和公约的制约越强，体系就越能实现其稳定与和平。[10]

/ 173

对于过度延伸这一概念，传统的理解是对控制区域的过度扩展。在这样的语境下，避免过度延伸几乎意味着收缩边界，放弃某些领土。不过，过度延伸和过度承诺的观点主要适用于陆地帝国，同昔日海洋帝国只有有限的关联。对于后者而言，只有当它们跨过那些港口和贸易据点，深入大陆腹地，才会遭遇与传统陆地帝国相同的困境，空间过度延伸的危险才会降到它们头上。否则的话，海洋帝国凭借其机动灵活的海上舰队，足以纾解空间上过度延伸的压力。[11] 同戍守边境的陆军部队不同，海军舰队作为一支守卫力量，始终游移不居。海上防线的延伸，也并不一定会带来扩展军力及成本陡增的压力。正因如此，蕞尔之邦如葡萄牙，也可气吞万里如虎，雄霸印度洋和太平洋的国际贸易长达一个多世纪。这一规律在大英帝国身上更是展现无遗。英国海军实力之所以强劲，不仅因为舰队规模庞大，更得益于过硬的舰艇质量，船员出色的航海技术，以及海军将领在广阔海域指挥作战的高超战略战术水平。另外，对大英帝国的实力而言，船舶在港受载期大大缩短的作用不容小觑，可以说跟扩增服役战舰同等重要。

这样的效能储备，是传统陆地帝国在维护边缘及疆域安全时并不具备的。所以，可以说陆地帝国的过度延伸问题，跟海洋帝国所面临的，根本不可同日而语。简单说来，对海洋帝国而言，抓住技术创新之先机远比开疆拓土、扩张领土领地更为重要。海洋帝国需要特别注意的是，它需将运用最新造船工艺及武器制造技术所耗费的资源控制在一定范围之内，以便腾出一部分资源注入新技术的开发，并抢在竞争对手之前将新技术大量投入运用。所以毫不奇怪，第一次大规模军备竞赛正是发生在海军领域，即大不列颠和德意志帝国之间。[12]

作为帝国统治的新领地，领空乃至外太空被先后开发，科技优势的重要性随之一步又一步提升。如今，领土边界上的过度延伸问题已经没那么重要。这样一来，收缩边界也就不再是解决帝国过度延伸问题的方案了。严格说来，如今的美利坚帝国只剩下一些虚拟的边界。它们是根据潜在反对力量所拥有的武器技术，准确地说是核武器及核武器投送系统来划定的。除去上述这一顾忌，美帝国凭借对领空的绝对主宰力已慢慢成为一个无边界的帝国。倘若美国从它凭借强大技术优势获得控制权的区域中撤离，那已经无法套用所谓"拉直防线"的领土模式来解释了，特别是如果它从领空和外太空层撤离，将无异于宣告帝国权力的衰亡。

帝国过度延伸的真正风险在地面。因为，在地面要发挥技术优势，有一定的局限性。正是抓住了这一点，反帝国行为体面对

/ 174

帝国的强大军队面无惧色。它们坚信通过积极备战，鼓舞将士为国捐躯，可以弥补其技术上的不足。从第二次世界大战的中期开始，苏联和南斯拉夫的军队成功运用游击战术抗击了德国及其盟友的侵略军，由此开启了一个游击战争时代，这个时代直到苏联从阿富汗撤军才暂时谢幕。[13] 对反帝国行为体而言，历史的记忆仍历历在目，它们从中看到了胜利的微光。它们冀望借用这一战术来扳倒哪怕最现代化的帝国。事实上，正是亚洲大陆上风起云涌的游击战大大加速了欧洲殖民帝国的朽亡。无论是越战中的美国，还是侵入阿富汗的苏联军队，面对当地巧用游击战术的对手，都束手无策，一筹莫展。交战数年下来，帝国雄师被拖得兵疲马困，只得黯然退场。

也就是说，拥有巨大优势的帝国在地面战中并非不可战胜。尤其是碰到坚韧不拔的对手，只要后者避开硬碰硬的决战，拖长战线，稳扎稳打，以弱胜强则不无可能。[14] 在历史上，这样的战例不胜枚举：比如日耳曼部族面对向威悉河（Weser）和易北河进犯的罗马人奋起抵抗，再比如西班牙反抗拿破仑军队的游击战，包括最终颠覆了欧洲殖民帝国的各地民族解放战争。在这些战争中，反帝国行为体充分利用帝国过度延伸所暴露的问题，依托帝国触角深入腹地所造成的空间纵深，一举抓住帝国的软肋。因为帝国过度延伸，意味着补给线的延长；补给线越长，越容易遭受攻击。帝国在疆域上将触角伸得越远，留给反抗者以小股力量即可攻破的靶子也就越多。通过不断对这些薄弱点进行攻击，日削月割，也可最终重创帝国。除去少数例外，[15] 反帝国行为体在正面会战中罕有胜绩，它们的胜利是通过不断消磨对手的斗志和力量来获得的。它们拖垮了帝国，最终逼其撤离。

对于过度延伸问题，战争理论家卡尔·冯·克劳塞维茨在论及常规作战方式时，用了"进攻顶点"（Kulminationspunkt）一词进行阐释。他认为，"进攻顶点"涉及的是进攻力量削弱的特殊问题。这在他眼里也是战略上的一个主要问题。[16] 进攻者在敌方地盘挺进得越深，它的绝对力量减弱得越厉害。如果这种力量随着进攻的推进，减弱得并不像防御方那么快，也就是说绝对力量的削减换来了相对力量的上升，那么这时进攻方力量的减弱才没有超出它可以承受的范围。然而，正如克劳塞维茨所指出的，这一原则仅适用于地域有限的作战情形。倘若对手拥有超大的战略纵深，双方的力量对比会完全颠倒过来：进攻一方推进攻势时，要比防御方防守时消耗更多的资源。即便如此，进攻方还是有机会达成目标，但必须满足一些条件，诸如对手已师老兵疲，厌战情绪高涨，再也无法弥补失地的巨大损失，且急于媾和。那么"进攻方可以像买东西一样获得一些媾和谈判时对它有利的条件，但这必须先以自己的军队为代价，付出现款"。[17]

克劳塞维茨对战争攻防颇具商业意味的形象比喻，点破了过度延伸的关键问题：并非在任何情境下都要避免过度延伸，有时它也可以达到预期目标。但问题在于，必须提前付出代价。而这种投资是否值得，难以预知。因为成功与否，其实取决于对手的反应，这在事先恰恰是没办法确切知晓的。如果防御一方能扛到进攻方超过其"进攻顶点"，战局就会发生大逆转。防御方将予以反戈一击，而这种"反击的力量通常要比进攻者的攻击力量大得多"。[18] 所以，跟战略战术特点无关的是，游击战其实也可以理解为拒绝媾和的一项"政治"决策。[19] 它的战略考量就在于让进攻方持续"付现"，但对手却始终买不进防御方求和或乞降的果实。于是被拖得兵疲马困，时间一长，不得不主动抛出橄榄枝或者直接班师回国。亨利·基辛格在他一篇著名文章里对这一问题做了总结。他说，参加常规战争的军队非赢即输，而对采用游击战的一方来说，只要保证没什么伤亡就是胜利。帝国过度延伸的风险正是这一机制运行的结果。

克劳塞维茨提出的"进攻顶点"的军事战略思想，直接启发了帝国过度延伸的理论。比如查默斯·约翰逊（Chalmers Johnson）在其著作中提到，美国受到一种"反弹"（blowback）威胁，尤其是在太平洋地区。在那里，美国人已经跨过扩张的"顶点"，反击的威胁已经逐渐显露。[21] 一些批评者大声疾呼美国不应越过霸权的界限，追求帝国地位，否则一旦失败，连原来霸权的地位也要葬送了。[22] 这一警告同样符合顶点和反击模式。在这些声音里，克劳塞维茨的定律被简化了：解决问题之道在于完全保持克制，哪怕接近"顶点"也万万不可。不过这并非克氏的本意。他的建议并不是让人们完全规避一切风险，相反他相信有时必须做一些冒险决定，才能克服某些挑战。他写道："我们只消想想力量的等式是由多少要素所组成，那么就不难理解，在某些情势之下要断定交战双方孰强孰弱有多么困难。在这种情况下，一切往往取决于不十分可靠的想象力。"[23]

克劳塞维茨的理论依据的是领土的迁移模式。所以在他有生之年，他的理论都不适用于海洋帝国。而如今，随着领空和外太空的开发，领土对于军事力的意义已趋于淡化。但他的理论原则仍然适用于今天的政局，尤其是克氏提到力量的等式涉及诸多未知量，这一点时至今日仍具特殊意义。今天要判定这些未知量，无疑比他所生活的时代又难了许多。因此过度延伸问题所关注的重点，不再是自身兵力强弱与可控地域大小之间的对比。如今，它需重点考虑的是帝国政权的经济潜力以及民众的精神与"道德"因素。两者合起来，决定了政权的持久力。在游击战中，上述两元素就显得尤为重要，因为游击战即便不能摧毁对手的政治意志，也完全可以消磨以至拖垮对手。[24]

也就是说，帝国过度延伸的风险在于帝国可能陷入资源枯竭。反帝国力量越是了解帝国的底细，对帝国的哪些资源匮乏，哪些资源充足摸得一清二楚，那么帝国这种过度延伸的风险就越大。所以毫不奇怪，很多反帝国战争的领袖早在交战之前相当长一段时间里，都蛰伏于帝国的中心，以摸清帝国的优势和软肋，做到知己知彼。然而，往往等不到帝国的物质资源消耗到足以威胁帝国安危，帝国中心民众的心理承受力可能就已经突破极限。正因如此，现如今帝国民众的精神与道德面才成为反帝国力量攻击的主要目标。无论是游击战抑或是恐怖主义，都是一种以精神与道德为主要打击目标的策略。

就像中华帝国一样，罗马帝国也曾被对手武力制服，做不到战无不胜。甚至连强大的西班牙帝国和奥斯曼帝国也不例外。但大英帝国和沙皇俄国却是例外。对手无法在军事上征服它们，无论是拿破仑还是希特勒，都不敢直接攻击英国，而是通过北非采取迂回战术，但同样收效甚微、事倍功半。大英帝国的衰落，其实是经济的衰落，从 1914 年到 1956 年，那是一个缓慢渐变的退潮过程。[25] 大英帝国经历了欧洲的两次霸权战争，大伤元气。又为争夺东亚殖民地，大战日本，损失惨重。高昂的战争代价严重削弱了整个国家，从此一蹶不振。面对接踵而来的殖民地解放运动，它再也无力开展持久和坚决有力的镇压了，最终不战而退。[26] 从中，我们也再次领教了英国人不同于法国人的帝国智慧和远见：他们充分认识到，帝国的疆界已延伸过度，只得急流勇退。在 20 世纪 40 年代末，英国人决定放弃他们全球最重要的殖民地——印度，任其走上独立之路。直到那时，恐怕还没有人会想到昔日庞大帝国的疆界会最终几乎缩回到其宗主国的边界。在相当长一段时间里，人们想象着大英帝国会继续以"英联邦"的形式长存于世，而完全没有料到今天这个结局。[27]

除了肯尼亚和缅甸等少数例外，英国人放弃了以军事手段来维系帝国的存续。而法国人则采用正好相反的策略。结果，法国人在印度支那军事上失利，在北非的失败则同时来自经济和精神两方面。1954年5月，法军在连接老挝和越南的重镇奠边府投降，他们也由此彻底输掉了印度支那的战争。法国失利还有一个重要原因，那就是美国人拒绝为其提供后勤补给上的支持，令法国人在战事上无以为继。[28] 在阿尔及利亚情况则大相径庭。在那里生活着超过一百万的法国居民，他们出生于阿尔及利亚。法国人取得了阿尔及利亚军方的大力支持以及中产阶层的广泛拥护，这些人真正关心的是获得完整的政治权利，而对（阿尔及利亚）独立问题毫无热情。然而持续八年之久的阿尔及利亚战争，让整个法国社会陷入了严重的分裂。一方面，战争在经济上拖垮了法国；另一方面，举国上下人心涣散，士气低迷。这一切最终导致1962年埃维昂协议（Evian）的签订，阿尔及利亚获得了独立。[29]虽然法国人在政治行动上坚决果敢，军事上也优势明显，但阿尔及利亚战争还是向世人昭示了一点：面对殖民强权，即便你军事上无法击败它，但能在政治上战胜它。阿尔及利亚人正是通过游击战争，在经济和精神上成功拖垮了法国。[30]

/ 180

从越南到莫桑比克，从纳米比亚、安哥拉到阿富汗，在20世纪60年代到80年代风起云涌的反帝及反殖民战争中，阿尔及利亚战争堪称典范。特别重要的一点是，那些游击队一次又一次把列强或殖民帝国在其本土之外的军事干预扭变为一种帝国过度延伸。在游击战中，军事力量的运用已大异于国家间的常规战争，它的目的不在于逼迫对手就范，以便将自己的政治意志强加于人，它的目的恰恰在于在经济上消耗对手，从而消磨并最终摧垮对手的政治意志。按照游击队的推算法，时间一拖久，帝国中心的人就会意识到，在边缘的人力、物力的大量投入实在是入不敷出、得不偿失的糟糕之举。这样一来，帝国内部的反对政治势力开始抬头，这些人本来就无意为偏远的帝国边缘承受帝国大量投入所带来的沉重负担。以美国为例，当年中产阶层大力讨伐政府的越南政策的呼声，似乎还依稀可闻。而在葡萄牙，是一帮高级军官发动了兵变，最终导致葡萄牙殖民帝国的崩溃。最后是苏联，以戈尔巴乔夫为首的改革派迅速终止阿富汗的军事行动，因为在他们看来，上述行动窒息了苏联内部革新的动力。

所以说，帝国的过度延伸并不是一个明确的客观量，无法依照地缘政治学或地缘战略学的理论参数度量和计算。二战期间，游击战策略重见天日，战后欧洲社会对和平的渴求，特别是全力重建满目疮痍的欧洲家园的决心，这些都极大促进了帝国过度延伸界线的重新界定。此外还有边缘民众在政治上的觉醒，于是突然之间，那些几十年甚至几百年来都固属于帝国的领地就变成了被帝国过度延伸的土地。这正是当年英国首相哈罗德·麦克米伦（Harold Macmillan）的观点。他在 1960 年即将结束其非洲之行时发表演讲说，一股"变革之风"正横扫帝国之境。[31] 在那些从前怎么也谈不上过度延伸的地方，现在人们也一口咬定存在过度延伸问题。当然，这一方面归因为帝国中心的衰退，但另一方面，更得益于边缘的振兴和崛起。

中心的衰退，可以通过统计数据来解读，但边缘的壮大却不行。殖民地、保护国和托管地在脱离殖民统治之前，并没有出现所谓经济的起飞，真正让边缘壮大起来的，几乎无一例外的首先是它们追求独立的坚强意志以及为达目标奋不顾身、舍生取义的决心。在这种情形下，英国人曾仅凭数百文官和几千士兵即可统御泱泱疆土的时代已经一去不复返。边缘对独立的追求引发帝国的统治成本剧烈攀升，另外它也导致帝国过度延伸的界线彻底发生迁移。

那些在苏联解体之后坚信帝国时代已成明日黄花的人，[32] 主要依据的正是我们在上面所叙述的种种时局的发展变迁。然而他们恐怕忽略了一点，即帝国的过度延伸其实是一个动态变量，它会随着冲突各方的资源变化，也会随着动用资源的意愿变化而发生改变。不独如此，它还会随着帝国统治形式的改变而变化。帝国统治形式一经改变，统治的资源和反抗的资源之间优劣多寡的关系都要重新评估和权衡。当美帝国从领土统治转向了流控制（资本流、信息流、商品流和服务流），当它放弃在地面控制疆域，转向效率更高、成本更低的领空乃至外太空控制上，传统游击战损耗帝国统治成本的功能就大打折扣了。如今，它已逐渐沦为军阀们发动资源战争的一个工具，[33] 却已无法撼动美国权力对全球的控制。隐形轰炸机和巡航导弹都是游击队怎么也奈何不了的武器，如果反抗一方的军事目标远在冲突地区之外，完全遥不可及，那他们即使获得了当地民众的持久支持，也是杯水车薪，对战事的走势影响甚微。

一直以来，帝国致力于塑造一种非对称优势，将过度延伸界线往外推移，从而打破那些原本封闭的空间，开拓全新领地。这一点，我们可以在罗马帝国和中华帝国身上找到佐证。跟对手相比，它们的军队组织得更高效、装备更优良，往往领导也指挥更加得当。但是最关键一点是它们能长久保持这一优势，也就是在一定程度上，它们能将优势制度化。诚然，这仅仅是一种相对微弱的非对称优势。[34]对手只要不懈努力，迎头赶上并非没有可能。比如说，照搬帝国的军事组织为其所用，比如诱拐手艺人和工程师入境，让他们把一身知识和技能传授给帝国的对手。[35]

对于海上霸权来说，帝国权力的非对称优势表现得突出很多，它们那装备火炮的战舰就代表着一种身处边缘的潜在对手所无法企及的技术。而且对手根本不具备掌舵这些战舰的航海能力。[36]随着工业革命的兴起，这种巨大的不对称很快扩展到了地面战中。一个标志性事件是1898年的恩图曼战役（Omdurman）。在此次战役中，基奇纳伯爵率领的英国远征军借助重炮和新锐武器——马克沁机枪的优势一举击败了兵力数倍于己的马赫迪军队。然而，真正体现非对称优势的并非孰胜孰败的战果，而是双方在战争中所遭受的损失落差何等之大：英方仅仅损兵48人，而苏丹军队阵亡人数则高达13000。[37]

面对拥有非对称优势的对手，如果身处边缘的反帝国行为体以对称方式进行对抗，将注定会失败。只有避开大会战，不跟对手正面交锋，转向袭击敌人的补给线，攻打它们分散的小股部队，从而造就有利于己方的非对称作战情境，这样才能弥补一些技术和组织上的不足。随着帝国在技术上的改进，战略战术的创新，以及帝国控制手段的改变，同时也受到反帝国行为体政治动员能力的影响，帝国的过度延伸界线一次又一次发生推移。有人说，如今这种推移已经骤然减速，几乎停滞不前，或者已经与主权国家的边界合而为一。显然，这种观点是站不住脚的。诚然，帝国过度延伸的新界线或许不再体现在地理版图上，而更多体现在对资本流动进行控制、在信息竞争中胜出，以及在技术革命和战略创新中先人一步。总而言之，在技术革新和战略战术创新方面的竞争依然会如火如荼地继续下去。

/ 政治动员与军事非对称化：反帝国行为体的策略

/ 184

帝国出于生存需要一直竭力将其竞争对手，特别是潜在的反帝国力量排除在与军事有关的技术革新浪潮之外。[38] 帝国的领先地位越是建立在技术优势的基石之上，它们越是在保密和防扩散上处心积虑、大做文章。然而在欧洲的国家体系之中，这种排他式做法从未得逞。所有开创性的科学技术发展成果，几乎都在一夜之间传遍欧洲——至少在西欧和中欧地区向来都畅行无阻。[39] 或许正因如此，欧洲才没能孕育出一个长盛不衰的大帝国。或者恰恰相反，正是由于欧洲没有出现过这样一个大帝国，才从根本上杜绝了技术排他式行为。对于在对等性条件下彼此竞争的主权国家而言，"统治秘术"涵盖了从战争预算、同别国所立的秘密协议，到战时方针和危机对策等诸如此类的内容。[40] 而对于统领自己"世界"的庞大帝国来说，"统治秘术"则是优势技术的秘密，在任何时候帝国都必须对此守口如瓶。

守住秘密的一大法宝是给予安全保证：帝国承诺保护其盟友免受攻击，同时它阻止盟友们赶超帝国先进技术水平的努力。这些盟国友邦赶超帝国技术水平的潜力越强大，帝国就越主动为其提供安全保障。典型的例子，就是美国在冷战时期为西欧和日本撑起的"核保护伞"。通过让众盟友从帝国的领先优势中获得实惠，帝国换得了对其领先地位的维系。[41] 作为回报，其他国家（除法国外）也乐于将放弃发展核武器技术的承诺"卖"给帝国；它们则可以将省下来的资金投入其他领域的建设或者用于提高社会福利。人们把这种帝国政策称为"受邀帝国"的政策。如前文所述，它最早可上溯至古代雅典人的同盟政策。[42]

/ 185

如果较弱的竞争对手或者干脆是反帝国行为体通过大力发

展武器系统，一步步以"对称敌手"的身份来抗衡帝国，最终达
到化解帝国非对称军事优势的目的，这种局面将会令帝国头痛得
多。当然最棘手的是那些行为体发展核武器及其投送系统。以朝
鲜为例，如果它没有核武器，在国际政坛只是微不足道的小角
色，充其量也不过是一支区域性力量。而这种情形也适用于任何
一个穷国，如果没有关乎世界经济发展的矿藏，本身根本无法引
起世人关注。但核武器，或许可以说是那些战略资源的等价物，
拥有它可以弥补战略资源匮乏的先天不足。尤其值得关注的是，
核武器让一个弱小的弹丸之国在即使面对庞大帝国时也显得坚不
可摧，并且让它成为帝国的心腹大患，隐隐威胁着帝国的安全。
正因如此，很多国家不愿安守在帝国或地区霸权的保护伞之下，
它们对于建立自己的核武库孜孜以求、雄心勃勃。

　　面对这样的形势变化，没有哪个帝国可以无动于衷。因
为长此以往，帝国自身的威望和权力势必受损。于是帝国自
然积极应对，以图改变。以美国为例，在冷战结束以后，美
国一步一步——先是试探性地，然后愈发旗帜鲜明地——通
过订立各种条约，从防扩散政策过渡到更主动的反扩散政策
（Counterproliferation，也就是说在具备核潜力的国家研制出核
武器之前，对其实施军事打击）：一旦有谁拒不接受不扩散核武
器条约，暗地里或者公然违反条约规定，或以其他方式暴露出加
入核武俱乐部的端倪，都会立刻招来美国雷霆万钧般的打压。可
以说，没有任何领域能够如此清晰明白地反映出国际社会中国家
之间的不平等。这种不平等不仅仅体现在它们目前的大小和强弱
上，还体现于在将来变得平等的可能性上。防扩散和反扩散政策
其实都是积极"阻止平等"的表现方式。在这个时候，所谓不能
让核武器落入恐怖分子手中的说辞，常常被拿来当作一个借口，

以阻止别国拥有核武器。

从核威慑政策到防核扩散政策的转变，首先表现为核武库的转型：不足 1000 吨当量的小型战术核武器诞生了，包括强力钻地核弹——号称"掩体粉碎机"——成为实施反核扩散政策的典型武器。与此同时，旨在反扩散的"裁减军备战争"（Abrüstungskrieg）概念也渐渐大行其道。2002 年 9 月，布什主义登场，[43] 对存在已久的各种变化趋向做了总结并将之纳入美国政策的政治指导方针中。[44]

落实布什主义中的防扩散和反扩散政策，有一个根本的前提条件，那就是美国非对称的军事优势——不仅是核武器上的优势，同时也体现在常规军事领域。美国独霸外太空为其国防优势提供支柱，无须与敌人短兵相接，它就能帮助美军轻易接近作战目标。由此便可避开对手游击战的天罗地网，并且完全不给对手攻击补给线、据点及小股部队的机会。特别是高科技武器和特种部队的运用，让对手通过非对称化策略来化解美国非对称优势的努力几乎化为泡影。[45] 美国希望以最少的损失，在最短的时间内结束战斗。损失一大，战事一拖久，其国内民众对战事的热情就会急速降温，他们对军事行动的政治支持也会随之消失殆尽。这也正是那些在边缘发动戡乱而非掠夺战争的帝国的阿喀琉斯之踵，而且帝国政府越民主且民众后英雄主义的心态越重，那么帝国这一软肋便越容易遭受攻击。

弱国通过研制或购买核武器及远程导弹，以求获得与帝国军事相对平等的地位，这可以视作一种"重建对称"的努力。这项政策望到头，就是地球上所有国家都拥有了核武器，那么世界政治将重归相互对称的棋局。通过核武器扩散来重建对称，是以一种前所未有的极端方式建立国际政治关系。拥有了核武器，意味着国与国之间的差异，如人口、经济实力、常规军队及国土面积等，瞬间都变得无足轻重了。至此，在权力政治中唯一的差别就是每个国家的核武威力了。正如英国政治学家托马斯·霍布斯（Thomas Hobbes）所揭示的那样，处于自然状态的芸芸众生都是平等的，因为谁都可以杀死他人。即使弱小之人也可以巧用阴谋诡计，干掉最强大的个体。[46] 我们不难想象，按照这个思路，如果每个国家都用核武器武装自己，就会造就国际政治关系的一种极端平等状态。然而一旦出现这种平等状态，霍布斯所说的自然状态也会随之降临人间。我们将"永远生活在暴力死亡的恐惧中，人人自危"，"人类的生活……将是孤独、贫困、龌龊、野蛮和短暂的"。[47]

倘若只能让所有国家拥有核武器来重建世界权力政治的对称性关系，那么这种对称重建本身就没有什么政治吸引力可言了；更何况，即使拥有核武器，国家仍有可能遭遇覆亡的灭顶之灾。而且，核武器完全有可能会流入次国家行为体，甚至私人组织手里，后果难料。[48] 正因如此，美国旨在维持帝国非对称优势的核不扩散政策，以及它主动的反扩散政策，即使在那些对美国的帝国主宰地位本无好感的地方，也能赢得广泛支持。帝国以自身的权力政治利益为出发点的不扩散政策，反倒让它创造并收获了一种公共产品：避免核战争的相对安全。倘若没有帝国的支配性权力作为后盾，我们真未必敢奢望这样的安全感。

由于重建对称之路行不通，反帝国行为体只得另做他想。如果它们不满足于游行示威，即发动世界舆论来反抗帝国中心，还要以暴力相抗争的话，那么摆在它们面前的将是一条建立"系统性非对称"的路。[49] 因为无论是武器技术还是军事组织，它们都无力撼动帝国政权的根基，它们不得不尝试以持久的小规模战争方式来消磨帝国的斗志，并最终拖垮它。在 20 世纪下半叶，非对称化的最重要策略非游击战莫属。如今有迹象显示，它有被恐怖主义取代的可能。[50] 关于游击战和恐怖主义在政治战略上的差异，我们后文还会讨论。在这里，我们先来谈谈两者的共通之处。

无论是游击战争还是恐怖主义，都极力避免与前来进攻的强国的专业化战争机器正面交锋，它们躲在暗处，声东击西，神出鬼没地与对手周旋。通过持续不断的奇袭突击消磨敌人意志，破坏敌人的供给线。非对称化战略的目标是不断增加作为攻方的强国的资源损耗，尤其针对攻方在资源上最脆弱的点。增加对手的资源损耗，固然可以通过直接进攻并造成对手有形损失的方式达致，但也可以借助挑衅战略来实现：激怒对手，使之反应过度，从而将它拖入帝国过度延伸的泥淖。

游击战和恐怖主义作为反帝国战争的非对称方式，一般来说会极力否定帝国的和平承诺，驳斥和平承诺背后的安全保障。在中心、边缘以及在边缘之外，那个令帝国秩序极具吸引力的要素一旦被毁，那么从中长期来看，民众对整个帝国秩序的认可和接纳也可能随之消散不存。如果帝国无力兑现承诺，或者说兑现承诺的成本太高，甚至以牺牲公民自由权利为代价，那么民众便会收回对帝国秩序的支持和认可。甚至要不了多久，来自中心的支持都会发生动摇。换言之，非对称的暴力战略的根本"目的"在于激发民众寻求帝国秩序外的替代秩序，其战略"目标"则是在经济上、精神上消磨对手，拖垮帝国境内的民众。而实现这一目标的"手段"则是形形色色的暴力渗入，以扰乱帝国的政治、经济和社会秩序。[51]

弱小者通过非对称化战略建立起来的威力，主要由两大元素构成：一方面，它们想方设法让帝国显得外强中干，绝没有它所宣称的那般坚不可摧、战无不胜；另一方面，它们给帝国施压，诱使帝国继续扩大某些优势来增加它的负担，从而使帝国行动越来越难以为继，最终陷入过度延伸和过度承诺的泥潭而不能自拔。在这两个元素中，前者主要是象征性的，后者则基本是工具性的。但从实际结果上看，两者可谓殊途同归。借用约瑟夫·奈（Joseph Nye）的概念来说，结果都是导致帝国以"硬实力"取代"软实力"，统治成本因之不断攀升。非对称战略最终是要迫使帝国为了实现统治成本最小化，不得不再次从已经跨过的奥古斯都门槛上折回。[52] 这一目的一旦达成，反帝国一方相当于推了世界帝国一把，加速后者从权力之巅的坠落。而且这种坠落不再缓慢而漫长，而是一个不断加速的过程。然而反帝国行为体能否得偿所愿，不仅仅取决于它们自身的能力和手腕，同时还得看帝国如何应对。无论是对称冲突还是非对称冲突，都依循行动与对抗行动的模式进行，双方都有机会挫败对方的预谋，让它竹篮打水一场空。只不过非对称冲突的竞技场不同于对称冲突，遵循的是另一套竞赛规则。

冲突双方的非对称性尤其体现在它们使用暴力的正当性上。双方都极力将对手贬为邪恶的化身，帝国擅长的恶魔论前文已有讨论，[53] 而反帝国一方也不甘示弱，同样祭出它的恶魔论，而且几乎同出一辙。重点都是将对方妖魔化，同时将自我神圣化。在双方日益加深的敌意中，对称性和对等性明显缺位。

在反帝国行为体眼中，帝国在本质上就是压迫奴役和掠夺的手段与形式，而帝国自诩创造的诸如和平与安定等所谓公共产品，只不过是为了给帝国中心带去实惠，而边缘则遭受系统性冷落。这一点早在经典反帝意识形态——民族主义中已有论述，它将帝国秩序称为"各国民族的牢笼"。[54] 到了 20 世纪，在民族主义的熊熊烈火中几大帝国都轰然崩塌；然而民族主义自己也没能运用其青睐有加的民族国家政治秩序模式，创造出一个稳定的世界秩序来。就在帝国势力被民族主义赶跑的那些地区，民族主义自己后来也惨遭滑铁卢：在巴尔干半岛、近东和中东地区，在撒哈拉以南的非洲，莫不如此。而在这之前，民族主义曾因解放民族自决权的感召而释放出惊人的威力和无穷的能量。正是这种威力和能量击倒了沙俄、奥斯曼帝国及奥匈帝国，也摧垮了欧洲诸多殖民帝国。

大多数时候，民族主义反帝思潮都伴有社会主义帝国批判的影子。不过社会主义批判的矛头对准的主要不是民族压迫，而是帝国在各地的掠夺及剥削的民族等级制度。此外在那些被帝国推动了现代化的边缘，帝国颠覆了当地民众的传统生活方式，在那里游击队恰以民族传统捍卫者的身份应运而生。基于这种挽救传统和祖法的诉求，游击队获得了民众的强烈支持。[55] 所有这些对帝国秩序的批判合力剥去了帝国秩序的合法化外衣，鼓动帝国边缘的民众奋起反抗，最终脱离帝国，战胜帝国。由此而生的大小战争和起义都以民族解放战争之名获得了正义性，加上自由之概念又在现代社会获有崇高价值，所以起义者得以充分动员民众，获得他们的同情和支持。

站在帝国的角度看，在四海鼎沸的纷争中帝国秩序受到干扰和破坏，为了维护帝国四境之内所有良民的切身利益，有必要采取行动捍卫这一秩序。也就是说，帝国感到职责在肩，必须以无情的铁腕还击那些破坏帝国秩序的敌人。正因如此，帝国和平化的戡乱战争被认为是正义的，而这个"正义战争"的概念确实也正是紧随帝国秩序之成形而诞生。以罗马为例，在扎马战役（Zama）中罗马完胜了同它争夺西地中海霸权的最后一个劲敌——迦太基，在此役获胜之后，罗马人提出了"正义战争"的理念。自此以后战争牵涉的就是戡平或扫除帝国和平的破坏者了。

在观念史的层面上，正义战争这一概念的诞生可以追溯到巴内修斯（Panaitios）和波利比乌斯。这两位从异邦远道来到罗马的斯多葛派学者对这一概念产生了重要影响。而西塞罗则将他们的观点发扬光大，发展成正义战争的理论。[56]诚然，从现实政治角度看，这个理论的提出正呼应了罗马在地中海地区所取得的帝国地位。按照这一理论的说法，发动帝国战争并不是出于对称的法理依据，即两个人的决斗，而是一种打击罪犯的行动。可以说，法律依据上的非对称性为构建正义战争理念夯实了基石。这一理念，像一条红线贯穿于整个帝国战争史。在西班牙，它受到萨拉曼卡学派（Salamanca），尤其是托马索·康帕内拉的推崇；[57]在大英帝国，拥护帝国统治的知识分子成为它的新门徒；它在苏联的意识形态中，以及在美国的保守主义理念里，也都留下了飞鸿雪爪。[58]

因此在帝国战争及反帝国战争的非对称局面背后，对应的正是战争合法性上的非对称：在这些战争中，我们很容易看到一种将对手罪恶化的强烈倾向。敌与我绝非同类，当然也就否定了敌人作为战争方的正义性。结果就是，战争法的规定几乎成了一纸空文，对战争难有约束。造成这一局面的症结在于，在帝国战争及反帝国战争中，交战双方实力完全不在一个等级。战争目标有天壤之别，作战原则也判若云泥。发动游击战等于暗中打破国与国交战的"对等性规则系统"，游击队的威力也由此而来；在这一点上，恐怖分子更是有过之而无不及。如果他们恪守交战之正道，将毫无胜算可言。不过，同反帝国行为体交战正酣的帝国军队在遵守战争法这一点上，并没有好到哪里去。他们也并没有遵从法则的责任感，而且面对神出鬼没的对手持续不断的零敲碎打，常常恼羞成怒，以致反应过度。展开帝国战争及反帝国战争的史卷，我们看到一帧接一帧的大屠杀影像。如果这些大屠杀并非全然出于发动者的恐慌而是具有某种军事意义的话，那么这种军事意义就在于屠杀所造成的恐怖阴云，它让笼罩其中的民众再也不敢支持敌人了。

另外，帝国战争及反帝国战争的非对称性还体现在战争双方以不同方式、在不同程度上将民众卷入了战事。从中心的视角看，战争是边缘地带的骚乱，帝国的战争机器会很快出面平息，而不应惊扰到帝国众生的安宁生活。而反帝国行为体则不同，它们恰恰要唤醒战火即将烧及的地区之民众，充分动员群众服务于它们的战争目标。倘若宣传手段未能调动起民众，它们也会让老百姓看到帝国强权采取的种种压迫手段，以证明其所谓"帝国秩序不堪忍受"所言非虚。否则的话，反帝国战争在一开始就宣告失败了。反之，一旦帝国边缘的民众，哪怕只有一部分听信了它们的鼓动而认为反帝之战非打不可的话，那么一场冲突将一触即发；而且随着时间的推移，它将很快变成帝国身上一处不断化脓的伤口。

无论是游击战还是恐怖主义，都将矛头对准帝国相对短缺的资源。在反帝国战争史上，帝国紧缺的资源在不同时期各有不同。然而我们还是可以从中找到一条普遍规律，即一种普遍稀缺的资源是跟智慧和远见直接有关的政治专注力。因为帝国的中心对信息加工和判断的能力总是很快就捉襟见肘，尤其在帝国面对多个边缘地区同时发生反帝国叛乱的挑战时，这一宝贵资源更是急速消耗一空。

关于这种认知超负荷有一个很好的例子，那就是当年肯尼迪政府介入越南战争之动因。当时他们并未搞清楚真正的敌人是谁，应以何种方式参战，就贸然踏上了越南的战场。[59]对肯尼迪和约翰逊（Johnson）两位总统以及国防部部长麦克纳马拉来说，发生在越南的冲突是当时全球范围东西方冲突的一部分。然而这却是一个误判。事实上，恰恰在美国先派遣军事顾问，再继以空中打击，最后部署地面部队登陆等一系列愈演愈烈的行动之后，这一冲突才升级为东西方冲突的一部分。于是，到了这个时候苏联和中国虽不直接参战，却也不失时机地假借北越政府之力，暗中使劲，力图将美国拉入旷日持久又劳民伤财的消耗战中。对于越南大部分民众而言，冷战中的东西对抗并非他们关注的焦点。他们打的是一场民族解放战争，就像当年反抗法国殖民主义者那样，只不过这次的敌人换成了美国。正因如此，他们英勇无惧，即使付出惨重代价，也在所不惜。无论战事如何一步步升级，他们都绝不在政治上让步分寸。而美国人打的如意算盘是，只要让北越政府付出更为惨重的代价，就能逼迫北越政府放弃对越南南方民族解放阵线①的支持和援助。这样就等于切断了美国在南越的对手的生命线，胜之当易如反掌。然而事实却证明，这只是美国人的一厢情愿罢了。

对美国而言，尤其在国防部部长麦克纳马拉看来，越战属于"工具型战争"（instrumenteller Krieg），目的在于达成一个既定的政治目标，即维持"北越属东方阵营，南越归西方阵

---

① 即"越共"。

营"的现状。相反，对越南人而言，这是一场"生存性战争"（existenzieller Krieg），关乎民族生死存亡。[60] 美国政府在给战争定性的时候，正是没能充分认识到这一点。帝国精英的所谓认知超负荷，主要就是说他们在面对泱泱帝国所卷入的形形色色边缘及边界冲突时，习惯了用一成不变的模式来思考、分析和判断。20 世纪 70 年代末，苏联领导人也犯了类似的错误。不过有所不同的是，对于资源更为雄厚的美国来说，越战只能算一次严重失利。而阿富汗事件则直接为苏联帝国敲响了丧钟。[61] 无论是越南还是阿富汗，作为弱小者它们都从强者的误判和失算中汲取了力量。

美国和苏联分别在越南、阿富汗所得到的教训，在本质上其实不过是欧洲殖民列强 20 世纪 40 年代晚期至 60 年代早期所遭遇之滑铁卢的翻版。这些教训总结下来就是一句话：对于现代帝国来说，当一个体量较大的地区充分动员了它的民众使之群起反抗帝国中心政权之时，帝国若还要将其控制于股掌之间，则比登天还难。而这样的反抗往往也奏响了帝国在这一地区统治的尾声。[62]

从中我们也可以看到，20 世纪反帝国行为体的成功要素迥异于更早的历史时期。在 20 世纪之前的时代，面对边缘人民的揭竿而起帝国列强报以铁的手腕，血腥镇压，继而建立专制政权，将所有叛乱皆扼杀于萌芽中。直到 20 世纪初，英国人还有孔武之力，将南非布尔人的抗争镇压下去，从而一举恢复其帝国统治的稳定。在布尔战争中，英国为了彻底消灭游击队的活动基础，釜底抽薪，不惜将布尔平民，主要是妇女、儿童和老人统统赶进"南非集中营"（concentration camps）里。在这些集中营里，卫生条件极其恶劣，很多人在此悲惨死去。[63] 但随着全球媒体网络连成一体，尤其在六七十年代出现视听新媒体以后，英国人还像从前那样长期执行这类政策，那将是无法想象的：痛苦和死亡，一旦这些影像进入人们的视野，恐将激起帝国中心民众潮水般的声讨。在国际舆论的强大压力之下，相信无须多久帝国就不得不打开集中营的大门放人。因此可以说，如果布尔战争发生在 20 世纪下半叶，英国人不大可能会打赢。

布尔战争的例子之所以发人深省，还有一个原因：战争中布尔人巧妙运用了各种作战手段，半个世纪之后这些手段几乎成为打赢反帝国战争的法宝。诚然，反帝国战争的胜或败并非完全取决于军事战略战术上是否有出其不意的创新手段。在 20 世纪，弱势一方已完全指望媒体来增加这种敌我力量悬殊之战的胜算，但在 20 世纪之前呢？我们不要忘了，就连美国移民也主要是借助了游击战才击败英国，从而赢得独立的。

对此当然会有人反驳，他们会认为倘若没有法国人施以援手，在战争的决胜阶段控制了东岸附近海域的制海权，从而在约克镇逼降英军，美国人能否打赢独立战争还是未知数。[64] 相形之下，当初布尔人就没有那么幸运。他们没有从其他强国（比如德意志帝国）那里获得那么有力的援助，这也大大限制了他们在军事和政治上的持久战斗力。更为致命的，恐怕是布尔人仅拥兵三万，且在战争期间始终无法在国内赢得广泛政治支持。为此，他们不得不倚重黑人民众的力量，而后者对布尔人的压迫之恨竟尤甚英国人。而布尔人在战争中吃败仗，还有一点是因为他们虽然在技术层面采取了游击战战略，却没能启动游击战的"政治升级机制"。这一机制一旦运转得力，会让帝国政权随着战争的深入从戡乱力量慢慢蜕变为一种镇压势力。这就必将帮助游击队不断收获来自国内的更多支持和同情。

令人诧异的是，在关于游击战的文献中 [65] 对于这种政治升级机制鲜有论及：在反游击战中，帝国愈来愈背离战区的民心，一步步变成占领国。在此过程中，帝国恰恰自我否定了其作为和平力量和繁荣保障的形象。这正是法国在阿尔及利亚战争中所经历的噩梦。

在 18 到 19 世纪之交的美国和西班牙大地上，游击战在小规模战争的实践中慢慢发展出其独有特色。[66] 实战证明，它是有效的反帝国作战形式。而所谓独有特色，就是它将军事和政治手段联系了起来，让帝国反抗者在游击战中明显获利，相反，帝国秩序的劣势则暴露无遗。从帝国认定其机构和人员遭到了暴力袭击而决定以武力平息暴乱的那一刻起，它与游击队之间的正义性便开始了此消彼长的变化。我们可以把这种消长现象看作帝国和反帝国力量"非对称正当性"的肇始。在观念史上，这种非对称性随着 18 世纪自由理念的深入人心而应运而生，并在历史的发展进程中不断深化。游击战让这种蛰伏已久的非对称性重见天日。也正是这一非对称性，在 20 世纪成为反帝国抗争的制胜法宝。

帝国一旦诉诸武力，便正好应验了反帝国抗争宣传机器此前所宣扬的内容：帝国控制一个地区，就是为了奴役其民众，掠夺其资源。所谓留在帝国卵翼之下便可获得种种好处，纯粹只是空中楼阁，遥不可及。或者说，这些好处只有那些与帝国交好的一小撮剥削阶层方可染指。而在反帝国宣传中，反帝力量承诺在赢得独立以后，连最普通的劳苦大众也将过上更好的生活。随着游击战遍地开花，在大部分国土上蔓延开来，帝国对游击队的每一次攻击都相当于应验了上述预言。当民众中沉默的大多数也开始转变态度，从最初不支持帝国的中立立场倒向支持反帝国力量的

/ 198

阵营，于是游击队因为受到攻击，反倒为自己赢得了民众越来越多的支持，汲取了越来越深厚的力量。

对此，当年的传统陆地帝国报以暴力的升级。手段之厉，可远远超出英国在南非之所为，以至剿灭一个地区的全部黎民，或为驱散整个族群，迫令其背井离乡、远迁他处。[67] 在弱小者眼里，《圣经》里所谓"驱散子民"的概念为帝国的这项政策提供了注脚。一个典型的例子，就是当年亚述人和新巴比伦人对犹太抗争者发动的大规模"种族清洗"运动。[68] 蒙古人也曾步其后尘，推行了类似的政策。而"新世界"的征服者屠刀挥向印第安原住民，造成后者人口剧减。在 19 到 20 世纪，俄国人更以惨无人道的血腥手段奴役高加索人。奥斯曼帝国也不例外，面对民众的叛乱和反抗，统治者一次次诉诸民族迁徙和民族驱逐的伎俩。在一战期间，奥斯曼人对亚美尼亚族故技重演，随后演变为一场种族大屠杀。这血腥的一幕被当时的国际媒体传向了世界各地，对土耳其及其盟友的政治地位造成了巨大冲击。[69] 然而，在古罗马当维斯帕先（Vespasian）和提图斯（Titus）的父子兵镇压了公元66 年到 72 年的犹太人大起义时，可就没有那样的控制机制（媒体）来约束他们了。起义被镇压下去，犹太人在巴勒斯坦的政治社群也随之被连根拔起。[70] 一直到 1948 年以色列建国，当年罗马帝国加在犹太人头上的这一举措才总算走到尽头。

此外，现代帝国在边缘发动小规模战争时，也会极力避免战争升级，即投入所有精良武器孤注一掷。因为那么做，显然不合比例原则，有大炮打小鸟之嫌。因此，美国一些政客和将领曾希望通过核攻击来迅速结束美国势力范围边缘的战争，他们在国内是不得人心的。这一点就曾经发生在一度广受爱戴的麦克阿瑟将军身上。在朝鲜战争期间，他就曾力主美国政府对中国实施核攻击。同样，后来在越战期间，共和党总统候选人巴里·戈德华特（Barry Goldwater，1964）、美国独立党（AIP）总统候选人乔治·华莱士（George Wallace）及其副总统候选人柯蒂斯·李梅（Curtis LeMay，1968）都曾呼吁对北越动用核武器，一招制胜。[71]而真正阻止帝国在其边缘动用核武器的，不光是大家对地区冲突升级为超级大国间核战争的忧惧，还有另一种深入人心的理念：一旦动用核武器，将意味着美国人肩负的所有政治理想和道义，都付诸东流，彻底破产。从这个角度，我们可以说在边缘镇压叛乱，兴兵发难之际，民主帝国的自我约束恰恰让对手及反帝国行为体的胜算大增。

当然，一般以海洋和贸易为中心的民主制帝国在调整统治方式、转变控制手段方面有着昔日传统陆地帝国无可比拟的灵活性。民主帝国从冲突地区行政长官的角色退出，听任那里的民众走上政治独立之路。但不用多久它又卷土重来，而新的身份是商/ 200品流、服务流、信息流和资本流的操控者。这时候这些地区对帝国会产生一种柔性依附关系，无论是揭竿而起还是打游击战都无法消除这种依附，而反帝国斗争的那些传统利器在这时也就全无用武之地了。因为如今——如某些人所言——作为镇压力量的帝国已成历史云烟，或者是因为——如另一些人所宣称——帝国镇压和剥削的方式变得更精巧隐蔽、更有弹性了。在帝国势力范围的边缘上所发生的争斗中，一个关键的问题就是，帝国的转变是真的从压迫和剥削者的角色到保和平促繁荣力量的脱胎换骨；还是说，它的改头换面仅仅是让其压迫和剥削的利爪深藏不露，可到头来终究还是本性未改、不离其宗。

自人类从农业社会过渡到工业社会之后，可以说无论结果是胜是败，战争往往都得不偿失。一个被战争蹂躏了的社会要恢复到战前的经济水平，可能要花上数年甚至几十年的时间。这一规律也同样适用于游击战争。只不过，由于反帝国游击战所发生的地区当时几乎都处于农业经济和社会制度之下，因此战争的中长期代价还不会立刻显现。另外，在那些地方当时还没出现工艺复杂、造价昂贵的工业设备；而且，所幸在当年去殖民化战争中，在街道和田野大面积布雷的做法尚属罕见。这种作战方式，直到 20 世纪 80 年代及 90 年代才在一些国家的内战中被军阀及其他战争方广泛运用。

旷日持久的游击战所带来的负面效应，主要表现在社会层面，其次才是经济层面。战争击碎了既有的社会秩序，销蚀了传统的权威，给至少一代人的成长刻上了深深烙印。以反殖民理论闻名的思想家弗朗茨·法农（Frantz Fanon）认为，战争和暴力的环境造就自信与自由之人，他们能战胜殖民压迫所带来的屈辱感。但事与愿违的是，这种暴力环境给人留下的心灵创伤会成为重建新社会的阻力，而非动力。[72] 那些走出了战争阴影的人，往往都期待为他们所遭受的苦难获得补偿。他们很难让自己面对那横在前方的重建社会之重任，更意识不到开战原本的目的能否达成恰恰取决于他们的重建工作。至于在游击战中打下江山的老兵，始终是重建新社会和安邦固本过程中最大的负累。通常情况下，他们都要求国家资养他们的余生，也往往期待享有比其他社会成员更好的物质待遇。这一切势必导致管理混乱和腐败的滋生。

在 20 世纪下半叶，通过游击战赢得独立的众多国家中，几乎没有一个在世纪之末达成或接近它们在独立之初所设定的目标。所以以为一场旷日持久的战争能改善帝国边缘的经济状况的观点显然是站不住脚的。我们有充分的理由予以反驳。虽然说游击战中民众一不怕死二不怕苦的强大精神力量或许在一定程度上弥补了其技术和军事组织上的不足,增加了对手,即帝国强权的统治成本,最终迫使其知难而退;然而接踵而至的往往是战争对本国社会深入骨髓的自我戕害。程度之烈,以至于在战争结束几十年后,解放地区的政治稳定和经济繁荣依然遥不可及。

诚然,上述总结难免有种事后诸葛亮的味道。处在那个时代的反帝国行为体没法跳出"此山"之围,识得"庐山真面"。恰恰相反,受他们所崇奉的革命理论之影响,他们坚信自己所领导的民族抗争、游击战以及战争中的全民政治动员,都将直接推动社会现代化和经济崛起。但这只是他们自己的一厢情愿。[73]

由此说来,对于 20 世纪末的反帝国行为体而言,它们其实有很好的理由远离游击战争。特别是当他们打响解放战争的初衷主要是最终改善冲突地区民众的经济状况,是以提高民众生活水平、增加社会财富为己任的话,那么对游击战更应弃之如敝屣。只要它们还想投身世界经济发展的洪流,从中分一杯羹,它们就必须再次直面那些仍然掌控世界经济命脉的老牌帝国,同后者达成某种妥协而不是把那些强国对经济和社会秩序的巨大影响力挡在门外。而如果它们希望从国际货币基金组织以及世界银行那里获得贷款的话,这种妥协与和解就更显得尤为重要了。[74]

由此可见,游击战这种反帝国斗争形式充满着矛盾。认识到这一点,就不难理解一度作为民族解放斗争指导思想的马克思主义何以面临困境了。毕竟社会经济学思想更注重同帝国中心合作而非反抗帝国主义的剥削,所以本身即以社会经济课题为着眼点的马克思主义的一些具体论断已经不再适合为那种反帝国战斗指引方向了。事实上，早在苏联解体之前的很多年，族群民族主义和宗教性文化性的意识形态就已在反帝国斗争中占据主导地位。这两种意识形态的优点在于它们不以社会经济指数来衡量反帝国斗争的成败，对它们来说关键在于民族文化和宗教的认同感保持不失。对于这种以身份认同为指向的反帝主义，我们无法通过成本效益分析来解释。在马克思主义之后，身份认同反帝主义很快流行。在这一思潮影响之下，战争和暴力逐渐丧失其工具性意义，反倒获得某种生存性意义。也就是说，如今战争和暴力不再仅仅是达致某个特定目标或目的的手段而已，也成为实现自我价值和自我肯定的技术。谁没有这项本领，按它们的思路就注定衰落，至少会丧失掉自己的文化认同。于是，这种反帝国抗争的结果反而不是最重要的，重要的是为抗争而抗争。这种转变最为激烈的形式便是新型国际恐怖主义，尤其是自杀式恐怖袭击。

在富足世界的边缘，社会经济的变化带来了机遇，也潜伏着风险。在这样的情势下，文明、文化认同在其中究竟扮演何种角色，回答这个问题，对于认清未来世界的战争形态以及了解威胁帝国中心的恐怖主义将以何种形式出现，都非常关键。简而言之，如果上述这些国家的精英层把经济增长和物质富裕作为奋斗目标，那么它们与帝国中心之间达成妥协或者实现利益平衡尚有可能。反之，如果它们一门心思维护身份认同，竭力使之免受来自帝国中心生活方式的侵蚀和冲击，那么达成妥协、实现利益平衡的希望则极为渺茫。其实，随着经济、信息和媒体的全球化，西方的生活方式早已摆脱了一国一地的樊篱，必然跨越国界，无远弗届。这种生活方式的传播并不直接受政治的左右，它的动力源自经济领域和公民社会。前者表现在，通过西方商品打开新市场，于是西方生活方式随之而来。后者则表现为，引入大众教育的项目以及平权运动。除此以外，在帝国秩序的边缘地区，总有那么一些举足轻重的集团和群体强烈推崇帝国中心的价值观和生活方式，并且希望将它们移植到本土上来。因此在帝国边缘的社会领域里展开的内斗才是反帝国行为体真正抗争的先声，选择怎样的价值观成为这场内斗的焦点。

在从前常规的内战中，抢夺政治权力的斗争和社会价值之争往往交织在一起，难分难解。但如今我们不妨将帝国边缘地区的各种内战大致分为两类：一类是单纯为争夺特定地区军事控制权的军阀之战。因为那个地区有令他们垂涎的珍贵矿藏或原材料。[75] 至于那里的民众价值取向如何，宗教和文化倾向怎样，根本不是这些军阀们关心的话题。他们推行暴政，鱼肉百姓，但对教化民众兴致索然。另一类内战则截然不同。掌控矿产资源以及夺取政治权力退居次要地位，民众的文化认同反而升至首位：包括在生活中恪守先辈之遗习，将宗教价值视为无条件承担之义务，抵制西方享乐主义的蛊惑，等等。

对于第一种内战类型，帝国中心无论在政治上还是在军事上大可采取隔岸观火之姿，置身事外。等到内战获胜方试图将他们通过战争夺来的矿产资源资本化，那么他们就会自动加入帝国的经济循环中。于是富足世界孜孜以求且赖以生存的原材料也会源源不断不请自来——无论哪一方赢了内战、掌了权。倘若帝国中心介入这种内战，一般也不是为政治或经济利益所驱使，而通常是因为某个军阀的残忍暴行完全超出了大众可以容忍的界限，于是非政府组织和媒体联合起来，吁请人道主义干预，以结束暴行。然而在大多数时候，这种干预总是姗姗来迟。特别是在速战速决的希望十分渺茫的情况下，更是如此。

至于第二种内战类型，冲突的焦点关乎规范和价值，同样帝国中心也无心介入。所不同的是，从内战冲突双方的角度看，帝国中心其实从一开始就已涉身其中。因为在反抗当地统治政权的起义者眼里，正是帝国中心的支持维系了统治政权的存续和稳定，于是这些抗争者也就自然成了反帝国行为体。他们奋起反抗和坚决抵制的，主要是从帝国中心向边缘扩散的"软实力"。约瑟夫·奈曾经建议美国，若要维系权力，应多借助"软实力"，而非"硬实力"。[76] 在上述这种情形中，恐怕他的建议也起不了作用了。事实上，相比硬实力，软实力对一个社会的生活方式之影响，的确要大得多：硬实力只触及权力关系，而软实力改变的却是认同感。原教旨主义无论其形式如何多变，在本质上对抗的都是来自帝国中心的软实力。这种对抗并非一定要诉诸暴力，但帝国软实力所展现的强大渗透性，不断诱使反抗者将对抗升级为暴力行为。

一些原教旨主义组织为了捍卫其内在价值和社会取向，不惜挑起冲突。[77] 他们一旦认定帝国中心就是侵蚀他们倍加珍视的价值体系间接或直接的罪魁祸首，并确信武装斗争才是遏制道德沦丧、礼崩乐坏的不二之选，那么这时候他们便会成为反帝国行为体。这种以宗教和文化认同为指向的反帝国主义，最早可以追溯到公元 2 世纪。当时，巴勒斯坦马加比家族（Makkabäer）揭竿而起，反抗塞琉古王朝（Seleukiden）的暴政，这可视作这种反帝国主义的先声。[78] 在希腊文明四处渗透、传播的过程中，它最先为流散异邦的犹太人所接受，随后不久也为耶路撒冷和犹太地区（Judäa）① 的上流阶层所吸纳，使他们成为希腊化派。然而在

/ 206

———————

① 又译作朱迪亚或犹利亚地区。

那些遵祖制守祖道的犹太群体眼中，希腊化威胁到了他们的文化认同，特别是对于他们严格尊奉的一神论来说，更是无法忍受，于是他们选择反抗。[79] 塞琉古国王安条克四世（Antiochus IV.）以严厉的手段镇压起义，这激起更多犹太人投入抗争的洪流。而且此后不久，犹太人的斗争转入了游击战。在荒芜的山区里，塞琉古王朝的军队只得散成诸多小股部队，分开作战。这正中犹太人游击队的下怀：战事一拖久，他们便尽占优势。还有一点对起义军也颇为有利，当时的塞琉古已国运式微，还面临腹背受敌之险境：在东面，它遭到安息国（帕提亚）的威胁，在西边，则与扩张中的罗马直接冲撞。而在自己王国的中心，权力斗争此起彼伏；统治层只顾眼前利益，决策时缺乏高瞻远瞩的眼光。在这样的条件下，犹太抗争者负隅顽抗，在政治和军事上终于守住阵脚，最后赢得了政治和宗教自治权。

在犹太起义军当中，大家各怀不同的动机，或出于权力政治目的，或为宗教认同。但不管怎样，在起义之初，当弱小的犹太人游击队对抗强大的塞琉古王朝的军队，如蚍蜉撼树，胜算微乎其微。支撑众人奋不顾身、举起义旗的，毫无疑问主要是宗教认同。然而起义军后来走向分裂，散成两派：一边是温和派，只要塞琉古恢复耶路撒冷犹太教会自治权，不再插手大祭司的人选问题，即得偿所愿。另一边是激进派，他们的野心在于改天换地，为建成"神的国"铺平道路。最终他们在巴勒斯坦建成了一个大致独立的犹太人王国——哈斯蒙尼王朝（Hasmonäer）。这个王国的建立，还得益于塞琉古国内长达数十年之久的王位之争，它与罗马在近东地区的冲突也让其国力大折。这一切都让犹太人坐收渔人之利。当然，当时向东入侵的罗马人尚没有能力对整个塞琉古地区实行直接的政治控制。于是在这片"后帝国空间"里，哈斯蒙尼王朝竟见缝插针地存活了百年之久。

事实上，犹太人正是凭借奋不顾身、舍生取义的决心和意志，缔造了哈斯蒙尼王朝。诚然，当时有利的客观政治环境帮了他们大忙，但那并不能解释他们何以产生如此强大的精神力量。显然，在此过程中，植根于族群内部的宗教认同之推动力发挥了远胜于政治的作用。而对于那些一心只为捍卫宗教认同而挺身反抗的犹太人来说，50 年斗争最终所修成的正果已经超出了他们的预期。战争始于捍卫传统，然后很快走向极端化，最终演变为原教旨主义式的斗争。他们之所以明知胜算无几，却偏不肯草草放弃，也跟当时流传的"末世预言"不无关联。在《圣经》的"但以理书"里载有四大帝国及其末日来临的预言，这个传说恰恰诞生在马加比人起义的时代①。[80]尤其值得一提的是《马加比一书、二书》（das 1. und 2. Makkabäerbuch）。一书以史学家的细节还原了整个起义的经过，二书则对事件来龙去脉做了总结和梳理。两书都浸透了一种宗教和文化上的"反帝国主义"思想，批驳了在王朝四境之内对礼和法的一统化做法。希腊化世界主义在他们眼里无异于世界专制主义，应当群起而攻之。

马加比两书对起义事件的叙述，突出了其中的宗教认同问题，而不去深究冲突中的政治因素。塞琉古在文化领域的渗透和控制，让犹太人的逆反情绪日益高涨。最后，它在耶路撒冷兴建希腊式大竞技场，彻底点燃了犹太人的怒火，成为压倒骆驼的最后一根稻草。在那与神庙仅仅一墙之隔的竞技场里，竞技者赤身裸体，这一景象深深刺痛、激怒了虔诚的犹太人。尤有甚者，希腊式竞技场里供奉着大力神赫拉克勒斯（Herakles）之像，相当

---

① 在这里，作者认同"但以理书"写于公元前 2 世纪塞琉古帝国时代的观点，更多人认为此书成于公元前 6 世纪。

于在犹太人的圣城强行输入偶像崇拜，这更是犹太人无法忍受的。马加比一书浓墨重彩地记载了耶路撒冷和犹太地区异教（非一神教）偶像崇拜，马加比二书则突出了在希腊化的影响下，犹太人的日常生活走向了世俗化。很显然，在犹太人的起义中，贯穿始终的绝不仅仅是对塞琉古无理要求的驳斥，而且还一直伴随着犹太人内部的矛盾冲突。[81] 犹太上流阶层与塞琉古王朝政权的串通一气，让马加比起义兼具了内战和反帝国斗争的双重意义。

跟完全受经济利益所驱使的资源战争一样，上述这种为捍卫宗教文化认同而揭竿而起的反帝国抗争，总会引发帝国在其边缘地区的军事干预。在起义那一方，政治因素与宗教及文化认同方面的动机交织在一起，大家各怀心思，目标不一。但这却没有如马克思主义传统理论所预测的那样，导致起义者整体力量的内部消耗和削弱。相反，各方集团仍然可以维系在一起，并未在有关何去何从的政治方向争论中分道扬镳，走向决裂。犹太人反抗塞琉古统治的大起义以及马加比两书中对起义事件的记载和阐述，都对我们分析当今世界政局深具历史借鉴意义，这是因为在其中权力政治因素和宗教认同动机已彼此交融。而且两书有关起义事件的叙述，始终都包含着一个判定，即上述两个因素中哪一个起到了更为重要的作用。

不过我们在马加比人起义的实例中，观察到的首要一点是塞琉古王朝同时施展了硬实力和软实力的两手。毫无疑问，塞琉古的军事权力和凭借军事之力对耶路撒冷和犹太地区实现占领是起义爆发的重要动机。但更为关键的——至少依马加比二书看来——是希腊化文化的吸引力。正是文化软实力让巴勒斯坦的犹太社群深感他们的宗教认同受到了威胁，于是便拿起了武器奋起反抗。矛头所指的，正是希腊文化的载体及其宣传鼓动家们。另外宗教传统要求无条件认同，而世俗化或启蒙倾向则削弱了它的凝聚力。随着这一矛盾的日益深化，传统主义者变成了原教旨主义者。这些人是在起义之火愈燃愈烈的过程中，才慢慢转变其思想的，有人称之为极端化趋向，实际上恐有过之而无不及。其实当这些人拿起武器抗争的时候，就已经告别了他们传统主义者的身份，成了原教旨主义的真正信徒。他们矢志以求的是恢复犹太人社群，寻回失落的传统价值。为此他们不惜诉诸武力，流血相争。对他们来说这场斗争是一次道德的净化运动，要将那帮叛教变节者从社群中剔除出去。这种道德净化的说法，几乎是所有内战共有的古老主题。不过只有反抗帝国中心，直捣腐化堕落的老巢，才能实现这种道德净化的目标。

　　除了上述这些内容，马加比人起义同20世纪90年代以来愈演愈烈的伊斯兰恐怖主义之间当然也就没有多少可比性了。无论是逼迫塞琉古占领军撤出耶路撒冷，还是起义军将所有希腊文化支持者赶出犹太地区，包括后来建立哈斯蒙尼王朝，这一切都促使时局走向稳定化，最终那席卷整个近东地区的希腊化进程没有波及耶路撒冷和犹太地区。这些解决方式在今天看来是不可想象的。当今世界，人员和信息的交流如此之深，没有一种文化可以完全孑然一身、独立于世。而文化的全球化进程无形中也提升了帝国中心的软实力，它吸引着越来越多的人才流入帝国的中心。反过来，这又增强了帝国的软实力。这种软实力的表现涉及从学术实力到流行文化塑造力的广阔领域。反帝国行为体把软实力的传播说成帝国有意识地对其文化的同化，这当然是无稽之谈；但恰恰借助这样的诋毁，反帝国行为体在民众中赢得支持，汲取了力量。顺着反帝国行为体的这一思路，我们就不难理解今天的反帝国斗争已经不像早些年那样，是发生在帝国边缘的一场领土解放之争，它的战场如今已经直接搬到了帝国的中心，而斗争的方式就是恐怖主义。

恐怖主义和游击战都以暴力为手段，但后者以"肉体消灭"为目的，而前者则以"心理震慑"为指向。不过，这并非两者的唯一区别。它们的差异还在于，游击战在本质上是"防御性的"，[82] 而恐怖分子则会随时随地主动出击。此外，游击队离不开当地民众的支持和掩护，国际恐怖主义则不需要也不具备这一条件。恐怖分子依靠支持者的资助，充分利用目标国当地的基础设施之便——包括媒体、都市公共交通系统、民航网络、互联网以及现代都市的匿名性特点等（最后一点尤为重要）。这些基础设施满足了策划实施恐怖袭击的一切所需条件：无论是选择和布置恐怖袭击指挥中心，还是后勤补给，让飞机变身武器，将炸弹伪装成手机等，皆能一一实现。发生在纽约和马德里的恐怖袭击都充分佐证了这一点。

但是新型恐怖主义的战略目标究竟何在？先来看传统的恐怖主义，比如 19 世纪末发生在俄国的恐怖袭击。它打击的对象是沙俄专制政府的领导高层及某些军队要人，恐怖分子们希望通过这种手段，威吓军政精英，同时赢得民众的同情，最终激起群众起义的巨浪狂澜，一举推翻统治政权。也就是说，传统恐怖主义袭击是星星之火，它真正需要引爆的，应是人民大起义。这种手段更适合民族革命运动，在社会革命运动中则成效甚微。相比之下，现代跨国恐怖主义立足于截然不同的战略思想。它们袭击的目标是平民，每个人都可能成为牺牲品，仅仅因为这一点，它就无法博取众人的同情。这种恐怖袭击无异于毁灭性战争的现代翻版，恐怖分子试图通过对对手地盘的肆意破坏来达到目的。在本质上，恐怖分子运用了与当年游牧骑民相似的战略，后者以奇袭之术突入帝国安宁之地，一番烧杀掳掠，留下一片焦土。帝国军队还来不及反应，他们便已逃之夭夭，消失无踪。

在传统的毁灭性战争中，兵贵神"速"，而在恐怖主义袭击中，关键在于行动的隐蔽性。这一点首先得益于大都市的匿名性；其次，利用外来人口大量流动的特点得以潜伏其中；最后是高度的机动灵活性。袭击者无须自己动手，现成的交通系统统统任其利用。他们的醉翁之意，不在于蹂躏村庄，破坏城市以至毁灭整个一片地区等"有形"打击。他们把攻击的目标锁定在后英雄主义时代人们那脆弱的心理防线，通过恐怖袭击让人们陷入恐慌和焦虑，打乱他们平静如水的生活，造成经济和金融领域的一片混乱，由此造成巨大损失。这一战略之所以奏效，与其说是归功于攻击者之强大，毋宁说是受攻击者极其脆弱的心理帮了大忙。另外，恐怖打击还有另一个效果，即当帝国政权忍无可忍，决计侵入恐怖分子藏身的老巢，它便会立即陷入传统游击战的天罗地网。于是，帝国的非对称优势几乎无用武之地，而反帝国行为体的非对称化的作战创造性则大显神通。一言以蔽之，当恐怖袭击让帝国变得强者不强，那原本的弱者便可摇身一变，成为强者了。

整个20世纪的历史发展，伴随着边缘地区明显的权力增长，这是由于帝国在面对边缘暴动时已愈显疲态，无法全力镇压了。在这样的情势下，鼓吹帝国时代已经终结的论调听上去不无道理。然而事实很快证明，下此结论为时过早。其实帝国时代尚未结束，只是改头换面的帝国秩序又有了新的形式。从前的传统帝国在地面上控制领地，弱点外露、易遭攻击。新帝国抛弃了这种控制方式，控制范围转向更广的领空及外太空。如此一来，帝国既可以选择性干预，也可局部性干预。帝国在政治空间方面所失去的，它又借助科技的发展获得了补偿。与之针锋相对的，是反帝国行为体一方也变换了其对抗的方式，新的跨国恐怖主义代替了从前的传统游击战。传统对称条件下的军备竞赛，慢慢演变为技术革新上的较量以及战略创新上的比拼。因此，今天帝国面临的最大危险不再是来自领土上的威胁，而是其财政上的重负。

第六章

帝国在后帝国时代的意外回归

在短短的十年之内，世界舆情经历了大起大落的变化。在20世纪80年代之初，很多美国人并不看好自己国家的前景，认为它将持续衰落下去。取而代之的即使不是苏联，也很有可能是日本和西欧。到了90年代，一种全新的"胜利主义"（triumphalism）论调又占据舆情的上风，鼓吹美国作为全球最强大的国家遥遥领先于其他列国，美国世纪还远未终结。显然，这种世界舆情一百八十度大转弯的现象与观察家关注焦点的转移大有关联：观察家认为自己觉察到了民众心态的根本变化，实际上只是因为他稍微转了一下脑袋，于是耳朵里便钻进来一些别的讨论声音，眼睛也注意到了别的一群人而已。其实考察对象并没有多少改变，改变的仅仅是观察者的视野而已。

在冷战时代的后期，不少西欧国家的人误以为美国已经走向衰落，这主要是因为他们听到了来自大西洋彼岸美国本土唱衰美国的声音。那些声音里满是对美国前景的忧虑，他们关注的重点在于：工业产量下降，犯罪率居高不下，贫富差距不断扩大，医疗、教育行业痼疾未除，国债继续攀升，居民储蓄率低迷，以及贸易赤字持续高涨，等等。但是等到苏联解体，接着美国又打赢1991年的海湾战争，展示了其强大的实力，欧洲人对美国的认识一下子发生急转。他们又反过来认定美国已经获取史无前例的霸主地位，成为全球主宰。从这时候开始，人们主要留意的是这样一种声音：美国四处扮演世界警察的角色，这不再仅仅意味着教训"流氓国家"，防止其为非作歹，而且它还要致力推进令美国经济大受其惠的新自由主义全球化进程。

外部对美国认知的变化，或许也加速和强化了大众舆情的转向。事实上，20世纪80年代的各种警告和忧虑之音，今天仍有所闻，更何况当年的问题还未曾消失。但是人们之所以产生了一种美国自我认知和自我意识发生改变的印象，并不仅仅是因为受了西欧人观点改变的影响，还基于一系列的现实：苏联解体后，美国成了硕果仅存的超级大国。在 90 年代它的经济取得快速发展，不仅经受住了来自西欧和日本（在 90 年代经济出现衰退迹象）在经济领域的有力挑战，而且再一次在竞争中取得优势，一马当先。还有一点，1991 年海湾战争的胜利让美国摆脱了越战失败挥之难去的阴影，这一切都打消了人们关于美国"已经跨过权力扩张巅峰"的猜疑；面对新世纪的挑战，美国人踌躇满志、成竹在胸。之前那被视为"衰退"的种种征兆，到这个时候在人们眼中也就是一个个"难题"罢了。虽然棘手，但都并非无解。而且关键是，如果连美国都解决不了，又有谁可以应付呢？玛德琳·奥尔布赖特（Madeleine Albright）挂在嘴边的那句话——"美国是一个不可或缺的国家"——恰恰宣示了美国人新的自信。

　　长期以来，人们很可能都没有充分认识到，1991 年的海湾战争对美国舆情的急转所起到的关键性作用。一个重要原因在于，当时老布什总统在战争获胜后连任失败，政权移交到当时还声名不显的比尔·克林顿手中了。但是事实上，海湾战争对于美国重拾信心确实具有无法估量的意义。对一代美国人而言，越南是心中挥之不去的创伤。这一创伤不仅仅来自对北越和越共的军事失利所带来的痛苦记忆，也不光是 1975 年 4 月 29 日仓皇逃离位于西贡的美国大使馆带来的屈辱印记，这一创伤更来自一种深深忧惧，即美国一个多世纪以来在海外战场上无往不胜的辉煌历史就此终结。后来在伊朗发生的一系列事件再次证明和加剧了人们的这一担忧。1979 年，伊朗沙阿政权倒台，随后不久，在德黑兰爆发了持续近 15 个月的美国外交官人质劫持危机。而 1980 年 4 月营救行动失败，令人扼腕。然而，在海湾地区的大漠里，美军以迅雷不及掩耳之势取得速胜，这冲淡了人们对越战噩梦般的记忆。从此，越战失利被淡化为美国光荣胜利史上的一个短暂的插曲。至于社会道德面的疗伤和救赎任务，就全权交给好莱坞的导演们。或许恰恰在好莱坞，最容易体会到美国的这一舆情转向：从前那些弥漫批判意味的越战电影渐渐让位于"英雄史诗片"。而通过这些史诗大片，美国人将他们历史上大大小小的战争都定格为政治共同体集体记忆的一部分。[1]

然而，海湾战争的军事胜利还不仅仅是医治越战创伤的一剂良药，它还具有更多的意义。首先，当时的苏联一息尚存，伊拉克军队全仗苏联的武器装备；在军事战略上，也依苏联人主意行事。而这一战显示，美国对苏联的优势非常明显。其次，它让美国人意识到大可不必畏惧来自日本和德国的经济挑战，不妨善加利用。毕竟主要是日本和德国帮美国人埋了海湾战争的单。但更重要的一点是，美国以微不足道的代价打赢了这场战争。他们通过军事装备升级获得了一种非对称优势，凭借这一优势，他们可以抵达地球上任何一寸土地上投入战斗。[2] 此外，在这次战争结束后，军事再一次变成美国外交政策中方便好使的利器。这个改变，究竟意味着什么？当我们看到美国在整个 20 世纪 90 年代——特别是在"9·11"事件以后——越来越多地以军事手段来解决政治问题时，答案已在我们面前变得日渐清晰。

也就是说，海湾战争的经历可能在很大程度上促使美国政府并不像欧洲那样把冷战的结束作为缩减军备开支、分享和平红利的契机。相反，它加大了军费投入，不遗余力地扩充自己的军事实力。倘若美国人真把西欧和日本在经济领域的追赶作为对美国世界地位的根本威胁来看待，那么这种扩充军备的做法无疑是华府的一种错误的政治决策了。而他们真正严阵以待的，显然是完全另外一副模样的"威胁情境"。在那种没有竞争对手直接威胁的情况下，美国通过扩充军备，表明了其转向帝国政策的动向。美国的这种倾向之所以尤其引人侧目，是因为公众早就普遍认为帝国的时代已成明日黄花了。正如历史学家亚历山大·德曼特（Alexander Demandt）所写的那样："随着 1991 年 12 月 31 日苏联的解体，帝国时代的幕布徐徐落下。三千年以来，全球政治一直被那些世界帝国所主导，如今这一切已成为过往烟云。"[3]

/ 关于帝国时代终结论的评析和后帝国空间的问题

在埃里克·霍布斯鲍姆（Eric Hobsbawm）的视角里，20世纪是一个始自1914年、终于1989年的"短促世纪"。[4] 在这一世纪，上演了多少帝国和大国分崩离析的大戏，可谓一波未平一波又起。其实早在一战爆发之前，奥斯曼帝国、奥匈帝国和沙俄帝国这三巨头都已是强弩之末，濒临破产。国内动荡不安，体制僵滞不前。在维也纳、圣彼得堡和伊斯坦布尔，三国主政者都在帝国的一个临界点上，不约而同地寻求战争手段以挽狂澜于既倒。然而事与愿违，三国之中没有一个获得成功。沙俄甚至还没有挨到战争结束便寿终正寝。而在圣热尔曼（Saint-Germain）和色佛尔（Sèvres），同协约国集团签署和约的也已是奥匈帝国和奥斯曼帝国的继任政权了。经历大战炮火的洗礼，从中欧、东欧、东南欧到小亚细亚阿拉伯地区，诸多帝国悉数倒下。只有德国得以幸免，不过它也损失了大片领土，付出了沉重代价。而它得以幸存，或许仅仅因为德国在内部结构上更接近一个民族国家，而非帝国。

有人会说一个由民族国家构成的稳定秩序，完全可以取代帝国秩序。这一说法能否成立很值得怀疑。因为一方面，在一战后的很多新生国家里，国民重新拼凑组合，其民族差异性太大；另一方面，原本推动这一转变的西方战胜国又心思不一，利益各异。虽然美国总统伍德罗·威尔逊曾大声疾呼，将民族自决原则提上国际议程。但由于美国国会不买账，他也鞭长莫及。于是对欧洲一战之后的国家重建和政权稳定化进程，华府无法施以援手。此外在巴黎和会上，面对与会各方极大的利益分歧，威尔逊无能为力，抱负难展。最后只得两手空空，铩羽而归。[5]

埃里克·霍布斯鲍姆曾将民族自决权称为"20世纪欧洲政治的灾难"。战后没多久，民族自决权成为诸多国际、国内战争的导火线。原因就在于，此前由帝国统御的空间现在被划分为诸多民族国家，不可避免会带来诸如少数族裔以及各种不公、压迫等一系列问题。[6]在二战期间，中欧和东南欧的广袤土地备受摧残和蹂躏，[7]而在此之前，这个地区已是问题缠身、矛盾不断：从土耳其和希腊的异族大驱逐，到1939年早春捷克斯洛伐克被侵吞，风波不息。这些问题或许都可以作为后帝国时代政治格局的反面教材。在两次世界大战之间的那二十来年的光景里所发生的起伏变迁，在后殖民时代及后苏联时代里又再次上演，只是改头换面，转变了形式而已。这些形式，从以前帝国强权的渗透和颠覆伎俩，到发动军队兵变的尝试，或者挑起民族冲突，再到新生国家的内战，不一而足。

1918至1919年的美国，既无保障中欧、东南欧政治、经济秩序之"心"，恐怕也无保障之"力"。于是帝国走后留下的后帝国空间基本上进入当地人自决的状态：美国人走了；德国战败，元气大伤，在政治上被《凡尔赛和约》束缚了行动。新生的苏维埃政权力图在那片土地上一统意识形态，甚至建立实际统治，结果未获成功。不过，中欧、东南欧部分地区在1945之后倒是变成了苏联帝国的外围。后来，苏联解体，美国便伙同其西欧盟友顺理成章地在那里接手了它们在两次世界大战之间未敢触碰的使命，在那一地区采取的行动包括经济援助、稳定政局以及军事介入等。在波斯尼亚和科索沃，它们的军事干预被描绘成一场人道主义行动。人道主义这一点，在客观上当然也无可否认。但是这些行动的根本目的在于通过外部的干预，避免两次世界大战之间的种种乱象重新上演。作为"外部势力"（raumfremde

Macht），[8] 美国之所以挑起重担，主要是因为唯有美国才具备这样的军事实力。另外"外部势力"的好处在于，美国只需完成保障和平的帝国"任务"即可不必担心像"邻近势力"（raumnahe Macht）——欧洲强国那样容易陷入帝国"角色"的泥潭。

审视后帝国时代在当年中欧和东南欧所面临的第一个考验，会发现一种似曾相识的独特辩证法，它在 20 世纪几大帝国衰亡的过程中曾一次又一次呈现在我们面前：后帝国空间必须借助外部力量方能得以稳固，进而在其内部孕育一个稳定的秩序；后帝国空间也需要时间来发展自己的政治结构，而政治结构之存续，又必须仰赖一个外部强国暂行帝国维持秩序之职能，而不僭持旧帝国之地位。恰恰是这种挑战，为美国上升为全球霸权创造了有利条件。由此可见，在 20 世纪被称颂一时的后帝国时代其实建立在一个悖论之上：后帝国时代的存在，一方面离不开某种行为体的力量，而按照后帝国时代的本义，根本就不该有这么一个行为体。有鉴于此，尼尔·弗格森才把美国人的这种矛盾概括为"反帝国主义的帝国主义"。[9]

在结束 1918 到 1919 年的活动后，伍德罗·威尔逊对诞生于日内瓦的国际联盟寄予厚望，认为它将为后帝国空间的长治久安提供有力保障。事实上，当时人们也只能寄望于那样一个国际性联盟组织，既要胜任拟定之任务，同时又不陷入帝国的角色。然而，联盟虽在理论上让人心悦诚服，在行动上却让人大失所望。"国联"的历史，其实就是应对上述那一挑战失败的历史。国联一直担心用力过猛，跨越既定使命之雷池，陷进帝国角色的泥潭；结果反而是用力过轻，最终没能完成既定的使命。[10] 事实证明，对于帮助后帝国时代的中欧和东南欧稳定政局，国联无能为力。而这又为第二次世界大战的爆发埋下了隐患。二战固然因纳粹德国而起，但也不要忘了，纳粹之所以能够发动战争，跟国联的失败也不无关系。[11]

在两次世界大战之间的那段时间里，出现于中欧和东南欧的权力政治真空或多或少成为新帝国形成的诱因。我们不妨把希特勒和斯大林的外交政策解读为打破中欧、北欧及东南欧民族国家秩序并将之拉回帝国秩序的一种尝试。在德国方面，修订《凡尔赛和约》为纳粹党等提供了借口。与之相应的，在苏联方面，则是修订《布列斯特-立托夫斯克和约》，虽然对后者的修订在俄国国内战争中已部分实现了，但那似乎还远远不够。[12]所以苏联和纳粹德国后来串通一气、结为同盟，就不足为奇了。毕竟我们不能眼里只有它们意识形态上的差异，却对它们地缘战略利益的交集视而不见。[13]

希特勒的帝国美梦，经苏联与大国的全球性联盟之一击，登时化为泡影。而斯大林的帝国——当然在他亡故近40年后才出现——则因资源耗竭而寿终正寝。二战结束后，随着德国人的撤离，在东欧和中欧再现权力真空。斯大林乘虚而入，利用这一权力真空借机将其帝国西界推至易北河和伏尔塔瓦河（Moldau）一带。而这又诱使美国和西欧联手，筑起一道反苏联盟的高墙。但就双方发展后劲而言，苏联人可谓相形见绌，面对西方阵营的挑战，苏联不得不耗费掉国内生产总值五倍到六倍的巨资，才能勉力维持双方军力的结构性平衡。

为了扭转这一致命劣势，苏联对第三世界施以援手，不遗余力地支持那里的民族解放运动，希望借此一步步挖空西方世界的优势。然而事与愿违。当苏联在1991年宣告解体的时候，诸多第三世界国家对苏累计欠债已高达1300亿美元。[14]即便对于西方阵营来说，这些石沉大海的欠款也不啻天文数字。对当时的苏联而言，自然更是雪上加霜的灾难。压在苏联身上的帝国权力扩张的压力，导致了它在外部边界上过度延伸，国内资源耗竭一空。此时即使退出帝国的迷梦，也无法恢复元气了。

在过去的千百年里，多个帝国强权叱咤风云，统御了欧亚的西部大陆，而苏联的解体则宣告其中最后一个也彻底告别了世界政治舞台。而在世界的其他角落，种种迹象也似乎都在昭示帝国时代正走向穷途末路。1945年，不光纳粹德国走到了尽头，日本天皇的帝国迷梦也彻底破产。二战期间，西欧殖民列强左支右绌，损失大片领地。二战结束后，在短短20年间，除了葡萄牙，其他殖民帝国纷纷崩解。而这一时期的东西方对峙又为老牌殖民帝国的卷土重来设置了重重阻碍。同时，冷战也让西方霸主——美国疲于应付，无暇对欧洲列强重夺殖民地施以援手。发生在1956年的那一幕，很好地说明了这一点。当年7月，埃及总统纳赛尔（Nasser）宣布将苏伊士运河收归国有。没过多久，英国和法国便试图伙同以色列夺回运河控制权。对此，时任美国总统的艾森豪威尔声明："我们怎么可能支援英国和法国？如果这么做，会使我们失去整个阿拉伯世界，相当于把它们拱手让给苏联。"[15]关于美国插手的少有的一次例外，发生在越南。当时美国之所以没有作壁上观，也只是因为越南独立同盟会（越盟）的民族解放运动与苏联及中国有着千丝万缕的联系。[16]

除去个别例外，欧洲殖民帝国时代的落幕并没有伴以太多腥风血雨。欧洲人将权力交还当地土著精英，而后者对此显然没有做好准备。[17]于是，很快在那里同样也出现了中欧和东南欧所经历的后帝国空间问题。但在那里，恰恰缺少一种能持久履行帝国维持秩序之职能且又不僭持帝国之地位的"外部势力"。在冷战时期，东西两大对立阵营固然不乏稳定局势之功，但双方行动的背后都隐藏着一种倾向，即借执行帝国的任务索求帝国的角色。无论是苏联还是美国，都对第三世界国家的内部事务施以巨大影响。它们借助军事援助和经济救济手段，维持了第三世界的稳定；可这种暂时的稳定，在很长时期里都遮蔽了新生于后帝国空间的大部分国家之内部问题。其实它们早已虚弱不堪，危机四伏。而在这些国家加入联合国以后，不免让人产生一种错觉，似乎拥有一个联合国席位便足以证明它们的"国家属性"（Staatsqualität）了。20世纪90年代初苏联解体，至此硕果仅存的超级大国——美国对第三世界也失去了兴趣。历史再一次告诉我们，很多新生于20世纪50年代和60年代的国家都不过徒有其表，它们在政坛第一次大地震中便纷纷落马。[18]事实再次证明，主权国家多元体取代帝国秩序之途布满艰难险阻。然而，即使看到在后帝国空间稳定化过程中问题丛生，都没有动摇人们关于帝国时代已经终结的观点。

下此论断，无论过去还是现在，都无非基于以下三个方面的理由。

首先是潜在帝国行为体的实力相对衰落。关于这一点，保罗·肯尼迪做过如下总结："跟四分之一世纪之前 ① 相比，美国在全球范围内拥有的军事义务几乎与那时一样多，但当时它在世界国民生产总值、工业产量、军费开支和武装部队总人数中所占的比重，都比现在要大得多。"[19]因此按他的观点，美国应当缩小自己的义务范围，否则恐因帝国的过度延伸而加速自身的衰亡。[20]

其次，那些臣服于某个世界帝国的民族，它们的自我意识开

---

① 此语出处《大国的兴衰》一书出版于1987年。

始觉醒，慢慢积蓄更大的抵抗潜能，这样就造成帝国统治成本的飙升。以成本－效益计算为内核的政治理性，加上媒体持续关注扩大了公众舆论的影响，这两者合起来即便不能完全遏止帝国政策，但也足以让它失去吸引力。对于这个硬伤，即使重新搬出正义战争的概念也于事无补，虽然在历史上正义战争理念确实与帝国政策总是如影随形。

最后，在现代社会情势下，一个帝国能否仍有利可图，这是相当值得怀疑的。按世界经济史学家的统计，[21]19 世纪到 20 世纪初，推行帝国主义让帝国强权得不偿失、入不敷出。而且我们有理由相信，今天这种逆差将会进一步扩大。[22] 这样看来，帝国孜孜以求的宏图大计已经不合时宜，面对瞬息万变的外部环境，终究竹篮打水一场空。那些帝国计划就像阴魂不散的过去闯进现实的杂音，而现实之风早已吹往新的方向。

由此可见，对于帝国时代业已终结的观点而言，其有力的证据皆源自经济和权力政治方面的考量，而不是基于规范的社会赞许性。正因如此，当美国突然开始以新帝国作为其远景定位，才格外让众人大跌眼镜。

有关帝国时代终结的种种分析，广见于 20 世纪晚期的政治评论界，其中也不乏关于未来世界新秩序的设想。但完全听不到关于帝国回归的声音。广大民众，尤其是欧洲民众，对联合国寄予厚望，希望它挑起大梁，担负起创建之初的自赋使命。然而，由于安全理事会内部羁绊，自缚手脚，直到苏联解体，联合国最多也仅仅得以履行了其部分使命。而冷战的结束让人以为这个难题已经迎刃而解。

联合国在国际政治舞台越来越重要的另一个原因是国家主权的衰弱。凭借主权，国家曾得以发展壮大。但如今，无论是维护外部安全，还是保障货币的稳定，国家主权都已无法发挥从前的作用力。[23] 一方面，国家的控制权力日益弱化；另一方面，国家主权正越来越多地让渡给国际组织。这一切让我们有理由相信，一个属于国际组织的新时代已正式拉开了序幕。特别在西欧，人们对此翘首以盼。这主要是因为西欧国家有缔造欧洲安全与合作组织（OSZE）及欧盟（EU）的成功经验。按照欧洲人的想法，二战以后欧洲的发展模式理应成为世界新秩序的典范。[24]

除了国家共同体这一秩序模式以外，还有另一种构想，即不断推进经济共同体的去国家化，让它彻底摆脱国家边界的束缚，进而在全球范围内实现经济的互融互通。[25] 在 16 世纪到 17 世纪逐渐成形和流行的民族国家模式，将会慢慢淡出政治舞台。上述这种经济体秩序不是一种空间，一种结构，它是一种运动，一种流通——无论涉及的是资本、服务、信息还是劳动力。随着国家功能的弱化，国家会丧失一部分权力。而这部分权力将被市场体制的自我调节以及非政府组织（NGOs）的政治作用所取代。[26]

在提出世界新秩序的两种设想时，无论是以联合国为核心的国家共同体，还是全球大都市互联一体化，人们都对边缘的重要性重视不足，低估了边缘对中心的反作用力。其实恰恰是边缘的反作用力推动了帝国秩序模式的意外回归，使帝国秩序甚至在自由主义知识分子中也博得了好感。理查德·罗蒂（Richard Rorty）就是其中的一位。此君曾断言，对当今形势下的世界民众而言，"美国治下的和平"（pax Americana）最值得期许。[27]

在一个以联合国为核心协商平台和最终决策机构的国家秩序中，其实暗含了一个预设前提，那就是在全世界范围内已实现国体的稳定，接下来要做的就只剩把国家政权绑定到一个法制和协商体系上了。然而，这一预设前提何其轻率乃至荒谬，我们在 20 世纪 90 年代那一系列国家崩解的风波中，便可体察。而如今"失败国家"（failing states）的概念也早已被人们挂在嘴边。事实上，称得上国体稳定的只有西欧、中欧、北美和东亚的那些国家，它们才满足上述国家秩序有效运转的前提条件。但如果我们把眼光投向拉丁美洲、非洲、近东、中东、高加索地区、中亚及部分东南亚地区，会发现在那里一个稳定的国体尚有待建立或恢复。另外，这一国体能否顶住全球化的考验，不致胎死腹中，也还是未知数。与此同时，一次成功的国家构建（nation building），无论对"稳定输入者"还是"稳定输出者"而言，都影响深远：保护国和托管地诞生，那些禁绝暴力滥用、恢复基础设施、培训管理人员并在整个转变期行监管之职的行为体陷入一种准帝国的角色——即便它们事先为这一角色设置了期限，即便这一角色本身就能让它们显得很多余。[28] 一次又一次，正是美国接手了这种"戡乱帝国"的任务，也扮演了这样的角色，无论在波斯尼亚、科索沃还是阿富汗。

至于全球都市圈的网络化体系，本该为世界实现一种流动性秩序。但在"9·11"事件以后（甚至更早），人们看到了这一秩序在结构上的脆弱性。经济富足且后劲十足的秩序中心对网络体系之外的地区漠不关心，中心不愿为这些地区的秩序投资。这一点跟"国家建构"模式完全不同。但网络之外的地区完全可能对各大都市之间那极为脆弱的连接线发动攻击，这样一来，中心就不得不在相关地区勉力拉起一张巨大的保护网。[29] 简言之，在新的战争形势和作战手段横空出世的背景下，有关后帝国时代世界秩序的种种构想，要么不够成熟，有待改善，要么就是空中楼阁，根本无法落实。联合国秩序，它在面对军阀间的资源战争、民族解放运动和宗教战争时每每显得力不从心；而国际都市圈网络体系则会遭遇跨国恐怖主义的难题，袭击者无声地隐匿于全球化的商品、资本、人员及服务流通之中，并充分利用这些便利条件满足其一切后勤所需，然后策动骇人听闻的袭击。[30]

就这样，帝国作为政治经济的秩序模式重回人们的视野，成为热议的话题。而且我们很快发现，联合国为核心的国家共同体和国际大都市网络体系鞭长莫及之处，恰恰是帝国秩序之所长。比如，果断干预那些主权国家之外的权力真空地带，至少阻止那些冲突地区的大屠杀和种族灭绝行为；再如，为连接世界主要经济中心的脆弱通道提供广泛保障。前一个任务如今以人道主义军事干预之名执行，后一个则在反恐战争的大旗下进行。而在帝国势力扩张中两者很快交织在一起、难分彼此，自然也不足为怪。在此情况下，有关帝国的辩论也再一次以批判帝国开场。

在这场帝国辩论中，首要的一个问题就是，（美）帝国回归是一种主观的、可以撤销的政治运作，还是说无论哪个总统上台，美国主政者的行动都受制于结构性需求。具体的一个问题就

/ **227**

是：倘若小布什没有当上总统，新保守主义也没有在政界造成什么影响，那么美国还有没有可能推行单边主义外交政策，让强权政治重新抬头？事实上，确有不少评论家认为，在本质上正是总统的个人决定——当然受到幕僚及幕僚意识形态风格的影响[31]——才使美国政治具有了一种帝国特质。如果事实果真如此，那么帝国逻辑的难题也就迎刃而解了。因为只需从精神病理学的角度研究一下小布什和他的亲信们便可找到答案了。纪录片导演迈克尔·摩尔（Michael Moore）用的就是这个路数，并因之在全世界博足了眼球。相反，在这个问题的深处，我们真正要追问的，是帝国的产生"在本质上"究竟是起于权力中心那些心怀帝国主义抱负的政治家呢，还是归因于边缘的结构性问题。对此，我们不妨回顾一下前文所阐释的内容：帝国使命塑造了政治精英的责任感，左右着他们看待问题的方式，最终也为精英做出的决策提供了不容低估的合法性来源。

　　不过对于这个问题并没有一劳永逸的答案。以蒙古人的世界帝国为例，倘若没有成吉思汗这个人，可能就不会产生蒙古帝国。正是他一手创建的军队组织既有长途奔袭之力，同时也因其内部结构特点"不得不"不断攻城略地、征战四方。另外，草原帝国的历史让我们看到一种现象：从匈人、阿瓦尔人，到蒙古人都无一例外地诞生了极具扩张野心和能力的领袖人物，令万众同心。由此我们推测，中亚地区的地理条件不仅有利于甚至直接促成了魅力型帝国领袖的诞生。正如我们所见，这一特点甚至一直延续到沙俄帝国及其继任者，亦即中亚地区最后一个帝国强权——苏联身上：正是权力政治的真空和经济发展的差异性，加上魅力型征服者的决策，对帝国的诞生发挥了决定性作用。

　　对此可能会有人反驳说，一项富有远见的高明政策就得抵御源自边缘的逆流吸力，防帝国过度延伸之患于未然。而这一点能否成真，取决于两点：一是决策者在多大程度上受限于国家机器（主要指军队和官僚）的贪欲；二是决策者又在多大程度上响应民众的呼声。在一个军事贵族势力强大或者资产阶级充满活力的帝国里，这种边缘吸力足以获得持久的支持，以至政治决策层欲罢而不能。在一个民主帝国里可能是选民们的要求——在大屠杀、饥荒和无尽内战的影像及报道的刺激之下，群情激愤——迫使当权者采取干预行动并且由此强化源自边缘的逆流吸力。对于后一种帝国情形，如今也有人引入了自由帝国主义或民主帝国主义的概念加以描述，[32] 叶礼庭（Michael Ignatieff）则把它称之为"轻帝国"（empire lite）[33]。

在美国，自称"帝国"（empire）虽不是什么忌讳，可长时间以来美国就一直很少用帝国来称呼自己。保罗·肯尼迪在其备受关注的名作《大国的兴衰》中用了大国（great powers）一词，[34] 而当他提及帝国（empire），指的则是历史上的那些世界帝国，并不包括美国。[35] 即使在现代语境下，他所使用的"帝国"概念也不过是专门用来描述苏联的一种批判性称谓。把苏联肯定地称为帝国，无疑是打破了一个禁忌，而在这背后想必自有学人的一番深思熟虑。

/ 229

反越战的批评家曾将美国同帝国主义联系在一起，而且他们这么做是出于一种挑衅的动机，给素以反帝国主义自我认知而自豪的美国人当头一棒。其实，即使从肯定的层面谈论一个美利坚的帝国，也基本上没有为昔日帝国续命的意思。所以关键的问题在于，我们要在帝国的概念下把当今帝国与旧帝国区别开来，特别是跟帝国主义政治区别开来。正因如此，才有了诸如"非正式帝国"（informal empire）、"受邀的帝国"或"合意帝国"
（consensual empire）等新说法。[36]

　　那么美利坚帝国的"新"，到底新在哪里呢？叶礼庭提到了"后帝国时代的新型帝国统治"，"新型"之处在于它以保人权、促民主为己任，在于其以开拓和保障自由市场为信念。而在安德鲁·巴塞维奇（Andrew Bacevich）看来，美帝国之"新"体现在对传统意义上卫星国的扬弃，转而经由诸如北约、联合国、国际货币基金组织和世界银行等中间机构来发挥其全球性影响力。依查尔斯·迈尔（Charles Maier）之见，美帝国特别之处在于将经济往来和安全承诺熔于一炉。丹·蒂纳（Dan Diner）则认为，美帝国其实只是以强权政治维护世界市场，而世界市场的持续扩张正在不断挤压世界其他地区的自主构建力。[37]

　　与此相反，美帝国的批评家则认定，美国的统治方式没有走出传统帝国主义的窠臼，并没有什么实质上的"新"。[38]为此他们搬出了重磅证据，那就是，美国在军事上将全球划分为五大战区，以维护美国在全球每个地区的利益不受侵犯。至于五大战区的司令，常有人把他们比作罗马的资深执政官，这些分管着拉丁美洲、欧洲、中东、太平洋地区及北美的司令们可以调遣多达 25 万的海外驻兵。这些军人分布于全球 150 多个国家的 700 余个军事基地及设施，他们无须长途跋涉，即可随时在当地迅速投入战斗。即使美军按兵不动，其军事基地本身也可于所在地区发挥持久影响，对当地政府能起到稳定或恐吓的作用。[39]在批评者眼里，这些军事基地支撑起新帝国的骨架，足以令美国延续始自 19 世纪的帝国政治传统。对此查默斯·约翰逊曾撰文写道："美帝国的历史，正是一部在广大海外土地上建立军事基地的历史。"[40]

　　在上述视角里，批评者强调了强权政治延续性及军事手段延续性。而另一些美帝国政策的批评家则指出，从 19 世纪开始，帝国主义就不仅仅意味着对领土的行政及军事统御，也不局限于对众多贸易据点的掌控。他们认为，现代的帝国主义更注重开辟市场，以便倾销其通过工业化生产制造出来的大量廉价商品。[41]当年英国人发动的鸦片战争（1840~1842 年），正是以武力打破中国闭关锁国的贸易政策。同样 1853 年在海军准将马修·佩里（Matthew C. Perry）率领下，美国人将装有重炮的"黑船"舰队驶入江户关口，耀武扬威，最终胁迫日本幕府当局为欧美贸易打开国门。这一幕，经济意义远胜军事价值。也就是说，这其中最核心的并非地缘政治，而是地缘经济。后者虽罕见于传统方式的殖民统治，却同样是帝国政策的一种表现形式。按照这些批评家的观点，早在 19 世纪，作为帝国主义新的形式，市场帝国主义业已成为传统殖民帝国主义的一个补充。而今全球化大潮浩浩荡荡、势不可挡，所谓"炮舰经济"几乎已无容身之地，取而代之的是国际货币基金组织和世界银行。它们是落实全球性经济政策和金融政策的重要工具，而这些政策又直接与美国的利益高度呼应。[42]

　　由此看来，通过控制全球化进程来构建帝国，并不是什么新鲜事。至少其"新鲜"不在于丹·蒂纳等人所说的在美国人的"门户开放"政策里——打开贸易保护主义壁垒后面的世界市场——看到了一种有别于欧洲大陆发展之路的、美国自己的"法"（Nomos）。[43]其实我们已经看到，英国在维多利亚时代的自由贸易帝国主义推行的也是同一套政策。当时与之携手同行的是自由国际主义，它通过反对贸易保护主义推广自由贸易原则，亦不乏维护和平之功用。然而那些对欧洲商品和资本打开大门的地区，在短短几十年里便随着资本的渗透、侵蚀丧失了政治上的稳定。于是欧洲人不得不调兵遣将，派驻军队，同时建立欧洲人的行政结构，来恢复当地的政治稳定。

对建于经济全球化基石之上的美帝国持批评态度的人士认为，美利坚帝国的形成周期运转如下：全球化制造了"失败国家"，因为经济的发展在这些国家里严重侵蚀了国家"对暴力的垄断"（Gewaltmonopol）[1]；接着军阀们控制了那些矿藏丰富、有利可图的地区；这又进一步引向军事干预和国家构建，以确保全球化在边缘地区继续推进。就这样，一步一步在市场全球化进程中，孕育出一种"干预帝国主义"，确切说是一系列的戡乱战争。[44]而这些战争最终带来的，是一种脆弱的世界统治形式，但并非一种新的世界秩序。最重要的是，美国将不得不更多地诉诸军事手段，而不是依赖经济统合和文明吸引力，也就是说软实力逐渐让位于硬实力了。结果就像从前的英国人那样，美国的周期也将是以一系列边缘战争和更强的军事干预结束。然而在21世纪的今天，靠战争和军事手段解决问题已经远远不如19世纪晚期那么有效了。这意味着美帝国将在其有限的手段与无尽的问题之间的失衡中很快败下阵来。而且美国政策的批评者进一步指出，美国之所以走不远，关键的一点是，对决胜21世纪的权力类型，它过于欠缺；而其他意义不大的权力类型，它却拥有太多。用迈克尔·曼的话说，"到头来会发现，美帝国也不过就是军事的巨人，经济上指手画脚的后座司机，政治上的精神分裂症患者，意识形态的幽灵"。[45]

---

[1] 韦伯语。

当然，发生在边缘的戡乱战争也可理解为帝国过度延伸的一个结果。而主导性强国越是着眼于富足世界的内圈，着力保障富足世界的利益不受来自边缘的威胁，那么这种戡乱战争对它的重要性也就越小。这也恰恰是古罗马和中国在巩固帝国疆域后所推行的帝国政策之特点。简单来说，帝国政策有别于帝国主义政策的关键之处在于，前者几乎一心扑在中心，仅在情势所迫、万不得已之时，才把目光转向帝国之外的远邦。相反，帝国主义政策对边缘倾注了太多心力，并且深信帝国的最大挑战来自边缘，而非中心。因此对于帝国主义政策而言，军事力量的重要性不言而喻，远胜于其对帝国政策的意义。对于帝国政策来说，军事不过是与经济、政治及文化权力并驾齐驱的四种权力中的一种而已。[46]

在美帝国的批评者看来，它不可避免的衰落主要起因于让它陷入边缘困境的错误政策；高明的政策是通过"分而治之"的手腕让对手自我削弱。按这种说法——就像查默斯·约翰逊所认为的那样[47]——作为帝国政治家，比尔·克林顿表现的要比小布什更为明智，后者没能抵挡住帝国主义边缘政策的诱惑。

由此可见，帝国政策不同于帝国主义政策，它要求美国主要担当护航员角色，确保欧洲、美洲和东亚之间密切的经济往来，并作为"理想的总资本家"①保障现有的世界经济和智识交流水平不致像20世纪20年代末那样出现大滑坡（直至20世纪70年代才重新达到原有的经济交流水平）。[48]如果说帝国，无论海洋帝国还是陆地帝国（或许不包括草原帝国），存续的先决条件在于不断加强和深化其卵翼之下的浩大空间内的经济交流，那么帝

---

① 语出恩格斯《社会主义从空想到科学的发展》一书。

国政策最为紧要的使命便是：以法制手段规整它的经济区，以武力遏制冲突，在经济中心的不同货币之间确保货币平稳及贸易条件稳定的环境，通过技术的不断创新确保帝国空间相对其他地区的领先优势，保护帝国空间不受外敌侵犯，等等。一言以蔽之，帝国当完成跨越奥古斯都门槛所带来的重任。因此，对于帝国的存续来说尤为关键的一点是，克制军事行动，而不致让军事任务在帝国权力的"注意力经济"中太占上风。

当然，在实践中能否实现这样一种任务领域的优化权衡，并不仅仅取决于主政者的政治智慧，还要看帝国空间的经济所赖以生存的基础性战略资源是不是在帝国空间内部即可获得，还是说非得从外部进口不可。倘若要依赖进口，那么帝国恐将陷入直接统治部分边缘的持久压力之下。在这方面，可以说对石油供应的控制和对油价的操控成为美利坚帝国的阿喀琉斯之踵。

然而，立足于和平之存续而非武力之扩张的帝国政策定位难免也会导向一种道德悖论，进而触发多方面的问题：在边缘及边缘之外的所有的人道主义干预方式——也就是前文所称的帝国使命之核心要素——如今成为一种道义奢侈品。对于这一奢侈品，帝国一来出于经济原因无力支付，二来基于生存需求也不该买进。对于一个着眼于经济繁荣的帝国，在它的逻辑里，为保障和控制石油供给而采取军事干预合乎理性。但远在帝国中央之外，为结束别国内战而采取军事行动并且还要在战后花大力气投入"国家构建"，这就不合理性了。可这个结论势必会导致帝国得告别在全球范围内落实和保障人权的帝国行动（即叶礼庭所谓"轻帝国"[49]）。上述这种帝国行动广受自由主义知识分子的欢迎，但对帝国而言不啻又一个意识形态陷阱。当帝国高估自己的能力，将那些有悖自身生存需求的目标和使命尽数承揽，便会堕入其中。

　　这里所谈论到的，其实是一种在帝国史上时有出现的情形：帝国理性同帝国使命陷入一种不可调和的矛盾。当年的西班牙世界帝国如果出于生存需求以及保护帝国有限资源的目的，本该撤销反宗教改革的武力措施。可西班牙的帝国使命不允许它这么做——帝国使命既赋予了西班牙合法性，也是帝国精英的动力之源。而当其帝国使命从 17 世纪中期开始日渐衰落，也标志着西班牙帝国势力已成强弩之末，这一点也很快被其他政治行为体看穿。

　　今日的美国也同样面临这样的两难困境：以和平方式维系帝国之存续，将意味着避免在全球范围内负荷过重。帝国"亚全球世界"（subglobale Welt）的存续，必须仰赖它明智的帝国政策，避开"覆盖全球的世界"问题，并通过建立"帝国的蛮族边界"[50] 把这些问题挡在门外。蛮族边界之外的事务，只要不危及帝国的安全，帝国就不必理睬。事实上，那些长寿帝国——尤其是中华帝国和罗马帝国——所推行的政策基本都遵循了这样的原则。不过这在民主和媒体大行其道的时代里，几乎已经没有可能了：美国的帝国使命将会因此而不断遭到否定和削弱，那么道德使命感也就自然成了无源之水，而丧失道德使命感，美帝国的势力将大为削弱。说的直接一点，如果美帝国有朝一日失败了，很可能不是被外部敌人所击溃，而是被帝国使命所带来的沉重道义负担所压垮，毕竟这种使命感让美国人不可能完全"理性地"置身外界事务之外。

/ 民主帝国?

民主秩序能否与权力扩张长期兼容、并行不悖,很多人对此持否定态度。一般来说在帝国秩序里,帝国中心的领导层不是专制主义的,就是威权主义的。在这种语境下,民主化便意味着帝国的崩溃。苏联帝国的解体似乎佐证了这一论点。罗马帝国的历史对这一观点影响很深:当年正是由于罗马在地中海地区的武力扩张破坏了其共和秩序,并且由此将罗马拖入长达一个世纪之久的混乱和内战之中。在屋大维(奥古斯都)掌权后,那些共和制机构已形同虚设。在他一手擘画的新秩序里,无论平民还是贵族都无法定夺国是了。

在古罗马,帝国的建成便宣告了共和制的破产,这种观点不仅感染了世世代代的欧洲人,同样也深深影响了美国人。[51] 后者在政治秩序上对罗马的效仿,超过欧洲任何一个国家。诚然,古罗马也曾在法国大革命的疾风暴雨中发挥了榜样作用:法国对罗马的效仿首先体现在拿破仑升为第一执政官最终加冕为皇的历史,在这当中拿破仑师法罗马,将法兰西的势力往南欧和中欧推进。也就是说,行为主体及观察家在法国大革命的历史进程中看到的更多是帝国罗马的反光,而少见共和罗马的风姿。在美国,情形则大相径庭。罗马共和国的各项制度被奉为典范,美国人相信它们可以遏止党阀主义,杜绝党魁专权,最终捍卫共和政体不至于遭到破坏。[52]

在这个意义上,可以说,美国在政治上的自我认知确实自带反帝国的底色,它在很大程度上促使美国跟国际政治的种种挑战保持一定距离,而这也一度左右了美国在 19 世纪到 20 世纪的内政外交。所以对美国的帝国政策大加鞭挞的批判者一再援引罗马共和国晚期的历史，重申共和秩序与帝国政治的水火不容，也就不足为怪了。他们认为，由于帝国和民主互不兼容，美国的新帝国政策将导致民主制的废弃。[53] 而这方面的最早征兆一般表现为媒体的不断趋同化，媒体在他们看来已沦为政府的政策宣传工具。

就连那些对美国的帝国地位持好感或至少开放态度的人也认定，在内部的民主秩序与对外的帝国政策需求之间存在一种对立关系。对此，叶礼庭一针见血："帝国的负担长久存在，而民主时间紧张，对这种长期的负担毫无耐心。"[54] 也就是说，在民主制下执政，不可避免地感染快节奏的风格。总统任期最多不过八年，民众期望政府处理问题时快刀斩乱麻。这些都与帝国政治的内在要求背道而驰：在帝国政治中，制定任务到显见成效往往要历经几十年的光景。如果时间紧张，仓促而为之，结果一定不会太好。内政失误，无非导致政府下台，或者出台中期性矫正措施，尚可亡羊补牢；但外交错误，尤其是全球性主导强国的外交错误，一旦犯下，几乎总会酿成难以弥补的长期性恶果。

或许可以说，在过去多年里美国之所以越来越倾向以军事手段解决问题，跟民主制带来的时间压力有着直接因果关系。以军事方式解决问题，一来立竿见影，二来一锤定音。有鉴于此，一个"仓促的帝国"常常急不可耐地挥舞手中大棒动武，哪怕不合时宜，即便失之鲁莽。如果上述说法为真，那么将由此引向一个令人错愕的结论：民主帝国将比专制帝国更乐于诉诸军事手段。这样倒是可以很好地解释1945年以后的美国何以卷入那么多的战争。[55]

从另一个方面来讲，民主社会确实没有那么好勇斗狠，不会把战争视作赢取荣耀与威名的途径，而是用成本–效益分析来衡量战争的得失。结果就会发现战争往往耗资惊人，且效率不高。换句话说，如果民众能审时度势，保持清醒，就不大可能为他们总统的战争决定拍手称好了。那么这样一来，很多战争也就只能偷偷摸摸地进行，或者政客们先制造一些假象，待寻得了口实再开战。这样的例子很多，越战期间的所谓北部湾事件，就为美国对北越进行大规模轰炸提供了一个很好的借口。在 1990 年，当伊拉克士兵入侵科威特城，美国又炮制了伊士兵残杀科威特保育箱早产婴儿的惨案，给它后来发动海湾战争寻得了又一个冠冕堂皇的理由。几年后，又借口萨达姆·侯赛因（Saddam Hussein）藏匿大规模杀伤性武器，威胁到了自由世界的和平，再动干戈。为了给军事干预打开方便之门，美国不惜制造各种假象，编造了各种谎言。[56] 那些被拆穿的谎言常常被人用来佐证美国政治的虚伪与狡诈：制造耸人听闻的威胁和危险的假象，俾便扩张势力范围，实现一己私利。但常常被人所忽略的一点是捏造威胁也源自一种结构性压力，即说服民主社会的公众接纳帝国任务。"制造假象"的政策其实是为了填补民主和帝国之间的那道鸿沟。

从长远看，上述这种政策会伤害民主制，这一点是毋庸置疑的；不过很多人没有意识到，这种政策虽在表面上顺应了帝国秩序的要求，但仍然很有风险，绝非长久之计；毕竟在民众的自我认知里，民主有着比帝国更高的价值（前提当然是人们也认同帝国作为政治秩序的存在价值）。20 世纪 60 年代初，美国陆军上将莱曼·莱姆尼策（Lyman Lemnitzer）的"诺斯伍兹行动"（Operation Northwoods）恐怕是对民主最可怕的一次威胁。按这项计划，美国对它自己的城市和民众发动恐怖袭击，然后推罪给古巴政府，以便从美国民众那里获得入侵古巴的支持。[57] 虽然事情败露后，莱姆尼策不得不中止计划，然而对美国政府的猜疑——政府不仅编造威胁，甚至将枪口对准自己的国民——自此而生，且从未消散。这种猜疑在"9·11"事件发生后更是进一步发展为完全的阴谋论。[58]

诚然，在20世纪上半叶，美国在战争中获得了跟欧陆国家截然不同的经验，这种经验在很大程度上一次次激发了美国选民，让他们甘心承担——至少部分承受——源自帝国行动的军事负担。美国是两次世界大战的真正赢家，跟其他诸多参战国相比，美国先后两次均以最小的人员伤亡换取了最大的经济收益。[59] 刚加入第一次世界大战时，美国还是个债务国，但离开战场时它已摇身一变，成为最大债权国了。与此同时，欧洲对手迫于战争所带来的经济负累，向美国敞开了市场大门——那是它之前几乎未曾涉足的新市场。二战的烽火熄灭之后，德国和日本的经济水平在相当长的时间里都无法与美国匹敌；大英帝国则在战争的摧残下气势衰竭、辉煌不再。美国顺理成章一跃成为经济和政治上遥遥领先其他国家的超级强权。所以美国人得到的经验是，完全可以在战争中获利。虽然在两次世界大战中真正获利的主要是美国资本家，可在普通美国人的印象中，经济振兴每每与参战如影随形，相伴而生。

美国人对两次世界大战的记忆，也很好地诠释了他们当年何以经年累月心甘情愿地承担越战的重负。但随着战事的推进，人们意识到越战不仅造成美国民众的精神消沉，还导致了经济萧条，于是美国民众对战争适用性（Zweckmäßigkeit）的信念发生根本动摇。而这种动摇是持久性的。直到1991年的海湾战争，美国方才重温那来自20世纪上半叶有关战争的正向记忆。从根本上讲，"现代战争"得不偿失，这几乎是一条放之四海而皆准的铁律。然而很多人不以为然，或者仅仅赋予它相对的意义，即它只普遍适用于一般主权国家，而帝国在特定情势下完全可以从战争中渔利——无论是政治上，还是经济上。所谓特定情势，一方面是在战争中诸多竞争对手可相互削弱，另一方面是让竞争对手承担战争的主要费用。此外还有一类战争对帝国有利，即战争让人们看清一种来自外部的威胁而同仇敌忾，于是帝国空间内的凝聚力由此得以加强。这种战争遏制了来自帝国内部的某些离心倾向，并且强化帝国理性。海湾战争成功地取得了这种效果，但伊拉克战争却起到了相反的作用。至于反恐战争的中长期效果如何，还有待检验。

在安德鲁·巴塞维奇看来，即使帝国行动获得美国民众的广泛支持——对此他也深表怀疑——也必须指出：美国的政治系统并非适合帝国统治的最优选择；一旦帝国政策耗时过长，公众的支持难免动摇，毕竟民众总是"期待帝国所带来的好处大于且远远大于它所带来的责任和经济负担"。[60] 跟历史上比比皆是的专制帝国不同，民主帝国，或者说对民意保持高回应性的帝国基本无力长期苦撑一项得不偿失、事倍功半的帝国政策。简言之，民主帝国要承受比专制帝国更大的"战利品压力"。[61]

当然，在民主帝国的语境里，"战利品压力"的概念更像是一种隐喻。毕竟民主帝国诞生在一个后英雄主义社会，战争在这个社会的自我认知中不再扮演举足轻重的角色。[62] 而对于昔日的传统帝国而言，战利品在其崛起阶段则不仅仅是对外扩张的"动力"，同时也是对外扩张所依赖的"资源"。但随着1945年德国和日本帝国霸业的破产，所谓战利品已经完全失去了原有的意义。其实，工业革命就已经在根本上改变了帝国形成的动机结构（Motivationsstruktur）以及帝国政策的内在需求，从此以后帝国的对外扩张再也不是以夺取物质财富、压榨臣服方的劳动力为目的了。至此，对外扩张主要是为经济发达国家的商品流开辟新市场，这时候的战利品不再是臣服者的财富，而变成了他们的消费需求或者他们技术上的落后状态——毕竟帝国中心的工业技术能让它生产出远比边缘的手工制造品更加便宜的产品。

由此可见，成功推进上述这种帝国政策最重要的一个前提条件是经济优势，而军事实力则退居次要地位。至于物质"财富"，只有其中的矿产资源发挥着重要作用。当然，它的价值直到工业革命后才真正突显出来。工业革命让化石燃料或矿石沉积物变成了地下"财富"，于是对矿藏的巧取豪夺对经济发展而言变得至关重要。英国的帝国主义者最先踏上了这条新路，紧随其后的是其他欧洲国家，而北美国家也步其后尘，新兴的日本后来居上，但沙俄帝国推行的帝国政策则因循守旧、故步自封，最终在20世纪初不得不咽下战争惨败的苦果。[63]

然而在主要基于经济领先而非军事优势的帝国崛起中，存在一个问题，那就是帝国要维系新开拓的经济空间，不得不派驻军队。如果小股分遣队便足以应付，那么问题不大——特别像大英帝国的印度土兵团〔西帕依（Sepoy）〕那样，部队由贸易公司出资维持运转且由它管控。可一旦当地爆发起义进而引发大规模骚乱，使得大部队长期驻防已势在必行，那么麻烦就接踵而至：一方面，这么做耗费巨大；另一方面，帝国士兵的伤亡也会造成本国民众的支持率急剧下降。在这种情形下，又是英国人最先实践（也是他们运用得最广）一种因地制宜的解决之术：在帝国边缘就地招兵买马——一来成本低得多；二来即便损兵折将，造成较大人员伤亡，也不会在国内引发轩然大波，但这如果是发生在从帝国中心募集的部队身上，定会激起更大的波澜。[64]

在今天美国的军队里也能找到上述解决方案的影子。早在

/ 242

20世纪70年代，美国便已取消义务兵役制，从此军队主要由期限合同兵和职业军人所组成。美国从越战中总结出一个极为重要的教训，那就是绝不能把那些出身中产阶层的年轻人送上战场。因为这个阶层有巨大的反抗潜能，也更有政治表达力。如今，美国陆军中有44%的士兵来自少数族裔。[65] 这些人在普通的劳务市场毫无竞争力可言，但参军入伍让他们获得了社会融入感，感受到社会认同，而这些情感又反过来让他们更紧密地融入军队。诚然，所谓军队亚文化已蔚然成风于美国广布于世界各地的军事基地及战舰之上，与普通美国社会的日常生活渐行渐远；这能否长久地见容于民主制，尚有待时间的检验。但无论如何，美国通过这种方式成功地在全球部署了一支可以随时作战且富有战斗力的军队——即便那是一支来自后英雄主义社会的军队。

从19世纪到20世纪，欧洲列强曾利用殖民地土兵部队在军事上维系了其海外帝国的统治。而如今，雇佣兵和私营军事公司（PMCs）似乎成了昔日殖民军队的现代翻版。[66] 如此一来，帝国中心的子民无须抛头颅洒热血，只要花钱就能解决问题。据估计，派驻伊拉克的美国士兵当中有多达五分之一的"绿卡士兵"。这些人几年服役下来，就能获得美国公民身份。另外，由私营军事公司提供的兵源总计也有2万人。为了入籍美国的美好前景，或者为了钱财，这些人冒着危险承受着美国政策的军事负担，而在另一方面这也大大提高了美国选民对国家军事行动的接受度。

剩下的，就只有成本问题。成本最终决定，从长期来看帝国究竟是不是利大于弊。1991年打海湾战争一共花掉了610亿美元，美国盟友承担了其中八成的费用。然而，对于帝国的中心国来说，这么划算的便宜事不可能指望每一次都摊上，于是就有一个问题：美国选民是否愿意长期承担帝国庞大的军备开支——这是值得怀疑的。美国现在的国防开支预算占其国民生产总值（GDP）的 3.5%，这个比例虽然只有冷战时期的一半，但并不代表军费开支绝对数值的下降，只是因为 90 年代美国经济发展良好。

也就是说，我们衡量美国国防开支的负担，必须参照其经济能力，以及它的经济能否长期支撑每年大致相当于国民生产总值 5% 的国际收支赤字，后一点是值得怀疑的。固然美国经济基础雄厚，经济总量在全球占比高达 27%[①]，这个数字已超越当年的大英帝国，[67] 但这一比例远低于两次世界大战之间的间歇期和二战结束时 40% 的水平。而且在未来的几年里，这个比重还可能继续下降。所以美国想要保住目前的军事优势，就必须缩减公共开支，而这又会直接波及国内市井百姓的日常生活，可以想见这种情况将会反过来影响到民众对帝国事业的支持率。

/ **244**

若想了解帝国的军事开支对美国民众的负担有多重，我们只消比较一下两个数字：美国在世界经济总量中所占的比重大致相当于紧随其后的日本、德国和法国三国之和[②]，但美国的军费开支预算绝对值却是排在后面的十二个国家之总和[③]。[68] 这也就是为什么安德鲁·巴塞维奇得出结论说，美帝国最大的软肋不在于外部威胁，而在于美国民众未必甘心承担帝国的成本。[69] 成本问题，也就是帝国政治的收益与开支在中期的比例关系，恐怕是困扰民主帝国的主要难题。倘若帝国内部反对者与外部敌人一齐抓住这

---

① 这个数字在 2018 年已降至 23.9%。

② 此书写成于 2005 年初，根据世界银行数据，2018 美国在全球 GDP 中占比依然大致相当于紧随其后的中国、日本和德国三国之和。

③ 按照 2018 年的数据，大致相当于排名其后的八个国家总和。

一软肋，大做文章，那也是不足为怪的。

　　在东西方对抗的冷战时代结束以后，美国相信，它所受到的来自帝国边缘的挑战远比帝国秩序内部的竞争更为严峻。这一观念促使美国政府仅兑现了冷战结束的部分和平红利，而继续扩大其军事技术方面的优势。针对美国海外机构设施的恐怖袭击不断攀升，尤其是"9·11"事件的爆发，似乎证明了华府这一决策的先见之明。此外，美国人的这个决定还基于他们的另一个信念：欧洲在科技和经济上赶超美国已永无可能，也就无力对美国的霸主地位发起真正挑战了。

　　事实上，欧洲通过引入欧元，建立欧洲统一货币区，对美国全球宰制地位的威胁将远远大过伊斯兰主义 。[70]而欧洲的科研组织若充分整合，并将科研成果转化到经济发展之中，那么也同样可能收获类似于引入欧元的效果。美国近几年来之所以越来越青睐军事控制手段，不排除与欧洲经济发力、渐渐迎头赶上的势头有关联：通过将竞争领域转移到军事力上，美国至少还能在短时间内保持对欧洲的优势。另外，美国还在欧洲内部挑起政治争端，借机抵消欧洲人通过经济一体化而获得提升的权力与影响力。

/ 245

　　结合前面我们已经讨论过的权力之四种来源，上述观点的本意是：美国经济权力优势下降，[71]需要通过扩大军事权力优势来弥补；而在军事权力上，欧洲人又显然无意下大功夫，以求获得与美国对等的地位。当然美国的做法会增加它对帝国经济空间的统治成本，而其中能转嫁给欧洲的不会太多。对此，美国的因应方式无非两种：以传统"分而治之"的政策来分化欧洲，或者将欧洲更紧地嵌进帝国空间的维护体系中来。究竟将来其中哪一种会成真，也要看欧洲人自己如何抉择。

/ 欧洲面临的帝国挑战

随着东西方对抗的结束和苏联的瓦解，世界政治格局重新洗牌。新的政局给欧洲的挑战远比人们在 90 年代初期所设想的或所期望的更为严峻。起初人们把东西对峙局面的终结看作一种机遇：欧洲人将告别政治分裂和敌意，而发轫于西欧、超国家的经济和政治一体化进程也将稳步向中欧和东欧推进。回首历史我们会发现，当初人们一方面明显高估了俄罗斯对一体化进程的阻力，但另一方面也低估了由此而生的经济和社会问题。一些观察家已经预料到，欧洲的"重新统一"将改变它的政治分量，欧洲将在国际舞台上扮演更重要的角色。但往往他们也对欧洲的角色寄望过高。认为北约将随着向中欧和东欧的进一步扩张而发生根本改变的看法，有一叶障目之嫌，甚至在多数时候是一种误判。比如按预测，欧洲会在扩张后的北约中发挥更大作用，结果欧洲的影响力不升反降，美国反而进一步上升为一种不受约制的宰制权力。[72]

/ 246

事实上欧洲所面临的挑战没有变，它来自两方面：一方面，在帝国撤离的后帝国空间，动荡不安、冲突不断——当然这也是后帝国空间的通病；另一方面，一直扮演"仁慈霸主"角色的西方领导国越来越朝着帝国行为体的方向演变，却对其盟友的意见和诉求置若罔闻。多数欧洲政治家都对这些变化感到错愕不已，因为他们之前没有将帝国的行动逻辑纳入考量体系，而是一直将主权国家作为政治考量单位。结果他们现在必须同时应对一大片后帝国空间和一个帝国行为体。欧洲人的困扰始于南斯拉夫问题，面对因南斯拉夫解体而引发的一系列战争，究竟该如何应对，曾让欧洲人纠结不已。后来，在伊拉克战争爆发前这些困扰加剧为政治上的反目。现在的问题是，究竟欧洲的影响力和重要性果真如某些人所声称的那样提高了呢，还是像另一些人所认为的，下降了呢？

欧洲面临的帝国挑战是一种双重挑战，而且两个挑战截然不同。一方面，欧洲必须同强大的美国继续保持双边关系，同时也要避免出现这样的情形：给霸权国家的行动投资、出力，又要承担战争善后工作，但在政治和军事决策上却失去了发言权。在这一点上，欧洲人必须遏止自己的政治边缘化趋向。面对美国，欧洲人要坚守住自己作为帝国空间亚中心的地位，避免在欧洲与美国之间出现一种中心和边缘的落差。另一方面，欧洲同样还须关注其东部和东南部动荡不安的边缘，既要遏制战乱，防止国家陷入崩溃，又要避免卷入对外扩张的旋涡，后者将是当前框架下的欧洲所不能承受之重。在欧洲的边缘，欧洲人面临一个相当吊诡的危险：没有成为帝国，却依然陷入帝国的过度延伸。

面对这双重挑战，欧洲人至今没有找到对策，他们甚至还未认清这些挑战。翻阅相关学术文献，我们可以看到针对上述问题大致有两种不同的反应：第一种，我们姑且称之为"宽心说"，它特别看重欧洲同美国的关系。但它的主要观点是，[73] 来自美帝国的挑战并没有乍看之下那么严峻。因为美国已经在走下坡路，在全球四处插足已让它不堪重荷，所以很快美国将失去对欧洲的领先地位。这一"宽心说"突出强调了欧洲的经济实力，断言欧洲和美国朝着均势的方向发展，然而它忽视了两点或者说对这两点认识不够：首先，美国全球领导角色的削弱乃至崩塌即使能帮欧洲消除一些问题，但恐怕又会给它带来大得多的新麻烦。其次，恰恰是欧洲和美国在经济上的均势，可能会诱使美国更多地依赖军事力量作为解决问题的工具；因为这样一来，欧洲人便又变回侏儒，而美国则变成了巨人。简而言之，"宽心说"低估了美帝国作为全球稳定器的作用，同时又高估了经济因素在短期内对权力关系的影响力——经济因素的分量往往要经过很长时间才能慢慢突显出来。

"宽心说"的补充是所谓"认同说"。这种学说从纯粹的内部角度来认识欧洲的一体化进程，它们的视线从欧盟对东欧、近东和北非的政治影响上转移出去，聚焦于欧洲的宪政秩序和文化认同。[74] 但这种说法有一个假定前提，那就是欧洲人得像冷战时期那样有充分的时间来让决策走向成熟，让迥异的政治文化求同存异、共荣共存。冷战时期政治的降温让政治进程放缓，似乎也引起了政治"相态"上的转变，这一切都有利于欧洲的进一步融合。但是随着冷战时期的结束，政治进程放缓的诱因也荡然无存，于是在迫切的"追补需求"的驱动下，欧洲政治进程明显加速——即使不比世界其他地区更快，至少也恢复了正常速度。在放缓期欧洲人尚有闲心和耐心寻求共有的认同感，但随着政治进程在 20 世纪 90 年代开始提速，寻求认同感变成了遥远的奢望。此外，"认同说"还忽视了边缘问题，想当然地认为在中心的认同问题理清之前，边缘的麻烦不会有提前升级的危险。这种倾向在有关土耳其申请加入欧盟的公共讨论中充分显露出来。

谈到欧洲同美国的关系，我们想到本书首章所讨论的雅典海上霸权的演变，它给欧洲和美国的关系敲响了一记警钟：只要波斯帝国的威胁还迫在眉睫，雅典虽居高临下，视其他盟邦为弱者，但彼此尚且权利平等。但在东方的威胁解除以后，众盟邦兑现了和平红利，雅典也同意诸盟邦以金钱来代替履行义务，至此权利对等的盟邦关系就蜕变为一种附庸关系。诸盟邦唯雅典马首是瞻，而盟邦之间的鹬蚌相争，更让局面火上浇油，自然加剧了这一蜕变趋向。欧洲如若不想重蹈那些小盟邦的覆辙，就必须把自己铸造成一个政治统一体，它在做重大决策时不容旁人置喙——哪怕最紧密的盟友也不例外。

迫使欧洲人勠力协作的压力来自外部，但内部发展必须得跟上。这一切能否成功，主要不取决于新加入欧盟的中欧成员国，更多要看英国人怎么决定，是给美国当副手，还是做欧洲人的领袖。不管英国人走哪一条路，欧洲一体化进程都要跟着做出相应调整。众人翘首以盼的巴黎－伦敦－柏林的三角若前景无望，就得在欧陆再寻觅一个强国加入巴黎－柏林的轴心，扩展为新的三角。当然，如此一来伦敦将被移至统一欧洲的边缘。但不管怎样提升欧洲对外行动能力，将引起欧洲人的决策结构更趋层级化，这样的决策结构在欧洲制定共同农业政策时没能成形——当时也还没有这个必要；反过来说，欧盟国家若不实现其鲜明的层级化，欧洲一致对外的行动能力也无从谈起。另外，层级化不强这一点也足以解释很多中小国家何以阻碍强大集体的外交和安全政策。其实这些国家自己必须明确一点，它们的遏阻行为并没有为自己争得什么活动余地，反而让美国人从中渔翁得利，提升了左右欧洲事务的影响力。正因如此，美国喜欢利用欧洲小国及中等国家的差异性来做文章。不过面对越来越错综复杂的世界局势，美国毕竟也离不开欧洲的支持。这就给欧洲提供了一个机会，对华盛顿的这一行径说不。

欧洲推行一个共同的外交和安全政策之所以大有必要，不仅是为了应对来自美国的挑战，同时这也是维护欧洲边缘稳定必不可少的条件。欧洲人首次领教动荡边缘所产生的旋涡吸力效应，是在 20 世纪 90 年代的波黑战争中，而且这个吸力效应还有进一步增大的可能。一旦波及开来，就不仅仅是区区一个巴尔干半岛遭难，还会殃及从白俄罗斯、乌克兰到高加索地区，直至近东和中东的一大片地区，从那里还会经由地中海继续蔓延到摩洛哥等北非一带。在上述这个大圈子里，一旦国家崩解，内战爆发，或是经济破产都会引发欧洲政局大地震。而这些风波对美国造成的影响会小很多。有鉴于此，欧洲人必须采取行动，在这些边缘地区发挥更大影响，而不是让美国一家说了算。当然最好的局面是欧洲人自己做主，管好自家"后院"，在这些地区让美国人退居二线。不过至少就近东和中东地区而言，这种可能性微乎其微。另一方面，美国一方的自身利益和舆情也有可能发生突变，那么这时候欧洲人就得勇挑大梁，无论是提出方案还是付诸实施，都要承担起一直以来由美国所扮演的要角。

　　欧洲是一个边界较为模糊的大陆，仅在北方和西边才存在天然的边界，而就南面和东部来讲政治和经济共同体可以或者说应当延伸到哪里，就没有那么明朗了。南面的地中海固然是大陆的自然边界，但它在历史的长河中更多起到一种连接作用，而不是隔离效用。比如对罗马帝国而言，地中海非但不是边界，而且曾是帝国的中心，而这一局面一直维持到了公元 8 世纪到 9 世纪——直到阿拉伯人入侵才结束。[75] 后来随着意大利海上共和国威尼斯和热那亚的兴起，地中海再次变成贸易中心。鼎盛时期的奥斯曼帝国，其势力重心也落在东地中海地区。当然今天的欧洲人有很多理由继续将地中海作为其政治一体化的尽头，但这却无法让他们卸下维持地中海彼岸政治和经济稳定的压力。毕竟北非国家能否维系稳定的秩序，对欧洲人来说也利害攸关。

/ 251

　　以上针对欧洲南部边界的讨论，同样适用于东部边界。保罗·瓦莱里（Paul Valéry）曾将欧洲比作"亚洲大陆的一个小小海角"。[76] 在其漫漫历史中，欧洲人每每东望，心中总惴惴不安。每隔一段时间总有从亚洲内陆草原踏出的铁蹄，侵扰欧洲人的生活。从历史时期上看，这种入侵始自所谓"民族大迁徙"时期，一直延续到沙俄帝国的诞生，其结果就是欧洲的东界陷入动荡：面对亚洲游牧民族的屡屡进犯，欧洲人后来慢慢尝试着将自己的文化领地和势力范围向东延伸。在这当中，沙俄帝国的崛起影响深远。随着沙俄帝国的建立，欧洲人棘手的东部边界问题从此以后便取决于人们对俄国的心理定位了——把它看作偏欧洲的力量，还是偏亚洲的大国。沙俄的这种两面性也折射出它自己反复在两个选项之间摇摆不定的事实。如果在古典地理学家眼里顿河是欧洲的东界，那么18世纪的地理学家在彼得大帝改革后又将这条边界推至乌拉尔山脉一线。俄国也因此变成了一个欧洲的国家。[77] 随着欧洲一体化进程的深入，这一原先基本停留在文化层面上的问题，如今成了彻头彻尾的政治难题。在这个问题里，首要的一点是欧盟和俄罗斯应当相互毗邻呢，还是说两者之间需要白俄罗斯和乌克兰作为缓冲？

当然欧洲最为头痛的边界，还是在欧、亚、非三大洲交界的东南隅。广义上讲，东南欧涵盖巴尔干地区南部、小亚细亚及近东地区。在过去的几十年里，这一地区或轻或重一直扮演着欧洲火药桶的角色，危机难息。这同1945年之后便保持长期和平的欧洲内陆形成了强烈反差。恢复和维系这个地区的稳定，需要欧洲的大量投入，而这也是欧洲绕不开的一道坎。回眸东南欧的历史不难发现，这片土地从遥远的古代开始，就一直是庞大帝国诞生的温床，但也是诸多战争的策源地。而早在很久以前，人们就以东西方碰撞或专制与自由之争等意识形态化的东西来解读这种战乱频仍的现象。拜占庭和奥斯曼先后都以这一地区为中心，建立了庞大帝国，在其鼎盛时期皆被视作西欧的强劲对手。到了19世纪奥斯曼帝国步入漫长的垂死挣扎期，当时欧洲国家力图通过复杂的结盟体系稳住它，稳住一触即发的东南欧危局。由此可见，在整个欧洲历史长河中，东南欧边陲确实始终扮演了一个十分特殊的角色。

所以说，无论从地理上还是政治上讲，欧洲没有明晰的边界。特别在东部和东南部，欧洲只有所谓"边界地带"，而这也恰是帝国大空间秩序所特有的。但欧洲的历史是领土国家形成、再发展成为民主国家的历史。这种政权组织形式是基于边界单一化（或者说固态化）的原则建立起来的。民族国家的疆界，不仅是政治和经济意义上的分界线，同时也是语言和文化上的分水岭。正是因为由此而生的同质性，在欧洲兴起的民族国家当中总会孕育出一些异常强大的行为体，叱咤于政治舞台；而当它们同中欧、东欧的帝国发生冲突时，吃亏的几乎总是后者。

/ 253

然而边界单一化（固态化）的秩序模式导致了一个后果：在秩序内部积蓄的能量一再在这些边界耗失一空——因为民族国家对具体的边界划定无法达成一致，总企图往外推移。此外，在西欧已生长数百年的民族国家模式要移植到东部，常常水土不服。在那里边界单一化的策略催生出歧视性政策，甚至引发对少数族裔的驱逐。二战结束以后，在西欧启动的欧洲一体化政策虽然在原则上仍然维系了民族国家的秩序模式，但与此同时政治、经济和文化的界线正发生系统性消融。打破政治及文化认同的壁垒曾被视作遏制欧洲人彼此之间敌意的不二法门。早在20世纪80年代，随着欧洲一体化进程最终形成决议，一种新的变化趋向由此拉开序幕：边界多元化模式让位于新一轮的边界单一化（和固化）。欧洲的认同之争就是在这个变化下产生的结果。于是，在欧洲的对外边界上出现了清晰可见的断层，对外边界最终成为一道排他性边界（Exklusionsgrenze），而这又激发更多国家希望加入欧盟，入盟谈判一轮接着一轮。于是颇为吊诡的是，反而首先是边界单一化政策推动了一个持续不断、经久不息的欧盟扩张进程。

还有一个替代方案，就是帝国秩序模式。帝国秩序模式会引起不同的边界走向多元化，因此它大多只有柔性的动态边界，在这些边界上，中心的支配权慢慢消退。边界地带取代了边界线。如若欧洲不想因负荷过重而最终归于失败的话，那么它将不得不采纳这种帝国的边界模式。实际上这一秩序模式已经写入欧洲发展的进程之中：欧盟的对外边界，有别于申根区边界，也不同于欧元区边界。这一模式必须进一步发展完善，使欧洲的对外边界既保持稳定，又不失弹性。与此同时，还需对边缘发挥影响作用，影响方式应更符合帝国式的要求，而不是超国家体系的准则。总而言之，不借用帝国的秩序模式，未来的欧洲将难有出路。

注　释

第一章　什么是帝国？

1 关于伊拉克战争之前的形势分析，参见 Aust（Hg.）: *Irak*，特别是第 39 页起若干页；Tilgner: *Der inszenierte Krieg*，第 17 页起若干页；Kubbig: *Brandherd Irak*，特别是第 9~20 页；Wolfgang Sofsky: *Operation Freiheit*，第 66~74 页，以及 本书作者 Münkler: *Der Neue Golfkrieg*，第 19~28 页。

2 关于北约东扩的历史及涉事各方的意图，参见 Asmus: *Opening NATO's Door*。

3 Mann: *The Incoherent Empire*，第 252 页；类似表述见 Czempiel: *Pax Americana oder Imperium Americanum*？这一概念显然可以追溯到 Kagan 的一篇文章：*The Benevolent Empire*。

4 将美国和罗马帝国进行系统性比较可见 Bender: *Weltmacht Amerika*，把美国在世界政治中的角色称为"新罗马"（New Rome）始于 19 世纪中期，见 Gollwitzer: *Geschichte des weltpolitischen Denkens* 第 1 卷，第 489 页起若干页；与英帝国统治方式的隐性比较贯穿 Mann 的论述：*The Incoherent Empire*；Todd: *After the Empire* 介绍了苏联衰亡等对美国命运的昭示；有关美国与罗马帝国和大英帝国进行对比的想法也出现在 Ferguson 的书中，参见 *Colossus*，第 19 页起若干页，第 34 页起若干页。

5 参见 Wood: *The Creation*，特别是第 48 页起若干页；Richard: *The Founders and the Classics*。美国虽然自豪宣称其对罗马共和传统的继承和发扬光大，但同时也对罗马从共和制过渡到帝制的历史持批判态度。罗马史学研究中提到的罗马人因此而道德沦丧，世风日下，而按美国人的说法，这些坏毛病也转移到了大英帝国身上。所以在这个意义上讲，美国通过艰苦战斗脱离英国而获得独立，也是将共和制从帝制里挽救出来了。参见 Bailyn: *The Ideological Origins*，第 131 页起若干页，以及 Wood: *The Creation*，第 35 页起若干页。

6　对此详述见 Daschitschew: *Moskaus Griff nach der Weltmacht*，第 41 页起若干页和第 511 页起若干页。

7　对大英帝国和蒙古帝国的比较，参见 Göckenjan: *Weltherrschaft oder Desintegration*；关于蒙古帝国的扩张，参见 Weiers: *Geschichte der Mongolen*，第 45 页起。

8　关于阿契美尼德帝国（波斯第一帝国）及其希腊化继任帝国——作为连接地中海地区与亚洲的中间帝国——在 Breuer 的书中有生动描述：*Imperien*，第 122~158 页；对葡萄牙在欧洲殖民帝国形成过程中所起的带头作用的深入研究，见 Abernethy: *Dynamics of Global Dominance*，第 45 页起若干页，以及 Reinhard: *Kleine Geschichte des Kolonialismus*，第 25 页起若干页。

9　这方面的简述可参见 Mommsen: *Imperialismustheorien*。

10　将帝国势力比喻为太阳及围绕着它的星体，依我所见，并不是源于军事帝国特性，而是源于经济帝国特性。银行家 Nathan Rotschild 在 19 世纪初对英国下院演讲时说："英国是世界金融之都，大宗商业活动或多或少都在这个金融中心的影响之下完成，不那么富有的国家必须像太阳系中小天体围绕着太阳旋转一样围绕着金融中心运动，在那里获得光和养料，并乐此不疲。"转引自 Gollwitzer: *Geschichte des weltpolitischen Denkens* 第 1 卷，第 505 页。

11　参见 Schuller: *Die Herrschaft der Athener*，第 54 页起若干页。

12　Heinrich Triepel: *Die Hegemonie*，第 146 页起，将这一现象称为"吸收性霸权"。

13　参见 Breuer: *Imperien*，第 140~147 页；详见 Welwei: *Das Klassische Athen*，第 77~139 页；关于将雅典统治的政治学名称由原来的 hegemonía 改为 arché，参见 Triepel: *Die Hegemonie*，第 343 页起若干页；关于同盟的质变，见同一出处，第 377 页起若干页。关于雅典统治权的详述，见 Schuller: *Die Herrschaft der Athener*，特别是第 153~165 页。

14　转引自 Ferguson: *Empire*，第 246 页。

15 参见 Maier: *Among Empires*。

16 基于完整性考虑，在此必须指出，在帝国主义研究理论中的旁支，也就是所谓着眼于边缘的帝国主义研究理论，极有可能看到了边缘对超级帝国产生的意义。这类理论认定："大国的帝国主义行为一般都是由第三世界中的危机性事件引发的"。Mommsen: *Imperialismustheorien*，第 80~90 页，上述引文见第 81 页。

17 关于大国兴衰长周期的概念化问题，参见 Modelski: *Long Cycles in World Politics*，第 7~38 页。

18 Doyle: *Empires*，第 306 页起若干页，第 319 页起若干页。当然，多伊尔更多关注的是法国和德国的帝国主义，而不是帝国的成功创建过程。

19 参见 Kann: *Geschichte des Habsburgerreiches*；有关查理五世的帝国野心，参见 Kohler: *Karl V.* 以及 Haider: *Karl V.*。

20 有关哈布斯堡皇朝的叙述也基本适用于拜占庭的情形。拜占庭遭受伊斯兰教势力的攻击后，在中东地区丧失了大片领土，沦为一个地区性霸权。当然这并没有阻止它继续追求世界统治权。参见 Lilie: *Byzanz*，第 75~141 页，以及 Beck: *Das byzantinische Jahrtausend*，第 78~86 页。

21 Osterhammel（*Kolonialismus*，第 17 页）对殖民地进行了统治型殖民地和据点型殖民地的划分。两者都可以被看作不同类型的帝国形成的源头。

22 Fernand Braudel 在他有关 15~18 世纪社会史的著作中指出，欧洲最重要的金融中心最早是在意大利，大部分时间在威尼斯和热那亚之间竞争。后来转移到尼德兰地区的安特卫普、阿姆斯特丹，最后又转移到英国伦敦。金融中心的转移对于欧洲权力转移的意义远甚于那些夺取领土而发动的大大小小的战役。参见 Braudel: *Sozialgeschichte des 15.–18. Jahrhunderts* 第 3 卷，第 147 页起若干页和第 187 页起若干页；还可以参见 Wallerstein: *Das moderne Weltsystem*，第 97 页起若干页和第 245 页起若干页。

23 参见 Nef: *Western Civilization*，第 84 页起若干页；Parker: *The Military Revolution*，第 89 页起若干页以及 Cipolla: *Guns, Sails and*

Empires，第 89 页起若干页。

24　顺便一提，这曾经体现在苏联身上。在控制太空方面，苏联曾经长时间领先美国一步。

25　关于"天下"（Ökumene）这一概念，参见 Voegelin: *Das ökumenische Zeitalter*，第 58~62 页。对文化与技术因素意义的忽略，一直是卡尔·施米特（Carl Schmitt）大空间秩序理论的根本性错误。他先是批评了美国"门罗主义"从美洲大陆慢慢到世界的扩张，后来他又自己设计出一个针对欧洲的"德国门罗主义"。参见 Schmitt: *Völkerrechtliche Formen des modernen Imperialismus* 以及他的 *Großraum gegen Universalismus*，还可以参见 Diner: *Imperialismus*。所有这些想法都没有摆脱地球空间概念的束缚，并因此疏忽了帝国"世界"观的原动力，帝国"世界"观并非始自资本主义扩张，却因资本主义扩张明显地获得了更多活力。

26　参见 Breuer: *Imperien*，第 12 页起若干页和第 158 页起若干页。

27　参见 Lilie: *Byzanz*，第 143 页起若干页。

28　俄国和英国在 19 世纪仅有的冲突都发生在这条分界线上：争夺博斯普鲁斯海峡控制权。由此引发了克里米亚战争，以及争夺波斯和阿富汗的争端。当时泛滥于英国知识界的仇俄情绪，也让两大帝国"和平共处"的可能性受到严重挑战。参见 Gollwitzer: *Geschichte des weltpolitischen Denkens* 第 2 卷，第 28 页起若干页，第 71 页起。

29　英国史学家弗格森（Niall Ferguson）最近在他的 *The Pity of War* 一书中开启了一场辩论：20 世纪初的英国为了防止一个在德国领导下的陆地帝国而加入一战时，英国政治在多大程度上误读了英帝国自己的生存需求。事实上，英国政策如外交大臣爱德华·格雷（Edward Grey）所说，源自其帝国"世界"的逻辑。彻底的"改天换地"（global shift），如弗格森所言，可能符合英帝国的中长期利益，但在事实上几乎没有实现的可能。

30　或许指出帝国的多种族或多民族特性只是为了强调帝国与民族国家的差异。民族国家的特征是政治空间和民族认同趋向高度一致。参见本书作者 Münkler 著作 *Reich, Nation, Europa*，第 61 页起若干页。

31　数据出自 Osterhammel: *China*，第 122 页。

32　Thukydides: *Peloponnesischer Krieg*，*V*，第 84~116、450~460 页。

33　参见 Volkmann-Schluck: *Politische Philosophie*，第 39~58 页中对米洛斯对话做出的阐释。与此相对，de Romilly: *Thucydides* 中作者没有将这一冲突归因于米洛斯对帝国格局的误判，而是将这一冲突归因于雅典人的帝国主义强权政治。

34　很显然，修昔底德的哪一种解释更受青睐，跟政治共同体的集体记忆有关：在德国文献中便随处可见对强权政治衰亡的记载和解读。

35　Thukydides: *Peloponnesischer Krieg*，I，144，1，以及 II，65，7。

36　Fulbright: *The Arrogance of Power*.

37　Jürgen Habermas: *Was bedeutet der Denkmalsturz?* 以及同一作者的 *Wege aus der Weltunordnung*。

38　Habermas: *Wege aus der Weltunordnung*，第 34 页。

39　比如说 Heinrichs: *Die gekränkte Supermacht*。

第二章　帝国、帝国主义和霸权：必要的区分

1　Gollwitzer: *Gechichte des weltpolitischen Denkens* 第 2 卷对这个时期在英国、俄国、美国、法国和德国进行的有关讨论给出了出色的综述。Mommsen: *Imperialismustheorien* 和 Schröder: *Sozialisitische Imperialismusdeutung* 对批判性帝国主义理论进行了简要概述。关于帝国主义的概念发展史，请参见 Koebner: *Imperialism*。

2　令人惊异的是，这些与当今大企业的论调如出一辙，他们认为只有先做全球玩家（globalplayers），才能成为赢家。

3　学界在讨论这种焦虑状态主要以德国为例。例如可参见 Ullrich: *Die nervöse Großmacht*，以及 Radkau: *Das Zeitalter der Nervosität*。当然，这种焦躁不安的状态不限于德国，它也同样表现在法国和英国身上，狂

热的日耳曼仇视情绪曾弥漫在这两个国家。参见 Gollwitzer: *Geschichte des weltpolitischen Denkens* 第 2 卷，第 71 页起。

4 参见 Doyle: *Empires*，第 344 页起若干页。

5 关于美国在 19 世纪末进行的帝国扩张，参见 Wehler: *Der Aufstieg des amerikanischen Imperialismus*。与美国帝国扩张有关的战争，见 Boot: *The Savage Wars of Peace*，尤其关于菲律宾战争的评述，见第 99~128 页。

6 帝国主义理论的马克思主义学派主要代表有鲁道夫·希法亭、罗莎·卢森堡、卡尔·考茨基和列宁。在这些人的讨论中争论的一个问题是到底应该将帝国主义扩张更多地归因于消费不足还是过度积累。这个问题在本书阐述中并不重要。对于传统思维跟"贸易与变迁"精神的碰撞，在 Wemer Sombart 的战争论文 *Händler und Helden*（1915）中有一段值得关注的阐述。但该著作涉及核心不是身处战乱的桑巴特（Sombart）的一个"爱国主义错误"，而是他的资本主义理论的政治应用：资本主义在成功中渐渐丧失活力，变得越来越"臃肿"，所以必须引入与其本质相抵触的新思路让它得以继续运行。熊彼特（Joseph Schumpeter）采取了与此相反的视角（*Zur Soziologie der Imperialismen*，第 283 页起），关于帝国主义和资本主义之间的关系，他写道："帝国主义是种返祖现象……是社会结构的回潮和个体精神的感受习惯的返祖。因为曾经造就帝国主义的生存紧迫感已经荡然无存，所以哪怕那些非帝国主义性的（侵略性的）发展变化有让帝国主义死灰复燃之意，但帝国主义还是必将慢慢消亡。"

7 "侵略性帝国主义让纳税人负担沉重，给商人和企业主的回报微薄，对公民危害极大，但它却给一些投资带来丰厚利润。这些投资者在国内市场已经找不到有利可图的投资机会，所以要求政府帮助他们在海外找到可靠而回报丰厚的投资机会。"见 Hobson: *The Imperialism*，第 74 页。

8 特别是在 1892 年就任财政大臣的维特（Sergej Witte）任期内进行了这一尝试。他认为，沙皇帝国如果不能够过渡到经济帝国主义政治，将沦为被剥削的殖民地。而这一过渡，按照维特的预计，最有可能在东亚实现。参见 Geyer: *Russian Imperialism*，第 147 页起若干页。

9　Aron: *The Century of Total War*，特别是"列宁及其对帝国主义的解释"这一章第 89~115 页对这个问题进行了精彩阐述。

10　关于俄国在 19 世纪 80 年代末变换盟国政策背后的经济支撑，详见 Geyer: *Russian Imperialism*，第 169 页起若干页。

11　为了建立帝国而对农民进行压榨的情况，参见 Hosking: *Russia: People and Empire*，第 228~254 页。

12　仅仅在 1887 到 1913 年期间就有 540 万人移民或被强迫迁移到西伯利亚，参阅 Reinhard: *Kleine Geschichte des Kolonialismus*，第 164 页起。

13　参见 Geyer: *Russian Imperialism*，第 128 页。

14　参见 Hosking: *Russia: People and Empire*，第 36 页。

15　不能因此而否认，部分商人家族的发迹与俄国的帝国主义扩张息息相关。一个佐证就是斯特罗加诺夫家族（Stroganov），他们推动并操纵了俄国向西伯利亚的扩张运动。参见 Hosking: *Russia: People and Empire*，第 13 页，以及 Reinhard: *Geschichte des Kolonialismus*，第 161 页起。

16　中华帝国历史上每隔较长一段时间便会出现的分裂现象无一例外地肇始于边缘。参见 Schmidt-Glintzer: *China*，第 64 页起若干页、第 133 页起若干页、第 193 页起若干页。

17　参见 Lehmann: *Das Ende der römischen Herrschaft*。

18　关于土耳其禁卫军的体制和"血税"招募方式，参见 Matuz: *Das Osmanische Reich*，第 98 页起若干页。作为奥斯曼帝国衰弱的征兆，禁卫军衰没的历史可参见 Jorga: *Geschichte des Osmanischen Reich* 第 3 卷，第 220 页起若干页。简要概述见 Ursinus: *Byzanz, Osmanisches Reich, türkischer Nationalstaat*，第 155 页起。

19　参见 Pieper: *Das Ende des Spanischen Kolonialreiches*，以及 Bernecker: *Spanische Geschichte*，第 107 页起若干页。

20　见本书下文，第 163 页（原书页码，即本书页边码）起。

21　转引自 Schell: *Unconquerable World*，第 36 页。

22　参见 Robinson: *Africa and the Victorians*。

23　参见 Schell: *Unconquerable World*，第 35~38 页。

24　英国人和美国人对边缘动荡的不同因应方式主要与他们特定的政治传统有关，而与原则性和规范性差异关系不大。对英国人来说，建立保护国和殖民地的决定符合他们的一贯政策。而对于美国人来说，因为他们在意识中将对英国的独立战争上升到了立国神话，所以建保护国和殖民地的做法与他们的理念有冲突。但事实上，美国对待巴拿马和菲律宾的方式也是以建立保护国而告终的。有关作为空间与时间密集化的全球化所经历的各个发展阶段，参见 Menzel: *Die Globalisierung*。

25　当然，我们更应该把这种过渡想象为走过了一段路程，而不是跨越了一道门槛。

26　参见 Robinson: *Non-European Foundations*，以及 Fieldhouse: *Economics and Empire*。

27　Geiss: *Kontinuitäten des Imperialismus* 评述了帝国主义理论的复兴以及因此在德国所触发的历史研究。

28　马克思的波拿巴主义理论在 20 世纪又被多位学者重新挖掘，用于对意大利法西斯主义和德国纳粹的分析，参见 Jaschke: *Soziale Basis*。

29　Marx: *Der achtzehnte Brumaire*，第 196 页。

30　同上书，第 148 页。

31　Marx: *Erste Adresse des Generalrats*，第 3 页。

32　关于威望的概念和理念，参见 Kluth: *Sozialprestige*。

33　当然，主要源于皮埃尔·布迪厄（Pierre Bourdieu）的资本类型模式在当时并不流行，因而在 19 世纪的政治学帝国主义理论中没有这方面的详尽阐释。但事实上，即便没有提到概念，这些研究理论中已经具备了资本类型模式的雏形。

34　参见 Koebner: *Imperialism*，第 1~26 页。

35　参见本书作者 Münkler: *Das Reich als politische Macht*。

36　关于威望在国际政治中的重要性，参见 Gilpin: *War and Change*，第 30 页起若干页。

37 见本书下文，第118页（原书页码，即本书页边码）起。

38 概要参见 Mommsen: *Imperialismustheorien*，第7~11页。

39 关于这一点，Snyder 从霸权和帝国的野心入手，阐述了多极和两极体系的激励机制和制裁机制，参见 Snyder: *Myths of Empire*，第21~26页。

40 国际政治的框架条件被定义成单极还是多极，对于"来自第二梯队的威望追求"造成的影响并非至关重要。在这两种情况下，优势力量为了确保盟友对其霸权地位的承认而承受了越来越大的压力。按照 Mearsheimer: *The Tragedy of Great Power Politics* 第12页起的说法，也可以将上述两种格局描述为具有一个潜在霸主的多极局面。在作者米尔斯海默看来，这一体系最易发生冲突。

41 这样的观点大致见于 Verenkotte: *Die Herren der Welt* 第82页起若干页中，有作者旁征博引的论述。

42 参见 Koebner: *Imperialism*，第135页起若干页。

43 Mahan: *Der Einfluss der Seemacht*，特别是第21页起若干页。

44 关于欧洲权力之争以及持久霸权一次次失败的历史，参见 Dehio: *Gleichgewicht oder Hegemonie*；关于英国的欧洲均势政策和平衡者角色，参见 Vagts: *Die Chimäre des Europäischen Gleichgewichts*。

45 关于霸权战争的概念和定义，参见 Gilpin: *War and Change*，第186~210页。

46 至于西班牙，要把它一直持续到19世纪的海外帝国和因法国及奥斯曼的（有时是协同的）反制行动而胎死腹中的欧陆帝国梦区别开来。对此及其随后的论述，参见 Dehio: *Gleichgewicht oder Hegemonie*。

47 这类小规模战争不可以与现代游击战混为一谈，虽然二者之间存在某些相似之处［见本书下文184页（原书页码，即本书页边码）起若干页］。这类战争有时采用极为残忍的方式，而且完全无视任何国际法。1904年德国对德属西南非的赫雷罗人起义的血腥镇压就是其中一个佐证。参见 Zimmerer: *Völkermord*。

48 Bender: *Weltmacht Amerika*，第170~176页，指出了边缘对于罗马和美国崛起的意义。

49 关于 18 世纪起英国经济的发展及其对其他欧洲竞争对手的相对优势，参见 Landes: *The Wealth and Poverty of Nations*，第 213 页起若干页，特别是第 232 页上的图表。

50 按照这些帝国主义理论的看法，在美国和英国之间爆发帝国主义战争是不可避免的。这种可能性本该在英国对美国内战的干预中变成现实。按照国际政治现实主义理论的观点，英国极有可能向美国宣战。但众所周知，两国的战争并没有发生。关于两国开战可能性的阐述，参见 McPherson: *Battle Cry of Freedom*，第 384~390 页。

51 参见 Hosking: *Russia: People and Empire*，第 7 页起若干页。

52 在 1904~1905 年的日俄战争中，俄国因为轻敌而自食恶果。俄国显然仅仅把日本当作了它向东扩张过程中碰到的诸多弱国中的一个。

53 Mao Tse-tung: *Vom Kriege*，第 179 页起若干页。

54 马克斯·韦伯（Max Weber）1895 年在弗赖堡大学教授履新演讲中，说明了这种帝国时间视域收缩的问题，他宣称："我们必须了解到，如果德国的统一不是德国作为世界强国的政治起点而是终点的话，那么统一就仅仅成了年轻人挥霍过去的恶作剧，而这个恶作剧代价太高，最好还是免了。"见 Weber: *Der Nationalstaat und die Volkswirtschaftslehre*，第 23 页。照此说法，较晚才加入帝国列强俱乐部的德国如果不想空手而归，就必须抓紧时间。

55 除了 Ullrich: *Die nervöse Großmacht* 和 Radkau: *Das Zeitalter der Nervosität*，Fenske: *Ungeduldige Zuschauer* 也探讨了帝国政治中核心要素——帝国时间视域受限问题。

56 国际政治中所谓现实主义派的强项在于对这种权力政治竞争的解释，它们的解读基于这样的想法：在一个由众多接近平等的国家构成的多元体中，权力分配是一种零和游戏。这里说的现实主义理论的两部代表作是：Morgenthau: *Politics among Nations*，以及 Waltz: *Theory of International Politics*。

57 Mearsheimer: *The Tragedy of Great Power Politics*，特别是第 29 页起若干页。

58 Daase: *Kleine Kriege-Große Wirkung* 持有这么一个论点：大规模战争促使国际秩序趋于稳定，而小规模战争则会挑战现有国际秩序。

59 参见本书作者 Münkler: *Die neuen Kriege*，第 125 页起若干页。

60 参见 Judt: *A Grand Illusion*，第 15~50 页。

61 Junker: *Power and Mission*，第 51 页起若干页和第 73 页起若干页；另见本书下文第 147 页（原书页码，即本书页边码）起。

62 Mann: *The Incoherent Empire*，第 265 页。在这本书的另一处也有类似表述：估计不可能有纯粹慷慨的帝国，但有可能存在几乎所有臣民一致认同的帝国。我们把这称为"霸权"。这个称呼表明帝国政权是建立游戏规则，其他玩家按它的规则行事。也有可能大家同意这些规则；如果这样，那霸权就拥有了合法性。见同一出处，第 25 页。

63 Johnson: *The Sorrows of Empire*，第 30 页；弗格森（Ferguson）也站在帝国支持者的立场对帝国和霸权之间的差异含糊其词，而且还有误导作用，参见 Ferguson: *The Incoherent Empire*，第 8~12 页。

64 Kissinger: *Does American need a Foreign Policy？*，第 325 页起若干页。

65 Verenkotte: *Die Herren der Welt*，第 68 页起若干页，对相关观点做了一个概述。

66 Heinrich Triepel: *Die Hegemonie*，第 189 页。

67 同上书，第 283 页。

68 "我们的法律的一个主要作用在于，对异邦和异族的统治越来越多地让位于霸权这种较弱的权力形式。我们可以把这一演变历史的起点一直上溯到斯巴达订立它的第一个霸权性共治条约，即与帖该亚（Tegea）订立条约的那一天。根据那个条约，斯巴达中止了征服与吞并政策。在当今国际生活中，霸权如何强势地挤压政治统治的空间，我们可以在现代'帝国主义'历史的每一页上都读到。"同上书，第 147 页。

69 同上书，第 283 页。

70 同上书，第 176 页。

71 同上书，第 187 页。

72 同上书，第 343 页。当然，创造并使用这一概念的政治环境使人们产生这样一种判断：重要的主要还不是提炼简明精确的概念，而是通过政治修辞影响决策过程。特别是当伊索克拉底（Isokrates）在他关于和平的演讲中宣称，斯巴达人因为在陆地上拥有霸权（hegemonia）而取得了海上的统治权（dynamis），但因为滥用霸权又很快丧失了海上统治权。参见 Isolkrates: *Rede über den Frieden*，§§101–104，第169页起；关于这篇演讲的政治背景以及 Isokrates 在帝国主义和霸权政治之间的立场，参见 Ottmann: *Geschichte des politischen Denkens*，第Ⅰ卷（2），第241页起。

73 Doyle: *Empires*，第54页起若干页。

74 同上书，第40页。

75 同上书，第58页起若干页。

76 同上书，第55页起若干页；关于雅典干涉盟邦内部事务的详述，见 Schuller: *Die Herrschaft der Athener*，第11页起若干页（直接统治方式）和第80页起若干页（间接统治手段）。

77 当然，这样对比两种结盟体系，能较好地重现科林斯人在伯罗奔尼撒联盟中采取的战争宣传。按这种宣传，雅典的势力扩张已经威胁到希腊人的自由。 所以必须对雅典发动一场战争，来粉碎提洛海上同盟。修昔底德（Thukydides: *Der Peloponnesische Krieg*，Ⅰ，88）就曾警告大家不要听信这些观点，认为那纯粹是蛊惑人心的宣传。在他看来，真正的战争原因是科林斯人和斯巴达人害怕雅典进一步和平崛起。

78 Doyle: *Empires*，第70页起若干页。

79 "自这支伯罗奔尼撒力量（斯巴达）在半岛上站稳脚跟，建立了优势，它就一直没有扩张野心：领土已经饱和，天性中趋于防御，满足于保护自己的'天下'（Kosmos）不失。扩张政策对斯巴达有害无益。而心系海洋的雅典可以说注定热衷于扩张政策。哪怕出于经济方面的考虑，雅典就需要控制海洋，并因此控制爱琴海岛屿和小亚细亚城邦。更何况，随着政治与社会的发展，工商业人口激增，以及不安分人民的抢掠欲望，这一切都促使雅典走上了扩张之路。所以雅典霸权带有帝国主义的特征是不言而喻的。而且仅仅除了形式（原文如此）上的不同它像极了今天英国在英联邦中的霸权地位。当然，英国的霸权特性是后来发展的结果，而在雅典则刚好相反，先有'霸权'，后有'统治权'。"见 Triepel: *Die Hegemonie*，第 382 页。

80　参见 Doyle: *Empires*，第 81 页。

第三章　草原帝国，海洋帝国和全球经济体：
　　　　帝国统治的简要分类

1　参见 Mann: *The Sources of Social Power*；关于权力的四种来源和组织形式，参见第 1 卷第 46 页起若干页。

2　见本书下文，第 172 页（原书页码，即本书边码）起若干页。

3　参见 Doyle: *Empires*，第 93~97 页。同时见本书下文，第 105 页（原书页码，即本书边码）起若干页。

4　参见 Heuss: *Römische Geschichte*，第 272~320 页，特别是第 289 页起若干页。

5　关于"世界经济体"和"世界帝国"的关系，参见 Wallerstein: *The Rise and Coming Demise of the World Capitalist System*，特别是第 35 页起若干页。

6　对此，参见 Kulischer: *Allgemeine Wirtschaftsgeschichte* 第 1 卷，第 78 页起若干页。

7　综述，参见 Reinhard: *Kleine Geschichte des Kolonialismus*，第 25~43 页。

8　历史学家奥利维拉·马奎斯（Oliveira Marques）这样写道："因为葡萄牙人自知无力攻城略地，确实对在远离欧洲的地方建立政治帝国的兴趣不大，他们只是孜孜以求于对海洋的有效控制，并以势力范围的形式实现政治上的优势地位。"参见 Oliveira Marques: *Geschichte Portugals*，第 151 页。

9　Oliveira Marques: *Geschichte Portugals*，第 162 页起。

10　在荷兰人和英国人之间曾经有过一场辩论：海洋应视为开放（mare liberum，即自由海洋）的还是封闭的空间（mare clausum，即封闭海洋）。关于这场讨论，参见 Diner: *Imperialismus und Universalismus*，第 24 页，以及 Boxer: *The Dutch Seaborne Empire*，第 84~112 页。

11　参见 Oliveira Marques: *Geschichte Portugals*，第 150 页。

12　同上书，第 252 页。

13　Boxer: *The Dutch Seaborne Empire*，第 132 页起若干页；有关荷兰人迥异于葡萄牙人的经济理念，参见 Shama: *The Embarassment of Riches*，第 252 页起若干页。

14　Maier: *Die Grenzen des Empire*，第 128 页起。

15　见本书下文，第 157 页（原书页码，即本书页边码）起若干页。

16　有关数据见 Nye: *The Paradox of American Power*，第 37 页起若干页；关于金融对于建立世界经济支配权要比在世界总产值中所占份额更加重要这一点，参见 Mann: *The Incoherent Empire*，第 50 页起若干页。

17　参见 Landes: *Wealth and Poverty of Nations*，第 256 页起若干页，以及特别是 Fischer: *Internationale Wirtschaftsbeziehungen und Währungsordnung*。

18　Thukydides: *Der Peloponnesische Krieg*，I，10, 2，关于雅典卫城的建造计划和造型艺术规划，可参见 Welwei: *Das Klassische Athen*，第 120 页起若干页；关于奥古斯都的建造方案和造型艺术政策，参见 Zanker: *Augustus*，第 171 页起若干页。

19　关于美索不达米亚地区的大国投建战争机器来补偿行政管理体系运作上的缺陷，可参见 Edzard: *Geschichte Mesopotamiens*，第 170 页起和第 208 页起，不过书中还是明显流露出了对国王们战功记录的怀疑。在迈克尔·曼的著作中有很多处指出了战争机器对早期大国形成的意义，见 Mann: *The Sources of Social Power* 第 1 卷，第 231~249 页。

20　对此以及随后的论述，参见 Göckenjan: *Die Welt der frühen Reiternomaden*；关于早期草原帝国对欧洲历史进程的意义，参见 Schieder: *Handbuch* der europöischen Geschichte 第 1 卷，第 215 页起和第 357~370 页。

21 对此详见 Grousset: *L'empire des steppes*；Altheim: *Geschichte der Hunnen*；Maenchen‒Helfen: *The World of the Huns*。

22 Weber: *Wirtschaft und Gesellschaft*，第 124 页。

23 超凡魅力（charisma）概念最早主要被用于日耳曼的族群产生历史，并因此发扬光大。参见 Wenskus: *Stammesbildung und Verfassung*，以及 Wolfram: *History of Goths*。关于蒙古骑兵摒弃步兵，通过骑兵军事优势屡战屡胜，参见 Liddell Hart: *Große Heerführer*，第 7~32 页。

24 对此及随后的论述，参见 Weiers: *Geschichte der Mongolen*。有关这一主题还可以参见 Kämpfe: *Činggis Khan*；Weiers: *Von Ögödei bis Mönke*，以及 Morgan: *The Mongols*，特别是第 84~103 页。所有关于蒙古人及其世界帝国研究工作的基石都来自 13 世纪上半叶产生的一篇蒙古文字：*Geheime Geschichte der Mongolen*。

25 转引自 Weiers: *Geschichte der Mongolen*，第 72 页。

26 关于伊儿汗国的历史发展，参见 Weiers: *Geschichte der Mongolen*，第 92~96 页，以及 Nagel: *Timur der Eroberer*，第 134 页起若干页。关于蒙古人在中国的统治，参见 Franke: *Geschichte des Chinesischen Reiches* 第 IV 卷，第 424~959 页。

27 参见 Lewis: *The Arabs in Eclipse*，特别是第 110 页起。

28 参见 Nagel: *Timur der Eroberer*，第 155 页起若干页，以及 Irwin: *Die Entstehung des islamischen Weltsystems*，第 71~76 页。

29 这就明确了为什么对于帝国的过度延伸没有客观标准可以衡量：如果不把帝国的扩张形式和整合方式考虑进去的话，中心与边缘之间的最远距离和帝国对外边界线的总长度都不足以作为过度延伸的证明。见本书下文，第 172 页（原书页码，即本书页边码）起若干页。

30 关于欧洲海外帝国的产生和结构，首先参见 Abernethy: *The Dynamics of Global Dominance*，关于葡萄牙和荷兰的海洋帝国，参见 Boxer: *The Portuguese Seaborne Empire*；Boxer: *The Dutch Seaborne Empire*。还可以参见 Reinhard 所做的概述，见 Reinhard: *Kleine*

Geschichte des Kolonialismus，第 25~52 页。

31　见本书下文，第 118 页（原书页码，即本书页边码）。

32　参见 Vance: *Vom mare nostrum zu Kipling "The Seven Seas"*。

33　对这一发展情形的详尽描述，见 Heuss: *Römische Geschichte*，第 168 页起若干页；以及 Syme: *The Roman History*，第 15 页起若干页。

34　这里的论述参考了 Schulz 的想法，见 Schulz: *Roms Eroberung des Mittelmeers*。值得注意的是，Bender 在对比罗马帝国和美国异同时，给罗马选取的历史时间段是在第一次到第三次布匿战争时期，给美国选取的则是从第一次世界大战到冷战时期。见 Bender: *Weltmacht Amerika*，第 60 页起若干页，还可以参见作者书评，见 *Historische Zeitschrift* 第 279 期，第 430~432 页。

35　不过英国在 18 到 19 世纪幸免于类似罗马在公元前 1 世纪所经历的那种内战，也许是因为 17 世纪后半叶在英国已经发生过内战。

36　对此，详见 Triepel: *Die Hegemonie*，第 464 页。

37　关于戴克里先在位期间对罗马帝国的改革，参见 Bellen: *Grundzüge der Römischen Geschichte* 第 2 卷，第 244 页。关于君士坦丁大帝对罗马帝国的分治，参见同书第 3 卷，第 110 页起若干页。关于罗马东西帝国的税收情况和军队部署密度，见 Breuer: *Imperien der Alten Welt*，第 186 页起若干页。

38　关于俄国在中亚传播文明的诉求，参见 Hosking: *Russia: People and Empire*，第 38 页起，以及 Geyer: *Russian Imperialism*，第 187 页起若干页；关于俄国在建立政治文化认同时介乎东方与西方之间的矛盾心理，参见 Figes: *Natasha's Dance*，特别是第 282 页起若干页。

39　对此，参见 Isaiah Berlin 的著作，比如说 *Herzen and his Memoirs* 和 *Russian Thinkers*。

40　Hosking: *Russia: People and Empire*，第 183 页。

41　"历史证明，把有着云泥之别的历史地区——从西方拉丁语文化圈的共和国，到东斯拉夫的东正教地区，再到伊斯兰教文化圈的国家——统统整合在一个社会主义霸权体系之内，从长远角度看是不可行的。"

Simon: *Die Desintegration der Sowjetunion*，第 205 页。

42　最近特别是在德国，对作为民族国家基石的政治文化认同的形成做了
　　深入的研究，比如可以参见 Bernhard Giesen 和 Helmut Berding 主编的
　　论 文 集 *Nationale und kulturelle Identität, Nationales Bewusstsein und
　　kollektive Identität* 以及 *Mythos und Nation*。

43　参见 Rauchensteiner: *Verlust der Mitte*，以及 Kann: *A History of the
　　Habsburg Empire*。

44　参见 Matuz: *Das Osmanische Reich*，第 141 页。

45　还有一个维系中华帝国统一的因素，是儒家士大夫的伦理精神，他们
　　对文明德化远邦的作用深信不疑，这有助于抵御来自边缘地区的蛮夷危
　　险。见本书下文，第 124 页（原书页码，即本书页边码）起若干页。

46　参见 Buckley Ebrey: *The Cambridge Illustrated History of China* 第 209
　　页起，以及 Merson: *Roads to Xanadu*，第 73 页起。顺带一提：中国
　　并非唯一出于国内安定而远离海洋贸易的国家。奥斯曼帝国尽管拥有一
　　支数量可观的舰队，并依靠这支舰队与威尼斯和西班牙周旋，但它还
　　是把远洋贸易几乎完全交给了国外商人。参见 Matuz: *Das Osmanische
　　Reich*，第 111 页。

47　但退出海洋扩张的决定绝非没有反对声音。对此，参见 Menzel:
　　Eurozentrismus，特别是第 76 页起，及书中提示的其他文献。如果中
　　国继续远洋活动，是否会阻止欧洲人挺进印度洋——正如所谓亚洲主义
　　的代表最近声称的那样（参见同书，第 74 页起若干页）——这是一个
　　极富争议的问题。如果当时的海洋扩张运动继续下去，中华帝国走向四
　　分五裂也同样有可能。

48　对此及对随后的论述，参见 Doyle: *Empires*，第 108 页起若干页，以
　　及 Reinhard: *Kleine Geschichte des Kolonialismus*，第 24 页起若干
　　页；关于欧洲与南亚及东亚的文化接触的论述，见 Osterhammel: *Die
　　Entzauberung Asiens*；关于殖民关系的不同类型，参见同一作者的
　　Kolonialismus，第 19 页起若干页。

49　文献中一般使用"权力形式"（Machtformen）这一概念，比如说迈克

尔·曼就是这样用的。本书中的权力分类基本上借鉴他的分类方法。本人更愿意依照皮埃尔·布迪厄（Pierre Bourdieu）资本类型理论，使用"权力类型"（Machtsorten）的概念，从而用类推方式提出权力类型可以转换或者说可以彼此挹注的论点。

50　P. Cornelius Tacitus: *Annalen*（Ⅱ，9-10），第 121 页。

51　Bernecker: *Spanische Geschichte*，第 35 页。当然，西班牙苦于缺少商人和银行家的现实，也是它驱逐犹太人和摩尔人所造成的一个后果。对此还可以参见 Elliot: *The Decline of Spain*。

52　参见 Bernecker: *Spanische Geschichte*，第 34 页；Bennassar/Vin-cent: *Spanien*，第 103 页起若干页，并重点参见 Cipolla: *Die Odyssee des spanischen Silbers*，第 53 页起若干页。

53　参见 Bennassar/Vincent: *Spanien*，第 86 页起若干页。

54　在这两个和约中，西班牙都不得不作出大量让步，影响很大。雪上加霜的是，1627 年、1647 年和 1652 年西班牙国家破产，1639 年在海战中败给尼德兰，在罗克鲁瓦战役（Rocroi）西班牙步兵不可战胜的神话被彻底摧毁。关于尼德兰侵入葡萄牙的贸易空间，参见 Reinhard: *Kleine Geschichte des Kolonialismus*，第 35~43 页。

55　参见 Roberts: *The Military Revolution*，以及 Parker: *The Military Revolution*; Parker: *The Army of Flairs*。

56　参见 Pollmann: *Eine natürliche Feindschaft*。

57　参见 Pagden: *Spanish Imperialism*，特别是第 37 页起若干页。

58　比如说按照吉本（Edward Gibbon）在 *Verfall und Untergang des Römischen Imperiums* 第 1 卷第Ⅳ章，第 112 页起若干页的看法，安东尼时代结束后，罗马帝国便开始走向穷途末路，而 Otto Seeck 在 *Geschichte des Untergangs der antiken Welt* 中则认为戴克里先的改革拉开了帝国衰亡的序幕。

59　Bleicken: *Verfassungs- und Sozialgeschichte des Römischen Kaiserreichs* 对这些改革进行了全方位的解析。

60　参见本书作者 Münkler: *Machiavelli*，第 121 页起若干页和第 374 页起

若干页。

61　在经济学理论中，经济景气的周期性波动被称为康德拉季耶夫长波（Kondratieff-Zyklen）。它作为一种经济史周期正好与我们在此处讨论的政治周期相互呼应。

62　关于正确与错误措施的讨论，参见 Cipolla 主编的论文集 *The Economic Decline of Empires* 中的引言部分，第 5 页起若干页。

63　参见 Modelski/Thompson: *Leading Sectors and World Powers*; Modelski: *Long Cycles in World Politics*; Modelski/Thompson: *Seapower in Global Politics*; Thompson: *On Global War*。

64　在约瑟夫·奈（Joseph Nye）的建议背后有一个前提条件：美国政策应更多立足于软实力（soft power），而不是硬实力（hard power），因为这样做一来不会招致太多敌意，二来成本更低。参见 Nye: *The Paradox of American Power*，第 170 页起。

65　Doyle: *Empires*，第 93 页起若干页。

66　亚克兴战役取得胜利后，屋大维将罗马军队从 70 个军团缩减到 26 个或者 25 个，具体地说就是裁军 12 万，被裁退的士兵在意大利或其他行省获得土地，或者得到金钱方面的补偿。同时他进行了军队改革，规定了军团士兵、禁卫队士兵和辅助部队的兵员的服役年限及定期军饷。这样做的目的是加强部队对中央的忠诚，弱化士兵对长官的依赖。这也正是罗马帝国内部平定的关键所在。详见 König: *Der Römische Staat* II，第 35 页；Bellen: *Grundzüge der Römischen Geschichte*，第 163、171、179 页，以及 Heuss: *Römische Geschichte*，第 198 页起若干页。

67　屋大维将他在埃及抢掠的托勒密王朝的金银财宝分配给罗马城市的子民，从而得以将贷款利率从 12% 降到 4%。这样，国库可以偿还战争借贷，并放弃追回债款。这种债务普遍减免的举措很快促进了经济繁荣——特别是在东部各个行省。参见 Bellen: *Grundzüge der Römischen Geschichte* 第 1 卷，第 162 页，以及 Heuss: *Römische Geschichte*，第 294 页起若干页。

68　Ronald Syme 在他论述罗马内战时期的巨著的结束语中，对奥古斯都一生中的抱负与职责之间的辩证关系做了言简意赅的概括："为了权力他牺牲了一切，他的凌云之志前无古人，是他的励精图治拯救了罗马人民，也让罗马浴火重生。"见 Syme: *The Roman History*，第524页。

69 Syme 对共和国权力精英阶层的道德沦丧进行了深入的描述，见 Syme: *The Roman History*。

70 König: *Der Römische Staat II*，第45页。

71 参见上书；Bellen: *Grundzüge der Römischen Geschichte* 第1卷，第182页，以及 Heuss: *Römische Geschichte*，第285页。

72 在"奥古斯都功德碑"（Res gestae Divi Augusti）中，屋大维强调了从"权力"（potestas）到"权威"或"授权"（auctoritas）的转变正是其政府的信条。参见 Syme: *The Roman History*，第518页起若干页。

73 见本书下文，第136页（原书页码，即本书页边码）起若干页。

74 这些数据引自 Bellen: *Grundzüge der Römischen Geschichte* 第1卷，第107、163和174页。

75 关于卡拉卡拉敕令（或译为安东尼敕令或安东尼亚努斯敕令），参见 Bellen: *Grundzüge der Römischen Geschichte* 第3卷，第177页起若干页。

76 参见 Potter: *Roman Italy*，第74页起若干页。

77 参见 Bellen: *Grundzüge der Römischen Geschichte* 第2卷，第251页起若干页。

78 参见 Bernecker: *Spanische Geschichte*，第7页起若干页；同样也可以参见 Doyle: *Empires*，第111页起若干页。

79 在这一点上，我不能接受多伊尔（*Empires*，第118页起）的论点，即西班牙不同于英国，前者在殖民地统治过程中跨越了奥古斯都门槛。多伊尔做出这一判断是基于这样一个史实：西班牙在美洲的统治时间比英国在美洲的统治时间长出一倍。

80 参见 Parker: *The Military Revolution*，第12页起若干页，以及 Pepper/Adams: *Firearms and Fortifications*。

81 Bernecker: *Spanische Geschichte*，第 36 页。

82 同上书，第 50 页。

83 对此及随后内容，参见 Hosking: *Russia: People and Empire*，第 76 页起若干页。

84 对这一大业及在落实过程中出现的问题可参见 Figes: *Natasha's Dance*，第 4~10 页起，里面有精彩论述。

85 见本书下文，第 141 页（原书页码，即本书页边码）起若干页。

86 参见 Matuz: *Das Osmanische Reich*，第 69 页起若干页。

87 参见 Ursinus: *Byzanz, Osmanisches Reich, türkischer Nationalstaat*，第 165 页。

88 参见 Matuz: *Das Osmanische Reich*，第 141 页起。

89 同上书，第 110 页起。

90 同上书，第 45 页起若干页，以及 Nagel: *Timur der Eroberer*，第 354 页起若干页。

91 参见 Jorga: *Geschichte des Osmanischen Reiches* 第 1 卷，第 325 页起若干页。

92 同样的看法见 Matuz: *Das Osmanische Reich*，第 84 页起和第 98 页。

93 对此及随后内容，参见 Ebrey: *The Cambridge Illustrated History of China*，以及 Schmidt-Glintzer: *China*。

94 参见 Franke: *Geschichte des Chinesischen Reiches* 第 1 卷，第 268~320 页中的深入描述。

95 在对中华帝国历史的描述中，Ebrey 多次拿罗马帝国同中国做对比；参见 Ebrey: *The Cambridge Illustated History of China*，第 85 页。

96 参见 Franke: *Geschichte des Chinesischen Reiches*（第 1 卷，第 388~431 页。

97 同上书，第 2 卷，第 350~529 页。

98 同上书，第 4 卷，第 101~124 页。

99 同上书，第 351~423 页。

第四章　文明教化与蛮族边界：帝国秩序的特点和任务

1　Eric Lionel Jones 在他的书 *The European Miracle* 中用他的小空间政治秩序理论来解释欧洲在近代早期面对亚洲所取得的优势。关于作为政治秩序的欧洲国家多元体的各种源头，参见 Fueter: *Geschichte des europäischen Staatensystems*；而 Vagts: *Die Chimäre des Europäischen Gleichgewichts*，第 131 页起若干页，则对国家多元体作为政治秩序的属性持怀疑态度。

2　转引自 Fuhrmann: *Deutsche Geschichte im hohen Mittelalter*，第 174 页。

3　Livius: *Römische Geschichte*，XI 44，第 97 页。

4　Vergil: *Aeneis*，1，第 291~295 页。

5　Dante Alighieri: *Monarchie*，第 104 页和第 98 页。

6　参见 Botero: *Discorso dell'eccelenza della monarchia*，以及 Campanella: *Della Monarchia di Spagna*；还可以参见 Bosbach: *Monarchia Universalis*，第 64 页起若干页，以及 Pagden: *Instruments of Empire*。

7　详述见 Fetscher: *Modelle der Friedenssicherung*，以及 Fischbach: *Krieg und Frieden in der französischen Aufklärung*。关于康德永久和平论对当前有关世界秩序的争论具有怎样的意义，参见 Habermas: *Das Kantische Projekt*。

8　Montesquieu: *Réflexions sur la monarchie universelie*，第 23 页起；参见 Bohlke: *Esprit de nation*，第 219 页起若干页。

9　Abbé Raynal 以其 *Histoire philosophique et politique de deux Indes*（1774）对西班牙帝国及其殖民政策进行了最激烈的抨击。对此参见 Gollwitzer: *Geschichte des weltpolitischen Denkens* 第 1 卷，第 262~285 页。关于"商业社会"（commercial society）的思想，参见 Bohlender: *Government, Commerce and Civil Society*。

10 参见 Brown: *Debating the Democratic Peace*；关于这一理论基本观点的批评，参见本书作者 Münkler: *Ist der Krieg abschaflbar?* 特别是第 367 页起若干页。

11 Cooper: *The Breaking of Nations*，第 55 页起若干页；持有类似观点的还有 Röhrich: *Problemfielder der Weltinnenpolitik*，作者建议将经济合作发展组织（OECD）国家世界与剩下的没有发展出"密集经济空间"的世界分离开来。

12 Mearsheimer: *The Tragedy of Great Power Politics*，第 2 页起。

13 Kagan: *On Paradise and Power*，第 16 页起若干页。

14 Marx: *Der achtzehnte Brumaire des Louis Bonaparte*，第 97 页起若干页；关于意识形态的复杂性，参见 Lenk: *Ideologie* 第 17~59 页引言部分有关问题渊源的阐述。

15 一旦这一概念离开意识形态理论家的小圈子，就肯定如此。

16 关于公元前 1 世纪在地中海地区贸易与海盗的关系以及地方政府与海盗的勾结，参见 Christ: *Pompeius*，第 56 页起若干页。

17 参阅 Bleicken: *Verfassungs und Sozialgeschichte des Römischen Kaiserreiches* 第 1 卷，第 93 页起。

18 Augustinus: *Vom Gottesstaat* **XIX**，26，第 2 卷，第 580 页起若干页。

19 关于维吉尔诗歌的政治内涵，参见 Rilinger: *Das politische Denken der Römer*，第 531 页起若干页，以及 Ottmann: *Geschichte des politischen Denkens* 第 2 卷（1），第 183 页起若干页。

20 Vergil: *Aeneis*，**I**，278-282，第 23 页。

21 关于贺拉斯诗歌的政治内涵，参见 Rilinger: *Das politische Denken der Römer*，第 534 页起，以及 Ottmann: *Geschichte des politischen Denkens* 第 2 卷（1），第 168 页起若干页。

22 Horaz: *Sämtliche Werke* 第 1 部分：*Carmina, Oden und Epoden*，Carm. **III**，2，13。

23 参见 Fuhrmann: *Deutsche Geschichte im hohen Mittelalter*，第 170 页起若干页。

24 拦阻者（Katechon）的形象曾经在斯陶芬王朝的政治想象世界里发挥过重要影响——特别是对于弗赖津主教奥托（Otto von Freising）来说；后来又在卡尔·施米特的政治理论中重新发扬光大，参见 Blindow: *Carl Schmitts Reichsordnung*，第 144 页起若干页；同样可参见 Nichtweip: *Apokalyptische Verfassungslehren*，第 60 页起若干页。

25 参见 Bernecker: *Spanische Geschichte*，第 57 页起若干页；Pagden: *Spanish Imperialism*，第 13~36 页，以及 Otto: *Conquista, Kultur und Ketzerwahn*，第 45 页起若干页。

26 Adanir 认为奥斯曼帝国政治中具有宗教多元化的特点，参见 Adanir: *Der Zerfall des Osmanischen Reiches*，第 112 页起若干页；而相信奥斯曼帝国具有伊斯兰教扩张特性的观点，可参考 Philipp: *Der aufhaltsame Abstieg des Osmanischen Reiches*。

27 参见 Lewis: *Die Araber*，第 62 页起若干页，以及 Hourani: *A History of the Arab Peoples*，第 22~38 页。

28 参见 Jorga: *Geschichte des Osmanischen Reiches* 第 2 卷，第 196 页起若干页。

29 Hosking: *Russia: People and Empire*，第 5 页起若干页；关于第三罗马的理念，参见 Barudio: *Die Macht des Hegemonialismus*。

30 Figes: *Natasha's Dance*，第 152 页；关于伊凡四世的帝国外交路线，参见 Stökl: *Russische Geschichte*，第 237~246 页。

31 参见 Figes: *Natasha's Dance*，第 306 页起。

32 Hosking: *Russia: People and Empire* 第 138 页起若干页，以及 Stökl: *Russische Geschichte*，第 450 页起若干页。

33 转引自 Lorenz: *Das Ende der Sowjetunion*，第 259 页。

34 参见 Simon: *Die Desintegration der Sowjetunion*，特别是第 186 页起若干页。

35 关于英国人的帝国使命详见 Ferguson: *Empire*，第 115 页起若干页；关于大英帝国文明教化的理念，概述见 Reifeld: *Imperialismus*，第 29 页起若干页。

36　参见 Kipling: *Complete Verse*，第 321~323 页。顺便一提，吉卜林的这首诗其实指的是应该接受并肩负起帝国义务的美国。

37　Marx: *The British Rule in India*，参看 Marx, Engels, *Werke* 第 9 卷，第 129 页。

38　同上书，第 130 页。

39　同上书，第 132 页。

40　同上书，第 133 页。

41　参见 Wolfgang Reinhard: *Kleine Geschichte des Kolonialismus*，第 97 页起若干页。

42　对此详见 Ferguson: *Empire*，第 117 页起若干页。

43　关于 20 世纪 50 年代晚期以来的美国外交政策，参见 Hacke: *Zur Weltmacht verdammt*。

44　关于贵族统治的帝国以及贵族作为统治阶层的角色，参见 Kautsky: *The Politics of Aristocratic Empires*，特别是第 79 页起若干页。作者考茨基主要研究了那些权力与影响力建立在土地财产权之上的帝国，他认为这些帝国有一个鲜明特点，那就是其中没有发生任何社会变革。

45　有关门罗主义的补充——罗斯福推论，可参见 Johnson: *The Sorrows of Empire*，第 192 页；关于在太平洋地区的均势政治，参见 Junker: *Power and Mission*，第 34 页起若干页。

46　参见 Junker: *Power and Mission*，第 42 页起若干页；Kissinger: *Does America Need a Foreign Policy*?；第 242 页起若干页，以及 Mead: *Special Providence*，第 132~173 页。

47　针对美帝国的意识形态的批判与旧日传统意识形态批判一脉相承，批评者把所有帝国大业和重大决策都一律视为由政治和经济利益所驱动。持这种批判的最重要代表人物是诺姆·乔姆斯基（Noam Chomsky）。在他的 *American Power and new Mandarins* 及 *Hegemony or Survival* 中可以读到他对帝国形成的各种不同形式所做的深入探讨。

48　这种为政治增加宗教底色的做法贯穿于美国的整个外交政策——无论外交政策服务于什么基本立场或遵从什么主义；对此参见 Mead: *Special*

Providence，也可参见 Pratorius: *In God We Trust*。

49　关于这四大帝国的区分以及它们后来如何扩展成为罗马帝国的叙述，可参见 Koch: *Das Buch Daniel*，第 182 页起若干页，以及 Mosès: *Eros und Gesetz*，第 111~126 页。

50　见本书下文，第 190 页（原书页码，即本书页边码）起若干页。

51　关于蛮族论的概述，参见 Schneider: *Der Barbar*，以及 Nippel: *Griechen, Barbaren und《Wilde》*；关于在从帝国大一统观念向民族认同基础上建立的多元体过渡的过程中，蛮族论的结构和功能，可参见本书作者 Münkler: *Nationenbildung*，第 130 页起若干页；关于在蛮族论中被视为野蛮者的一方如何反应，参见同书，第 210 页起若干页，以及 von See: *Barbar, Germane, Arier*，第 31~ 60 页。

52　该观点及随后的一些论点是从 Reinhard Koselleck 的杰作 *Zur historisch-politischen Semantik asymmetrischer Gegenbegriffe* 中得到的启发。

53　参见 Nippel: *Griechische Kolonisation; Francisco de Vitoria* 把西班牙的征服运动作为取缔人祭的政策而赋予征服运动以合法性，这一点可参见本书作者妻子 Marina Münkle: *Entdecker und Eroberer*，第 173 页起。

54　在中国，随着南宋政权与女真人建立的金王朝南北并峙，华夷之分的观念进一步加深。落入蛮夷之手的汉族女子如何惨遭厄运的街谈巷议对这种观念无疑起到了推波助澜的影响，可参见 Ebrey: *The Cambridge Illustrated History of China*，第 150 页起。

55　参见本书作者 Münkler: *Die neuen Kriege*，第 146 页起若干页。

56　关于罗马军队蛮族化及其后果，参见 Heuss: *Römische Geschichte*，第 484 页起若干页，以及 Goldsworthy: *Die Legionen Roms* 第 208 页起若干页。

57　参见 Schmidt-Glintzer: *China*，第 165 页起若干页。

58　Ebrey: *The Cambridge Illustated History of China*，第 172 页。

59　同上书，第 173 页。

60　Vitoria 在 1538 年发表的文章 *De indis recenter inventis*（《关于最近发现的美洲印第安人》）中还坚持认为：西班牙对印第安人仅有的法律诉

求是在土著印第安人的土地上自由旅行和自由传教两种权利。只有在他们行使这两项权利遭到土著人暴力阻挠时，西班牙人才可以使用武力。关于西班牙统治形式与合法性议题，极为精辟的讨论参见 Pagden: *Spanish Imperialism*，第 13~36 页；但首先可以参见本书作者妻子 Marina Münkler: *Entdecker und Eroberer*，第 172 页起若干页。

61　参见 Bitterli: *Die Entdeckung und Eroberung der Welt* 第 1 卷，第 51 页起若干页。

62　对此，参见 Figes: *Natasha's Dance*，第 376 页起若干页。

63　关于欧洲人抵制阿拉伯人贩奴的行动，参见 Albertini: *Europäische Kolonialherrschaft*，第 453 页和第 513 页起。

64　参见 Jeismann: *Propaganda*，以及 Hamann: *Der Erste Weltkrieg*，第 34 页起若干页，第 42 页起若干页。在这两种情况下，野蛮的形象都被烙上滥施性暴力的深深污痕。

65　关于自杀式袭击对规则的拒斥，参见 Reuter: *Mein Leben ist eine Waffe*，第 9~31 页；关于发生在卢旺达、国际社会本该阻止得了的大屠杀，可参见 Des Forges: *Leave None to Tell the Story: Genocide in Rwanda*，第 595 页起若干页。

66　当然若完全放弃军事手段，建立海洋帝国和贸易帝国也无从谈起。正是卡拉维尔帆船（caravel）和西班牙大帆船（galleon，也称盖伦帆船）奠定了欧洲的优势地位，参见 Cipolla: *Guns, Sails and Empires*，第 81 页起若干页。

67　见本书下文，第 240 页（原书页码，即本书页边码）起若干页。

68　见本书上文，第 112 页（原书页码，即本书页边码）起若干页。

69　对此详见 Potter: *Roman Italy*，第 182 页起若干页，以及 Doyle: *Empires*，第 102 页起。

70　参见 Potter: *Roman Italy*，第 125 页起若干页；有关戴克里先时代的道路网的数据，参见同一出处，第 132 页。

71　关于英属印度建设的铁路系统以及电报的意义，参见 Ferguson: *Empire*，第 169 页起若干页。

72　有关苏联控制下的经济区的崩解，参见 Kapuściński: *Imperium*，第 107 页起若干页，以及 Kemig: *Lenins Reich in Trümmern*，第 333 页起若干页。

73　关于维特的帝国政策，参见 Hosking: *Russia: People and Empire*，第 342 页起；Geyer: *Russian Imperialism*，第 144 页起若干页；Stökl: *Russische Geschichte*，第 610~618 页。

74　Hosking: *Russia: People and Empire*，第 347 页起若干页。

75　关于铁路对于提高运输系统效率的意义，参见 McNeill: *The Pursuit of Power*，第 242 页起若干页。

76　参见 Bernecker: *Spanische Geschichte*，第 62 页起若干页，以及 Cipolla: *Die Odyssee des spanischen Silbers*，第 91 页起若干页。

77　对此及随后一些内容，见 König: *Der Zerfall des Spanischen Reiches in Amerika*，第 128 页起若干页。

78　参见 Ebrey: *The Cambridge Illustrated History of China*，第 86 页起若干页。

79　同上书，第 141 页起。

第五章　帝国落败于弱者的权力

1　在 Ludwig Dehio（*Gleichgewicht oder Hegemonie*）看来，近代欧洲的历史有一个鲜明特点：先后四大霸权雄踞欧洲大陆——西班牙帝国，在腓力二世时期江河日下；法兰西第一帝国，毁于路易十四手里；法兰西第二帝国，终结于拿破仑；最后是德意志帝国。在他看来，德意志帝国始自俾斯麦的统一，瓦解于 1945 年。

2　参见 Gilpin: *War and Change*，第 186 页起若干页，以及 Mearsheimer: *The Stragedy of Great Power Politics*，第 32~54 页。

3　Keegan: *The First World War*，第 219 页起若干页；Strachan: *Der Erste

Weltkrieg，第 44 页起若干页；战争开始时，造成奥匈帝国在塞尔维亚战线的军事行动一溃千里的直接原因，是奥匈在俄国参战后被迫对其军队进行了改组。

4　关于整个事件的始末以及战争逻辑的独立性，参见 Baumgart: *Die Julikrise*。

5　在关于战债问题的争论中，对于德国 1914 年 7 月的参战行为，大致有两种不同意见：一种认为德国外交手段过于拙劣，另一种则认为德国是有意参战——此前不久爆发的巴尔干半岛危机只不过给了德国一个开战的口实。德国的最终目的是拆散由法、俄、英三国组成的帝国联盟。

6　参见 Schley: *Die Kriege der USA*，第 58~63 页；关于美国小规模帝国战争的论述，参见 Boot: *The Savage Wars of Peace*。

7　法国对俄国的战败忧心不已。对法国而言，俄国的战败意味着它最重要的盟友遭到严重削弱。战后俄国大举借债力图实现军事的现代化，同时推进铁路运输网的扩建工程。这些举动又加深了德国方面的疑惧。参见 Howard: *Kurze Geschichte des Ersten Krieges*，第 36 页起。

8　具体内容参见 Lewis: *The Race to Fashoda*。

9　吉本的著作不久以前出了一个德文译本，一直叙述到西罗马帝国灭亡，Gibbon: *Verfall und Untergang des Römischen Imperiums*。

10　参见本书作者 Münkler: *Staatengemeinschaft oder Imperium*。

11　参见 Modelski: *Seapower in Global Politics*，第 27 页起若干页。

12　参见 Massie: *Die Schalen des Zorns*，第 40 页起若干页，第 506 页起若干页，以及第 573 页起若干页。

13　参见 Heilbrunn: *Die Partisanen in der modernen Kriegsführung*; Schulz: *Partisanen und Volkskrieg*；本书作者 Münkler: *Der Partisan*。

14　对此现在冒出一个流行的集合概念，即"低强度战争"（low intensity war），这方面内容可参见 Creveld: *The Transformation of War*，第 57 页起若干页，第 171 页起若干页。

15　David 将所有的例外情况——从条顿堡森林战役到越南奠边府战役，看成是帝国行为体过于自负的结果，参见 David: *Military Blunders*，第

221~287 页。

16　Clausewitz: *Vom Kriege*，第 877 页。

17　同上书，第 879 页。

18　同上。

19　克劳塞维茨在《战争论》中讲完"向本国腹地退却"后，紧接着用一章内容阐述了"民众武装"。在他看来，向本国腹地退却和民众武装在功能上是相通的：倘若缺乏向腹地退却所需的战略纵深，那么必须以民众的一不怕死二不怕苦的精神获得补偿。因此游击战的政治逻辑在于："无论一场战役有多关键，一个国家都不应将自己的生死存亡全部押在某一场战役上。即使吃了败仗，也还可以再积蓄出新的有生力量；静待对手因每一次进攻而自然削弱，或是从外界获得支援，这些都可能扭转败局。在灭亡之前，总有一点时间可以争取。就像濒临溺毙的人会出自本能抓住最后一根稻草，在道德世界的自然法则中，任何一个民族在被逼到悬崖边缘而无路可走时，同样也会不顾一切试遍所有自救之策。"（同一出处，第 805 页）。帝国在其边缘地区遇上这样困兽犹斗的民族时，将面临帝国过度延伸的巨大危险。

20　原文 "The guerilla wins if he does not lose. The conventional army loses if he does not win."（见 Kissinger: *The Vietnam-Negotiations*，第 214 页）；类似的观点可以参见 Aron: *Peace and War*，第 42 页起。

21　Johnson: *Blowback*。

22　同上书，第 41 页起若干页。

23　Clausewitz: *Vom Kriege*，第 879 页起。

24　在克劳塞维茨之后，军事历史学家汉斯·戴布流克（Hans Delbrück）对歼灭战略（Niederwerfungsstrategie）和消耗战略（Ermattungsstrategie）进行了区分。他把前者称为单极战略，因为其目的仅在于彻底摧毁敌军；而消耗战略具有两极性，即根据双方力量的对比和各自政治意图，既可通过军事手腕消耗拖垮对手，也可能诉诸一决胜负的大决战。参见 Delbrück: *Die Strategie des Perikles*，第 27 页起；详述参见 Lange: *Hans Delbrück und der "Strategiestreit"*。当然有鉴于近些年来游击战的新形式，我们有理由相信，即使在消耗战略里，同样存在着向单极化演变的趋势：只要游击队面临的不是当地武装，而是帝国的战争机器，那么就几乎没有发生大决战的可能。

25　在这里，1914 年指的是英国加入第一次世界大战。而英国参战的主要原因，是英国人相信自己受到了德国的威胁（参见 Howard: *Kurze Geschichte des Ersten Weltkrieges*，第 23 页起若干页）；而 1956 年指的是苏伊士运河危机那一年［见本书下文，第 221 页（原书页码，即本书页边码）］。

26　Ferguson: *Empire*，第 352 页。

27　对这种自我欺骗抱以同情的态度，参见 Porter: *The Absent-Minded Imperialists*。

28　参见 Frey: *Das Ende eines Kolonialreichs*。

29　参见 Rémond: *Frankreich im 20. Jahrhundert*，第 543 页起若干页，第 561 页起若干页。

30　关于阿尔及利亚战争简明扼要而又鞭辟入里的分析，参见 Aron: *Clausewitz*，第 496~504 页。

31　引自 Ferguson: *Empire*，第 352 页。

32　见本书下文，第 216 页（原书页码，即本书页边码）。

33　参见本书作者 Münkler: *Kriegsszenarien des 21. Jahrhunderts*，特别是第 84 页起若干页。

34　在文献资料中提到对称与非对称概念时，一般都是非此即彼，这样一来人们就忽略了非对称还有强弱之分。只有灵活运用这对概念，才能真正发挥其学术分析价值。

35　特别是在中国北方的华夏边缘，劫掠手工艺者和工程师曾是活跃在那一带的游牧民族用以弥平同中原之间差距的惯用伎俩。参见 Merson: *Roads to Xanadu*，第 54 页；这样的手段奥斯曼人也不陌生。经常会有一些来自"西方"的铸炮师来到奥斯曼帝国，为其服务。不过这些人一般不是绑架而来，大多是被收买进来的。参见 Cipolla: *Guns, Sails and Empires*，第 94 页起若干页。

36　参见 Nef: *Western Civilization*，第 84 页起若干页，Cipolla: *Guns, Sails and Empires*，第 101 页起若干页。

37　这些数据可见于 Schweinitz: *The Rise and Fall of British India*，第 242 页。恩图曼战役（Omdurman）之所以著名，主要是因为丘吉尔那篇脍炙人口的报道。在两年之前意大利人在阿杜瓦（Adna）一战中负于埃塞俄比亚人，这已经反映出欧洲殖民强国并非战无不胜。对此，参见 Brogini Künzi: *Der Sieg des Negus*。

38　对此及以下相关论述，参见 Rosen: *Ein Empire auf Probe*，特别是第 92 页起若干页。

39　奇波拉（Carlo Cipolla）以制造铸铁大炮所需的技术能力为例阐明了一个问题：当英国和紧随其后的瑞典人成功地研制出质优价廉的轻型铸铁大炮，这种领先技术使他们一下子获得了相对其他欧洲竞争对手的优势。但事实上，他们随后便大量出口这种大炮，而掌握生产机密的工人也一同流向国外。于是在短时间内，欧洲所有国家都获得了这种质量上乘的铸铁大炮。参见 Cipolla: *Guns, Sails and Empires*，第 23~98 页。

40　详述参见本书作者 Münkler: *Im Namen des Staates*，第 280 页起若干页。

41　参见 Rosen: *Ein Empire auf Probe*，第 96 页。

42　关于这一概念，参见 Maier: *Die Grenzen des Empire*，第 128 页。

43　《国家安全战略报告》（Neue nationale Sicherheitsstrategie der Vereinigten Staaten）的部分内容刊登于 *Blätter für deutsche und internationale Politik*，2002 年第 11 期，第 1391~1393 页，以及 2002 年第 12 期，第 1501~1511 页；参见本书作者 Münkler: *Angriff als beste Verteidigung*。

44　关于美国新国家安全战略的"前世今生"，参见 Hacke: *Zur Weltmacht verdammt*，第 471 页起若干页，第 576 页起若干页。

45　参见 Johnson: *The Sorrows of Empire*，第 288~292 页，以及 Priest: *The Mission*，特别是第 121 页起若干页。乌尔曼（Harlan Ullmann）惯用的 Shock and Awe（震撼与威慑）和 "Achieving Rapid Dominance"（达成快速掌控）两个短语道出了在边缘随时可以建立帝国优势的战略思想。

46 Hobbes: *Leviathan* 第 1 卷第 13 章，第 94 页。

47 同上书，第 96 页。

48 没有领土束缚的政治行为体因为没有遭到核攻击的担忧，因此可能对核武器的使用方式迥异于普通国家，而且它们还会使那些受领土束缚的国家长期处于核敲诈的阴影之下。对此参见 Behr: *Entterritoriale Politik*，第 75 页起若干页，以及第 119 页起若干页。如果核武器在全球扩散，可能会出现很多国家对核武器的控制和保护不力的情况。而一旦核武器失窃，流入犯罪分子手中，他们则可能向某些国家甚至所有国家去索要赎金。

49 参见 Schrofl/Pankratz 主编：*Asymmetrische Kriegsführung*。

50 下文中列出的观点详见本书作者 Münkler: *Ältere und jüngere Formen des Terrorismus*，以及同一作者的 *Terrorismus heute* 以及 *Wandel der Weltordnung*。

51 这一看法秉承了克劳塞维茨的三段论：目的、目标和手段。按这一理论，目的是"通过"战争达致；目标则给出"在战争中"应达致的成果。参见 Clausewitz: *Vom Kriege*，第 200 页起。

52 见本书上文，第 112 页（原书页码，即本书页边码）起若干页。

53 见本书上文，第 149 页（原书页码，即本书页边码）起若干页。

54 参见 Anderson: *Imagined Communities*，第 50 页起若干页；Hobsbawm: *Nations and Nationalism*，第 136 页起若干页。

55 参见本书作者 Herfried Münkler: *Partisanen der Traditionen*。

56 参见 Olshausen: *Das politische Denken der Römer*，第 510 页起。

57 参见 Pagden: *Instruments of Empire*。

58 对此所做的综合介绍，参见 Steinweg: *Der gerechte Krieg* 和 Walzer: *Just and Unjust Wars*；关于美国人的自我认识，参见美国知识分子在阿富汗军事干预之后和伊拉克战争爆发前发表的声明：What we are fighting for（我们为何而战）。

59 关于这一部分及以下部分，可参见 Steiniger 的综述：*Der Vietnamkrieg*。

60　对工具性战争和生存性战争的区别，可参见本书作者 Münkler:
　　Instrumentelle und existentielle Auffassung des Krieges。

61　"从 1988 年开始，形势越来越明朗，即如果不在军事和经济领域采取
　　大幅度精简减负措施，一方面会造成无法消弭长期以来剑拔弩张的地
　　区冲突，另一方面也不能减轻苏联的国家财政压力。从 1990 年开始，
　　苏联从第三世界很多地区仓促撤离，而随着国家的解体，它最终彻底
　　放弃了对发展中国家的控制政策。"Simon: *Verfall und Untergang des
　　sowjetischen Imperiums*，第 73 页起若干页。

62　参见 Schell: *Unconquerable World*，第 63 页起若干页。

63　参见 Ferguson: *Empire*，第 270~282 页。

64　参见 Tuchman 简述: *The March of Folly*。

65　参见 Hahlweg: *Guerrila*; Heydte: *Der moderne Kleinkrieg* 以及 Kitson:
　　Low Intensity Operations。

66　参见 Kunisch: *Der kleine Krieg*，第 5~24 页。

67　关于 20 世纪帝国推行的民族驱逐政策，以及在后帝国空间发生的种族
　　大屠杀，参见 Naimak: *Fires of Hatred*。

68　亚述帝国在提格拉·帕拉萨三世（Tiglatpileser Ⅲ）和萨尔曼纳瑟五世
　　（Salmanasser Ⅴ）在位时期推行的统治政策，主要基于一点：驱逐征服
　　地区的上层阶级出境，从而抽空那里民众的组织和行动能力；关于亚述
　　人摧垮以色列的历史，可以参见 Noth: *Geschichte Israels*，第 233 页起
　　若干页；古巴比伦的尼布甲尼撒王对犹太地区也推行了类似的政策，参
　　看同一出处，第 253 页起若干页；同时可参见 Hayim Tadmor 的文章，
　　见 Ben-Sasson: *Geschichte des jüdischen Volkes*，第 166 页起若干页，
　　第 191 页起若干页。

69　驱逐亚美尼亚人造成的死亡人数，在 20 万到 100 万之间；另外，从
　　19 世纪晚期开始，亚美尼亚叛乱者一直以各种恐怖袭击和游击战反抗
　　并试图推翻土耳其统治，而对于土耳其政府针对这些叛乱者采取的行
　　动，众说纷纭，分歧很大。参见 Matuz: *Das Osmanische Reich*，第 265
　　页，重点介绍了种族灭绝；同时可参考 Majoros/Rill: *Das Osmanische*

Reich，第 360 页。相反，Kreiser/Neumann，第 371~377 页，更多在当时高加索战事的背景下讨论了颁布于 1915 年 5 月的《特西尔法》（或称《驱逐临时法》）关于 18 世纪以来亚美尼亚人在奥斯曼帝国中的地位，可参见 Jorga: *Geschichte des Osmanischen Reiches* 第 5 卷，第606~613 页。

70　Noth: *Geschichte Israels*，第 392 页起若干页；同时可参见 Hayim Tadmor 的文章，见 Ben-Sasson: *Geschichte des jüdischen Volkes*，第 364 页起若干页。

71　参见 Angermann: *Die Vereinigten Staaten von Amerika*，第 313 页起，第 400 页，第 426 页。

72　法农在其两部著作 *Les damnés de la terre* 和 *Peau noire, masques blancs* 中表达了有关在去殖民化进程中暴力疗效的观点；从精神病理学角度论述游击战争，参见 Voss: *Ich habe keine Stimme mehr, mein ganzes Leben flieht*，该作旁征博引，信息量很大。

73　游击战在中长期摧毁对手，但也会产生持续的自我戕害。只需对西班牙和普鲁士的反拿破仑战争做一个比较性研究，就可以证实这一点。两国在 19 世纪初都曾被拿破仑大军制服，并竭力要摆脱法国人的控制。普鲁士的改革可以被理解为针对法国通过大革命建立起来的优势而做出的一种对称重建的努力，而西班牙走的则是一条"非对称化"道路——他们将小规模战争（游击战）发展成为几乎独立的作战形式。两国都在击败拿破仑帝国的斗争中居功至伟。后来的情况却发生了变化。在 1814/1815 年以后，普鲁士社会进入持续发展期，1848~1849年的革命又使之骤然加速。但是西班牙社会则在整个 19 世纪中危机不断，权力更迭频繁，越来越跟不上欧洲经济发展的步伐。对此，可参见Bernecker: *Spanische Geschichte*，第 111~149 页。

74　关于这一影响及其后果，可以参见 Stieglitz: *Globalization and its Discontents*。

75　参见本书作者 Münkler: *Die neuen Kriege*，特别是第 131 页起若干页，以及同一作者另一部作品 *Zur Charakerisierung des neuen Krieges*。

76　参见 Nye: *The Paradox of American Power*，第 8 页起若干页。诚然，

奈很清楚，软实力受到的政治束缚要远远小于硬实力。参见第 99 页。

77 Armstrong: *The Battle for God*，对 20 世纪原教旨主义及其前身有着极为透彻的论述。

78 对此及随后的论述，可参见 Noth: *Geschichte Israels*，第 322~343 页，和 Stern 的文章，载于 Ben-Sasson: *Geschichte des jüdischen Volkes*，第 251~268 页，以及 Soggin: *An Introduction to the History of Israel and Judah*。

79 反抗之所以会产生，宗教及认同问题当然并非唯一主导因素。当时塞琉古王国对埃及托勒密王朝发动的战争支费浩繁，以至于超过了安条克四世伊皮法尼斯的财力。于是他把贪婪的目光投向帝国神庙的珍宝，他妄图将之据为己有以便解决财政上的难题。然而他对耶路撒冷神庙的大肆掠夺激发了犹太人揭竿而起反抗的决心，或至少是增强了他们的斗志。

80 参见 Mosès: *Eros und Gesetz*，第 111 页起若干页；Koch: *Das Buch Daniel*，特别是第 127 页起若干页。

81 这场内战实际上涉及一些社会问题，而围绕何为正确生活方式问题而起的宗教及文化层面上的冲突成了激化这些社会问题的催化剂。关于这一点，可参见 Menahem Stern 的文章，见 Ben-Sasson: *Geschichte des jüdischen Volkes*，第 254 页。

82 在卡尔·施米特对游击战的本质进行剖析时，防御性是他总结出来的一个重要特征。参见 Schmitt: *Theorie des Partisanen*，第 26 页。不过事情并非如施米特预估的那样，是列宁将那些"防御性的、土生土长的家园保卫者"变成了"好斗的世界革命活动家"（同上书，第 35 页）；事实上，这个转变是在帝国权力从软实力逐渐取代硬实力的背景下才得以发生的。

第六章　帝国在后帝国时代的意外回归

1 美国电影很好地反映了美国舆情的转变以及美国人自信心的恢复。此外，这些电影不仅反映了舆情转变，而且还会推动和强化这一心理变化。有关施瓦茨科普夫（Schwarzkopf）将军对美国越战创伤记忆的愈合作用，可参见 QRT: *Schlachtfelder der elektronischen Wüste*，第 10~39 页。

2　在文献资料中，非对称概念多用于描述弱势一方的作战方式，比如说用来刻画游击战或当今恐怖主义的特征。但事实上，非对称是双方面的，既有弱势方的非对称性，也有优势方的非对称性。参见本书作者 Münkler: *Wandel der Weltordnung durch asymmetrische Kriege*。

3　Demandt: *Die Weltreiche in der Geschichte*，第 223 页。在 20 世纪 90 年代德国出版的众多文献中，人们探讨的重点已不再仅仅是某个具体帝国那多少有点偶然性的衰亡命运，转而力图总结出所有帝国衰亡的一般性规律。参见 Richard Lorenz: *Das Verdämmern der Macht*; Altrichter/ Neuhaus: *Das Ende von Großreichen*; Demandt: *Das Ende der Weltreiche*。

4　Eric Hobsbawm: *The Age of Extremes*，第 ix 页起。

5　参见 Junker: *Power and Mission*，第 48 页起若干页。

6　Eric Hobsbawm: *The Age of Extremes*，第 31 页起。

7　参见 Dan Diner: *Das Jahrhundert verstehen*，第 85 页起若干页，特别是第 195 页起若干页关于民族清洗的内容。

8　这一概念由卡尔·施米特提出（参见 Schmitt: *Völkerrechtliche Großraumordnung mit Interventionsverbot für raumfremde Mächte* 和 *Großraum gegen Universalismus*，第 295~302 页）。当然，本书作者在书中援引这一概念时，有着不同于施米特的政治思路。

9　Ferguson: *The Incoherent Empire*，第 78 页。

10　造成这一结果的直接原因究竟是结构性的，还是源于集体性失职的体制，抑或是由于两次世界大战之间的间隙期特殊政局所致——比如大国之间互相猜忌，由此产生了自我封闭，这些都还无法确定。

11　希特勒之所以能同经济界和军界的保守精英们结成联盟，有一个基础，那就是双方都思量着在中欧发动一场空间和时间上有限度的边界修正战争，来恢复德国在这一地区的霸权地位。即使后来成为坚定的反希特勒派的人也坦言自己曾对中欧范围内的边界修正战争持支持态度，对此参见 Klaus-Jürgen Müller: *Militärpolitik in der Krise*；关于东南欧地区对希特勒进攻苏联的决策中所起的重要作用，参见 Gabriel Gorodetsky: *Grand Delusion*。

12 虽然此前曾短暂获得独立的国家如格鲁吉亚、亚美尼亚、阿塞拜疆以及乌克兰被拉入了苏联社会主义共和国联盟，而发生在白俄罗斯、克里米亚半岛、巴什基尔、伏尔加鞑靼以及哈萨克和吉尔吉斯草原上的独立运动也都被镇压下去（参见 Alexander J. Motyl: *Sovietology, Rationality, Nationality*，第105页起若干页），但是毕竟还有芬兰、波罗的海东岸三国以及波兰成功挣脱了苏联红军的控制。此外，原先受沙皇俄国控制的巴尔干半岛地区和多瑙河下游地区，也摆脱了苏联的掌控。

13 围绕当年俾斯麦德国和沙俄帝国已划好的帝国利益界线，希特勒和斯大林很快便达成了一致。但涉及昔日奥匈帝国和奥斯曼帝国的旧属地时，双方分歧立见，而且都是无法克服的矛盾。这最终导致德苏同盟的破产。关于希特勒和斯大林协定的缘起，可以参看 Besymenski: *Stalin und Hitler*，特别是第111页起若干页；有关双方在多瑙河下游地区的分歧以及对博斯普鲁斯海峡控制权的争议，可以参看 Gorodetsky: *Grand Delusion*，第127页起若干页，第206页起若干页。

14 参见 Daschitschew: *Moskaus Griff nach der Weltmacht*，第38页起若干页。类似的观点参见 Simon: *Die Desintegration der Sowjetunion*，第191页起。

15 引自 Ferguson: *The Incoherent Empire*，第141页。

16 同上书，第194页起。

17 参见 Mommsen: *Das Ende der Kolonialreiche*，以及 Abernethy: *The Dynamics of Global Dominance*，第331页起若干页。

18 另一种不同的解读，参见 Jung/Schlichte/Siegelberg: *Kriege in der Weltgesellschaft*，第56页起若干页。

19 Kennedy: *The Rise and Fall*，第768页；参见同一作者 *Preparing for the Twenty-First Century* 第371页起若干页。奈有相似的论证，只是

他认为，美国在硬实力上的相对损失，通过强大的软实力补回来了。

20　对这种加速衰亡的风险，保罗·肯尼迪是这样说的（*The Rise and Fall*，第784页）："那些领跑的国家总会面临一种两难困境：一方面，外部挑战迫使它们将更多资源投在军事上；另一方面，它们的相对经济实力同时也在减弱。因为可用于投入生产的资本变得越来越少，加上税收升高，对政治项目优先权的分歧变得越来越大，承担军费负担的能力日益削弱，这一切都加速了这些大国衰亡的进程。"

21　相似观点参见 Fieldhouse: *Economics and Empire*，以及 Robinson: *Africa and the Victorians*。

22　战略理论家爱德华·勒特韦克（Edward Luttwak）指出，地缘政治已经大范围地让位于地缘经济，由此得出结论说，依靠强权政治把守帝国空间已经没有多大现实意义了（Luttwak: *The Endangered American Dream*，第307页起若干页）。这一点，亚历山大·德曼特（Alexander Demandt）深有同感。他说："普世帝国同经济帝国合为一体，或者让位给了后者。它们才是未来强国的样子。争斗不再聚焦于国界，而是市场、原料以及标准体系，斗争的方式变成了贸易封锁、低价倾销、货币操纵等。这些经济巨人立足于北美、日本和欧洲，活动范围却遍及全球。"参见 *Die Weltreiche in der Geschichte*，第232页。

23　有关国家控制和调节力的悄然消退，参见 Reinhard: *Geschichte der Staatsgewalt*，第509页起若干页；关于国家主权的日益虚化，参见 Badie: *Souveränität und Verantwortung*，第104页起若干页。

24　库珀（Robert Cooper）把些想法称为后现代世界的或后现代国家的秩序模式（*The Breaking of Nations*，第16页起若干页）。但要实现这一模式面临的现实问题是，现代国家，尤其是"前"现代的国家还将继续存续下去；有鉴于此，这一秩序目前还仅仅适用于欧洲安全与合作组织及欧盟地区。

25　关于政治和领土秩序模式让位于经济全球化秩序模式，萨斯基雅·萨森（Saskia Sassen）（*Machtbeben*，第16页起）做了最激进的预测，她提出了"在空间和时间上彻底去民族化"的观点。她坚信经济全球化和信息化已相互紧密交织，可能会使国家面临强大的资本体系压力，国家还会因为税收不足而失去其行动余地。

26　Hardt/Negri: *Empire* 一书也为国家重要性下降而非政府组织（NGOs）地位上升的观点提供了论据。

27　Rorty: *Ein Empire der Ungewissheit*，第 253 页。如何因应人道主义干预需求，换言之，如何在完成帝国任务和避免成为帝国之间找到平衡，对美国自由派和左派人士来说是个棘手的难题——毕竟这种干预常常意味着无视国家主权。对此，可参见 Walzer: *Is There an American Empire?*

28　参见 Fukuyama（福山）: *State-Building*，Hille: *State Building*，以及 Hippier: *Nationhuilding*。

29　迈克尔·哈特（Michael Hardt）和安东尼奥·奈格里（Antonio Negri）在他们的观点里特别强调了袭击帝国秩序脆弱连接线这一点，但他们没有将这种攻击看作秩序破坏因素，相反，他们把那理解为推动秩序继续发展的促进因素。在他们眼里，帝国是一个无所不包的概念，所以他们也就不把任何外来攻击当作一种威胁了。见 Hardt/Negri: *Empire*，第 271 页起若干页，第 306 页起若干页。

30　关于新的作战方式，参见本书作者 Münkler: *Die neuen Kriege*，以及他的另两部著作 *Die Privatisierung des Krieges* 和 *Kriege im 21. Jahrhundert*；有关新型战争背后的后勤补给和经济学，参阅 Napoleoni: *Die Ökonomie des Terrors*。

31　值得一提的还有 Vidal: *Perpetual War for Perpetual Peace*, Mailer: *Why We Are at War?*；同样，Mann（*The Incoherent Empire*，第 24 页起，第 314 页，第 330 页起）也认为，美国在克林顿时期推行的是一种霸权政策，到了小布什时代转变成为帝国主义政策。当然曼也怀疑，即便是霸权政策，它给世界带来的混乱也多于稳定。

32　参见 Boot: *Plädoyer für ein Empire*，第 66 页，同样讨论了"民主帝国主义"的还有 Leggewie: *Ein Empire der Demokratie*，第 205 页。

33　见 Ignatieff: *Empire Lite*。

34　Kennedy: *The Rise and Fall*；类似的还有 Mearscheimer: *The Tragedy of Great Power Politics*。

35　参见 Doyle: *Empires*。

36　参见 Bacevich: *New Rome, New Jerusalem*, Maier: *Die Grenzen des Empire*，奈（Joseph Nye）（*Amerikas Macht*，第160页）坚持认为，美国的政策霸权性一如既往，没有改色。但绝非是帝国性的，一个佐证就是，美国军队装备精良、训练有素但只为军事作战而来，从不为警察的职能而忙。在相关讨论中，值得一提的还有布热津斯基（Brezinski），他从地缘战略角度探讨了美国永久捍卫其世界政治领袖地位的课题，他的研究凝结为一部名作 *The Grand Chessboard: American Primary and Its Geostrategic Imperatives*。

37　Ignatieff: *Empire Amerika?* 第 30 页，Bacevich: *New Rome, New Jerusalem*，第71页起；Maier: *Die Grenzen des Empire*，第126页起；Diner: *Das Prinzip Amerika*，第262页。

38　参见 Johnson: *Blowback*，以及他的另一部著作 *The Sorrows of Empire*。

39　查默斯·约翰逊认为，军事基地有五项功能：维系美国对世界其他地区的统治权；暗中监视各国政府和民众，特别是窥伺企业，以获取重要情报；控制油田和石油运输通道；保证石油军工产业的收入和就业；改善美国士兵及其家属的生活条件，从而吸引更多兵源。见 Johnson: *The Sorrows of Empire*，第151页起若干页。

40　同上书，第188页。在谈及美国未来几十年何以维系其全球霸权这一问题时，时任美国国家安全顾问的布热津斯基虽然比约翰逊更看重约瑟夫·奈笔下所谓"软实力"的意义，但在本质上他同约翰逊的批判性观点如出一辙。布热津斯基说："当对美国方式的效仿渐渐遍及全世界，这为美国发挥行使间接的、似乎众望所归的霸权创造了一个更加理想的外部条件……所以，美国在全球至高无上的地位，是由一个真正覆盖全球的同盟和联盟所构成的精巧复杂体系支撑的。"（见《大棋局》中文版第44页）

41　参见 Gallagher/Robinson: *The Imperialism of Free Trade*; Mommsen:

Wandlungen der liberalen Idee im Zeitalter des Imperialismus。

42　参见 Mann: *The Incoherent Empire*，第 80 页起若干页。这个想法在支持帝国的知识分子中并不鲜见，比如巴塞维奇（Bacevich）（在 *American Empire* 第 3 页）就在论述帝国形成的基石——门户开放政策时写道："它的终极目标在于创建一个基于民主资本主义原则的开放统一的国际秩序，在这个秩序里，美国是最高维护者，也是规则的最终执行者。"现在已经有大量文献作品认为，出于经济原因，美国的主宰地位已岌岌可危，持此观点的代表人物是索罗斯。Soros: *The Bubble of American Supremacy*。

43　Diner: *Das Prinzip Amerika*，第 273 页。

44　关于由帝国中心向边缘推进的戡乱战争的意义，参见本书作者 Münkler: *Kriege im 21. Jahrhundert*，特别是第 93 页起；作者的另一部著作 *Politik und Krieg* 论述了关于全球化所导致的（但绝不仅仅归咎于全球化）的战争。

45　Mann: *The Incoherent Empire*，第 13 页。

46　在这个意义上讲，约瑟夫·奈对软实力的追捧应理解为对帝国政策而非帝国主义政策的青睐。参见 Nye: *The Paradox of American Power*。在另一方面，那些美国政策最激烈的抨击者则将帝国主义等同于军国主义。参见 Mann: *The Incoherent Empire*，第 314 页起若干页，Johnson: *Blowback*，第 29 页起若干页，第 93 页起若干页。

47　Johnson: *Blowback*，第 220 页。

48　参见 Harold James: *The End of Globalization*，以及 Fischer: *Die Weltwirtschaft im 20. Jahrhundert*。

49　Ignatieff: *Empire lite*，第 1~25 页。比他走得更远的有萨曼莎·鲍尔（Samantha Power），对她而言，推广人权是美国维系权力的前提条件。参见 Power: *Das Empire der Menschenrechte*。持类似观点的还有 Beck: *Über den postnationalen Krieg*，以及他的另一部著作 *Power in the Global Age*。

50　这一概念可以上溯到 Osterhammel: *Kulturelle Grenzen bei der Expansion*

51　这种印象借助史学家的研究一再浮现：在 20 世纪，这方面最有影响的
　　研究成果当属Symes: *The Roman Revolution*。在这部作品里作者提到，
　　面对欧洲大陆民主秩序自我破坏的窘境，盎格鲁—美利坚人从罗马历史
　　的镜鉴中证实并坚定了他们的自我认知。在那些研究 20 世纪美帝国如
　　何形成的历史的学人中，我们看到这种比照古罗马的研究方式屡见不
　　鲜——无论他们的比照基于批判性视角，还是出自肯定的态度。尤其值
　　得注意的是，即使像奈这样对帝国持怀疑态度的学者，也不能无视这种
　　类比。参见 Nye: *The Paradox of American Power*，第 167 页起若干页。

52　有关拿破仑的法兰西帝国如何受到罗马的影响，可参看 Lefebvre:
　　Napoleon，尤其是 219 页以后的内容。美国人如何通过与罗马共和国
　　的参照构建自我认知，对此一个绝佳的佐证是 *Federalist Papers*。在
　　这些文字里，几位政治家勾画出联邦制国家的蓝图并为之辩护。参见
　　Hamilton 等人的 *The Federalist Papers*。

53　特别值得参考的是 Johnson: *The Sorrows of Empire*，第 43 页起若干页，
　　第 387 页起若干页；Chomsky: *Hegemony or Survival*，第 11~49 页。

54　Ignatieff: *Empire Amerika?*，第 24 页及第 31 页。

55　有关美国所发动的战争之罗列总结——当然带有明显的谴责口吻，详见
　　Schley: *Die Kriege der USA*。

56　相关论述参见 Beham: *Kriegstrommeln*；关于 1991 年海湾战争，参
　　见 MacArthur: *Second Front*；关于科索沃军事干预，参见 Lampe:
　　Medienfiktionen beim NATO-Einsatz im Kosovo-Krieg 1999；关于 2003
　　年伊拉克战争，参见 Tilgner: *Der inszenierte Krieg*，特别是第 17 页起
　　若干页。

57　Johnson: *The Sorrows of Empire*，第 412 页起。

58　参见Brockers: *Verschwörungen, Verschwörungstheorien und die Geheimnisse
　　des 11.9.*，同一作者所著 *Fakten, Fälschungen und die unterdrückten
　　Beweise des 11.9.*。同样，日本偷袭美国珍珠港、对太平洋舰队的伏击
　　也屡屡被"破解"为一场罗斯福总统针对美国民众的别有用心的阴谋：

他希望借此为美国参战获得民意的支持。参见 Stinnett: *Day of Deceit*。

59 关于第一次世界大战中欧洲人所付出的代价以及承担的损失，参见 Kolko: *Century of War*，第 88 页起若干页，第 102 页起若干页；而 Junker（*Power and Mission*，第 52 页）对大战给美国人造成的后果做了总结："通过第一次世界大战，美国一跃成为首屈一指的世界经济和贸易强国。在 20 年代它又扩大了这一优势。1913 年，美国工业产量在世界总量中占比 35.8%，而在 1925~1929 年间，这个比例提高到平均 46%。按美元计算，当时美国的国民收入相当于排名其后的 23 个国家的总和——包括英国、德国、法国、日本和加拿大等。纽约则在伦敦之后成为世界第二大金融中心。从此世界经济体系即使没有完全以美国为中心，但至少也呈现出双中心的态势。"有关二战的财务状况表可参看 Kolko: *Century of War*，第 205 页起若干页，以及 Overy: *Why Allies won*，第 326 页起。

60 Bacevich: *New Rome, New Jerusalem*，第 56 页。

61 尼尔·弗格森对美利坚帝国的存在并无疑议，他在阐发美帝国问题时，虽然认为美国的阿喀琉斯之踵不在于维系帝国的成本，而在于美国民众缺乏"成为强权的意愿"，但他在书中仍然得出了一个类似的结论。Ferguson: *Colossus*，第 29 页。

62 参见本书作者 Münkler: *Nothing to kill or die for...*。

63 关于美国的贸易帝国主义，参见 Wehler: *Der Aufstieg des amerikanischen Imperialismus*，第 259 页起若干页；关于俄国的军事帝国主义以及它企图用"卢布帝国主义"充实军事帝国主义的失败尝试，参见 Geyer: *Der russiche Imperialismus*，第 144 页起若干页。

64 最早是在其他国家租借整个军队去打仗，后来才出现在当地招兵买马、组建自己军队的做法。比如在美国独立战争期间，英国人基本依靠黑森雇佣兵来维系他们在当地的统治。

65 参见 Johnson: *The Sorrows of Empire*，第 144 页起若干页。

66 对著名私营军事公司（PMC）的罗列和调研，详见 Ruf: *Politische Ökonomie der Gewalt*，第 317~345 页。

67　参见 Ferguson: *Colossus*，第 18 页起若干页。

68　Nye: *The Paradox of American Power*，第 37 页起若干页。

69　Bacevich: *New Rome, New Jerusalem*，第 57 页。

70　所以，对帝国持批判态度的学人，如 Todd（*After the Empire*）、查尔斯·库普乾（Kupchan）（*The End of American Era*），都对美国在世界经济中的主导地位问题极力强调，显然并非出于巧合。类似的还包括 Rifkin: *The European Dream*，第七、八章。

71　见本书上文，第 79 页（原书页码，即本书页边码）起若干页。

72　有关一个自信欧洲的政治影响力，参见 Sloterdijk: *Falls Europa erwacht*，以及 Schmierer: *Mein Name sei Europa*，特别是第 174 页起若干页。关于北约东扩，参见 Asmus: *Opening NATO's Door*，第 134 页起若干页。

73　对此特别值得一提的是 Todd: *After the Empire*，特别是第 191 页起若干页的内容；Rifkin: *The European Dream*，第 16 页起若干页，第 64 页起若干页；还包括 Kupchan: *The End of American Era*，第 119 页起若干页，他认为美国的真正挑战来自欧洲。

74　随着土耳其申请入欧谈判，欧洲人关于认同问题的争论更趋白热化。参看 Leggewie: *Die Turkei und Europa*，另外还可参阅 Hoffmann/Kramer: *Europa-Kontinent im Abseits?* 该书从多个不同角度综述了欧洲人的认同问题。

75　参见 Brague: *Eccentric Culture*，以及 Pomian: *L'Europa et ses nationes*，第 14 页起若干页。

76　Valéry: *La Crise de L'Esprit*（1919）（中文版《瓦莱里散文选》之 "精神的危机" 篇）；参见 Lützeler: *Die Schriftsteller und Europa*，第 308 页起。

77　有关俄国的欧洲认同或亚洲认同问题，参见 Figes: *Natasha's Dance*，第 377 页起若干页。

参考文献

A

Abernethy, David B., *The Dynamics of Global Dominance: European overseas Empires. 1415 - 1980*, New Haven/London 2000.

Adanir, Fikret, «*Der Zerfall des Osmanischen Reiches*», in: Alexander Demandt (Hg.), *Das Ende der Weltreiche*, München 1977, S. 108 - 128.

Albertini, Rudolf von, *Europäische Kolonialherrschaft: Die Expansion in Übersee von 1880 - 1940*, Zürich/Freiburg 1976.

Altheim, Franz, *Geschichte der Hunnen*, 5 Bde., Berlin 1959 - 1962.

Altrichter, Helmut/Helmut Neuhaus (Hg.), *Das Ende von Großreichen*, Erlangen/Jena 1996.

Altvater, Elmar/Birgit Mahnkopf, *Grenzen der Globalisierung: Ökonomie, ökologie und Politik in der Weltgesellschaft*, Münster, 6. Aufl . 2004.

Anderson, Benedict, *Imagined Communities*, London 1983

Angermann, Erich, *Die Vereinigten Staaten von Amerika seit 1917* (= dtv-Weltgeschichte des 20. Jahrhunderts), 9. erweiterte Aufl age, München 1995.

Armstrong, Karen, *The Battle for God: Fundamentalism in Judaism,Christanity and Islam*, London 2000.

Aron, Raymond, *Clausewitz: Den Krieg denken*, Frankfurt/M. 1980.

Aron, Raymond, *The Century of Total War*, Frankfurt/M. 1953.

Aron, Raymond, *Krieg und Frieden: Eine Theorie der Staatenwelt*, Frankfurt/M. 1963.

Asmus, Ronald D., *Opening NATO's Door: How the Alliance Remade Itself for a New Era*, New York/Chichester 2002.

Augustinus, Aurelius, *Vom Gottesstaat*, hg. von Wilhelm Thimme, 2 Bde., München 1978.

Aust, Stefan/Cordt Schnibben (Hg.), *Irak: Geschichte eines modernen Krieges*, München 2003.

B

Bacevich, Andrew J., «*Neues Rom, neues Jerusalem*», in: Ulrich Speck/Natan Sznaider (Hg.), *Empire Amerika: Perspektiven einer neuen Weltordnung*, München 2003, S. 71 - 82.

Bacevich, Andrew J., *American Empire: The Realities and Consequences of U.S. Diplomacy*, Cambridge (Mass.)/London 2003.

Badie, Bertrand, *Souveränität und Verantwortung*, Hamburg 2002.

Bailyn, Bernard, *The Ideological Origins of the American Revolution*, Cambridge (Mass.)/London 1967.

Barudio, Günter, «*Die Macht des Hegemonialismus – das Moskauer Zarentum*», in: Pipers Handbuch der politischen Ideen, hg. von Iring Fetscher/Herfried Münkler, Bd. 3, München 1985, S. 189 - 198.

Baumgart, Winfried (Bearb.), *Die Julikrise und der Ausbruch des Ersten Weltkriegs*, Darmstadt 1983.

Beck, Hans-Georg, *Das byzantinische Jahrtausend*, München, 2. Aufl. 1994.

Beck, Ulrich, *Macht und Gegenmacht im globalen Zeitalter*, Frankfurt/M. 2002.

Beck, Ulrich, «*Über den postnationalen Krieg*», in: Blätter für deutsche und internationale Politik, 1999, Heft 8, S. 984 - 990.

Beham, Mira, *Kriegstrommeln: Medien, Krieg und Politik*, München 1996.

Behr, Hartmut, *Enterritoriale Politik: Von den internationaler Beziehungen zur Netzwerkanalyse*, Wiesbaden 2004.

Bellen, Heinz, *Grundzüge der Römischen Geschichte*, 3 Bde., Darmstadt 1994 - 2003.Bender, Peter, *Weltmacht Amerika: Das Neue Rom*, Stuttgart 2003.

Bennassar, Bartolomé/Bernard Vincent, *Spanien: 16. und 17. Jahrhundert*, Stuttgart 1999.

Ben-Sasson, Haim Hillel (Hg.), *Geschichte des jüdischen Volkes: Von den Anfängen bis zur Gegenwart*, München 1992.

Berlin, Isaiah, «*Herzen und seine Erinnerungen*», in: ders., *Wider das Geläufige. Aufsätze zur Ideengeschichte*, Frankfurt/M. 1982, S. 291 - 320.

Berlin, Isaiah, *Russische Denker*, Frankfurt/M. 1981.

Bernecker, Walter L., *Spanische Geschichte: Von der Reconquista bis heute*, Darmstadt 2002.

Besymenski, Lew, *Stalin und Hitler: Das Pokerspiel der Diktatoren*, Berlin 2002.

Bitterli, Urs (Hg.), *Die Entdeckung und Eroberung der Welt*, München 1980.

Bleicken, Jochen, *Verfassungs- und Sozialgeschichte des Römischen Kaiserreichs*, 2 Bde., Paderborn u. a., 2. Aufl. 1981.

Blindow, Felix, *Carl Schmitts Reichsordnung: Strategie für einen europäischen Großraum*, Berlin 1999.

Bohlender, Matthias, «*Government, Commerce und Civil Society. Zur Genealogie der schottischen politischen Ökonomie*», in: Hartmut Kaelble/ Jürgen Schriewer (Hg.), *Gesellschaften im Vergleich*, Frankfurt/M. 1998, S. 115 - 147.

Böhlke, Effi , ‹*Esprit de nation*›: *Montesquieus politische Philosophie*, Berlin 1999.Boot, Max, «*Plädoyer für ein Empire*», in: Ulrich Speck/Natan Sznaider (Hg.), *Empire Amerika: Perspektiven einer neuen Weltordnung*, München 2003, S. 60 - 70.

Boot, Max, *The Savage Wars of Peace: Small Wars and the Rise of American Power*, New York 2002.

Bosbach, Franz, *Monarchia Universalis: Ein politischer Leitbegriff der frühen Neuzeit*, Göttingen 1986.

Boxer, Charles R., *The Dutch Seaborne Empire 1600 - 1800*, London 1992.

Boxer, Charles R., *The Portuguese Seaborne Empire 1415 - 1825*, Manchester 1991.

Brague, Rémi, *Europa: Eine exzentrische Identität*, Frankfurt/New York 1993.

Braudel, Fernand, *Sozialgeschichte des 15. - 18. Jahrhunderts*, 3 Bde., München 1985? .

Breuer, Stefan, *Imperien der Alten Welt*, Stuttgart 1987.

Bröckers, Mathias, *Verschwörungen, Verschwörungstheorien und die Geheimnisse des 11. 9.*, Frankfurt/M. 2002.

Bröckers, Mathias/Andres Hauß, *Fakten, Fälschungen und die unterdrückten Beweise des 11. 9.*, Frankfurt/M. 2003.

Brogini Künzi, Giulia, «*Der Sieg des Negus. Adna, 1. März 1896*», in: Stig Förster u. a. (Hg.), *Schlachten der Weltgeschichte*, München 2001, S. 248 - 263.

Brown, Michael E. u. a. (Hg.), *Debating the Democratic Peace*, Cambridge

(Mass.)/London 1996.

Brzezinski, Zbigniew, *Die einzige Weltmacht: Amerikas Strategie der Vorherrschaft*, Frankfurt/M. 1999.

Buruma, Ian, *Chinas Rebellen: Die Dissidenten und der Aufbruch in eine neue Gesellschaft*, München/Wien 2004.

C

Chomsky, Noam, Hybris. *Die endgültige Sicherung der globalen Vormachtstellung der USA*, Hamburg/Wien 2003.

Chomsky, Noam, *Wirtschaft und Gewalt: Vom Kolonialismus zur neuen Weltordnung*, München 1993.

Christ, Karl, *Pompeius: Der Feldherr Roms*, München 2004.

Cipolla, Carlo M., *Die Odyssee des spanischen Silbers*, Berlin 1998.

Cipolla, Carlo M., *Segel und Kanonen: Die europäische Expansion zur See*, Berlin 1999.

Clausewitz, Carl von, *Vom Kriege*, 19. Aufl. hg. von Werner Hahlweg, Bonn 1980.

Clauss, Manfred (Hg.), *Die römischen Kaiser*, München 1997.

Cooper, Robert, *The Breaking of Nations: Order and Chaos in the Twenty-First Century*, London 2003.

Creveld, Martin van, *Die Zukunft des Krieges*, München 1998.

Czempiel, Ernst-Otto, «*Pax Americana oder Imperium Americanum?*», in: Merkur, 57. Jg., 2003, Heft 11, S. 1003 – 1014.

D

Daase, Christoph, *Kleine Kriege – Große Wirkung*, Baden-Baden 1999.

Dante Alighieri, *Monarchie*, hg. von Constantin Sautter, Aalen 1974.

Daschitschew, Wjatscheslaw, *Moskaus Griff nach der Weltmacht: Die bitteren Früchte hegemonialer Politik*, Hamburg 2002.

David, Saul, *Die größten Fehlschläge der Militärgeschichte: Von der Schlacht im Teutoburger Wald bis zur Operation Desert Storm*, München 2001.

Dehio, Ludwig, *Gleichgewicht oder Hegemonie: Betrachtungen über ein Grundproblem der neueren Staatengeschichte*, Krefeld 1957.

Delbrück, Hans, *Die Strategie des Perikles erläutert durch die Strategie Friedrichs des Großen*, Berlin 1890.

Demandt, Alexander, «*Die Weltreiche in der Geschichte*», in: ders. (Hg.), *Das Ende der Weltreiche*, München 1997, S. 221 - 233.

Des Forges, Alison, *Kein Zeuge darf überleben: Der Genozid in Ruanda*, Hamburg 2002

Diner, Dan, *Das Jahrhundert verstehen: Eine universalgeschichtliche Deutung*, München 1999.

Diner, Dan, «*Das Prinzip Amerika*», in: Ulrich Speck/Natan Sznaider (Hg.), Empire Amerika. *Perspektiven einer neuen Weltordnung*, München 2003, S. 256 - 274.

Diner, Dan, «*Imperialismus und Universalismus: Versuch einer Begriffsgeschichte*», in: ders., *Weltordnungen: Über Geschichte und Wirkung von Recht und Macht*, Frankfurt/M. 1993, S. 17 - 59.

Dippel, Horst, «*Die Auflösung des Britischen Empire oder die Suche nach einem Rechtsersatz für formale Herrschaft*», in: Richard Lorenz (Hg.), *Das Verdämmern der Macht*, Frankfurt/M. 2000, S. 236 - 255.

Doyle, Michael, *Empires*, Ithaca/London 1984.

E

Ebrey, Patricia Buckley, *China: Eine illustrierte Geschichte*, Frankfurt/New York 1996.

Edzard, Dietz Otto, *Geschichte Mesopotamiens: Von den Sumerern bis zu Alexander dem Großen*, München 2004.

Elliott, John H., «*The Decline of Spain*», in: Carlo M. Cipolla (Hg.), *The Economic Decline of Empires*, London/Southampton 1972, S. 168 - 195.

F

Fanon, Frantz, *Die Verdammten dieser Erde*, Reinbek b. Hamburg 1969.

Fanon, Frantz, *Schwarze Haut, weiße Masken*, Frankfurt/M. 1980.

Fenske, Hans, «*Ungeduldige Zuschauer: Die Deutschen und die europäische Expansion 1815 - 1880*», in: Wolfgang Reinhard (Hg.), *Imperialistische Kontinuität und nationale Ungeduld im 19. Jahrhundert*, Frankfurt/M. 1991, S.

87 - 123.

Ferguson, Niall, «*Das verleugnete Empire*»; in: Ulrich Speck/Natan Sznaider (Hg.), *Empire Amerika: Perspektiven einer neuen Weltordnung*, München 2003, S. 15 - 37.

Ferguson, Niall, *Das verleugnete Imperium: Chancen und Risiken amerikanischer Macht*, Berlin 2004.Ferguson, Niall, *Empire: The Rise and Demise of the British World Order and the Lessons for Global Power*, London/New York 2002.

Ferguson, Niall, *The Pity of War*, London 1998 (dt.: *Der Falshe Krieg: Der Erste Weltkrieg und das 20. Jahrhundert*, Stuttgart 1999).

Ferro, Marc, *Der große Krieg 1914 - 1918*, Frankfurt/M. 1988.

Fetscher, Iring, *Modelle der Friedenssicherung*, München 1972.

Fieldhouse, David, *Economics and Empire, 1830 - 1914*, London 1973.

Figes, Orlando, *Nataschas Tanz: Eine Kulturgeschichte Russlands*, Berlin 2003.

Fischbach, Claudius R., *Krieg und Frieden in der französischen Aufklärung*, Münster/New York 1990.

Fischer, Wolfram, «*Die Weltwirtschaft im 20. Jahrhundert*», in: ders., *Expansion, Intergration, Globalisierung: Studien zur Geschichte der Weltwirtschaft*, Göttingen 1998, S. 140 - 165.

Fischer, Wolfram, «*Internationale Wirtschaftsbeziehungen und Währungsordnung vor dem Ersten Weltkrieg*», in: ders., *Expansion, Integration, Globalisierung: Studien zur Geschichte der Weltwirtschaft*, Göttingen 1998, S. 79 - 86.

Franke, Otto, *Geschichte des Chinesischen Reiches: Eine Darstellung seiner Entstehung, seines Wesens und seiner Entwicklung bis zur neuesten Zeit*, 5 Bde., Berlin/Leipzig 1930 - 1952.

Frey, Marc, «*Das Ende eines Kolonialreichs: Dien Bien Phu, 13. März bis 7. Mai 1954*», in: Stig Förster u. a. (Hg.), *Schlachten der Weltgeschichte*, München 2001, S. 358 - 373.

Fueter, Eduard, *Geschichte des europäischen Staatensystems von 1492 - 1559*, München/Berlin 1919.

Fuhrmann, Horst, *Deutsche Geschichte im hohen Mittelalter* (= Deutsche Geschichte, hg. von Joachim Leuschner, Bd. 2), Göttingen 1978.

Fukuyama, Francis, *Staaten bauen: Die neue Herausforderung internationaler*

Politik, Berlin 2004.

Fulbright, William, *Die Arroganz der Macht*, Hamburg 1967.

G

Gallagher, John, *The Decline, Revival and Fall of the British Empire*, Cambridge 1982.

Gallagher, John/Ronald Robinson, «*Der Imperialismus des Freihandels*», in: Hans Ulrich Wehler (Hg.), Imperialismus, Köln 1972, S. 183–200.

Geiss, Imanuel, «*Kontinuitäten des Imperialismus*», in: Wolfgang Reinhard (Hg.), *Imperialistische Kontinuität und nationale Ungeduld im 19. Jahrhundert*, Frankfurt/M. 1991, S. 12–30.

Geyer, Dietrich, *Der russische Imperialismus: Studien über den Zusammenhang von innerer und auswärtiger Politik 1860–1914*, Göttingen 1977.

Gibbon, Edward, *Verfall und Untergang des Römischen Imperiums bis zum Ende des Reiches im Westen*, 6 Bde., München 2003.

Giesen, Bernhard/Helmut Berding (Hg.), *Mythos und Nation*, Frankfurt/M. 1996.

Giesen, Bernhard/Helmut Berding (Hg.), *Nationale und kulturelle Identität*, Frankfurt/M. 1991.

Giesen, Bernhard/Helmut Berding (Hg.), *Nationales Bewusstsein und kollektive Identität*, Frankfurt/M. 1994.

Gilpin, Robert, *War and Change in World Politics*, Cambridge 1981.

Göckenjan, Hansgerd, «*Die Welt der frühen Reiternomaden*», in: Arne Eggebrecht (Hg.), *Die Mongolen und ihr Weltreich*, Mainz 1989, S. 7–43.

Göckenjan, Hansgerd, «*Weltherrschaft oder Desintegration? Krise und Zerfall des Mongolischen Großreichs*», in: Richard Lorenz (Hg.), *Das Verdämmern der Macht. Vom Untergang großer Reiche*, Frankfurt/M. 2000, S. 82–103.

Goldsworthy, Adrian, *Die Legionen Roms: Das große Handbuch zum Machtinstrument eines Weltreiches*, Frankfurt/M. 2004.

Gollwitzer, Heinz, *Geschichte des weltpolitischen Denkens*, 2 Bde., Göttingen 1972 und 1982.

Gorodetsky, Gabriel, *Die große Täuschung: Hitler, Stalin und das Unternehmen «Barbarossa»*, Berlin 2001.

Grousset, René, *L'empire des steppes. Atila, Gengis-Khan, Tamerlan*, Paris 1948.

H

Habermas, Jürgen, «*Das Kantische Projekt und der gespaltene Westen*», in: ders., *Der gespaltene Westen*, Frankfurt/M. 2004, S. 111 – 193.

Habermas, Jürgen, «*Was bedeutet der Denkmalsturz? Verschließen wir nicht die Augen vor der Revolution der Weltordnung: Die normative Autorität Amerikas liegt in Trümmern*», in: Frankfurter Allgemeine Zeitung, Nr. 91, 17. April 2003.

Habermas, Jürgen, «*Wege aus der Weltunordnung: Ein Interview mit Jürgen Habermas*», in: Blätter für deutsche und internationale Politik, 1/2004, S. 27 – 45

Hacke, Christian, *Zur Weltmacht verdammt: Die amerikanische Außenpolitik von J. F. Kennedy bis G.W. Bush*, München 2001.

Hahlweg, Werner, *Guerilla: Krieg ohne Fronten*, Stuttgart 1958.

Hamann, Brigitte, *Der Erste Weltkrieg: Wahrheit und Lüge in Bildern und Texten*, München 2004.

Hamilton, Alexander/James Madison/John Jay, *Die Federalist-Artikel: Politische Theorie und Verfassungskommentar der amerikanischen Gründerväter*, hg. von Angela und Willi Paul Adams, Paderborn 1994.

Hardt, Michael/Antonio Negri, *Empire: Die neue Weltordnung*, Frankfurt/New York 2002.

Heilbrunn, Otto, *Die Partisanen in der modernen Kriegführung* (engl. Original 1962), Frankfurt/M. 1963.

Heinrichs, Hans-Jürgen, *Die gekränkte Supermacht: Amerika auf der Couch*, Düsseldorf/Zürich 2003.Heuss, Alfred, *Römische Geschichte*, hg. von J. Bleicken, Paderborn, 9. Aufl. 2003.

Heydte, Friedrich August Frhr. von der., *Der moderne Kleinkrieg als wehrpolitisches und militärisches Phänomen*, Würzburg 1972.

Hille, Charlotte (Hg.), *State Building: Challenges between Theoretical Necessity and Political Reality*, Leiden 2003.

Hippler, Jochen (Hg.), *Nation-Building: Ein Schlüsselkonzept für friedliche Konfliktbearbeitung？*, Bonn 2004.

Hobbes, Thomas, *Leviathan oder Stoff: Form und Gewalt eines kirchlichen und bürgerlichen Staates*, hg. von Iring Fetscher, Frankfurt/M. 1984.

Hobsbawm, Eric, *Das Gesicht des 21. Jahrhunderts: Ein Gespräch mit Antonio Polito*, München 1999.

Hobsbawm, Eric, *Das imperiale Zeitalter*, Frankfurt/New York 1989.

Hobsbawm, Eric, *Das Zeitalter der Extreme: Weltgeschichte im 20. Jahrhundert*, München 1995.

Hobsbawm, Eric, *Nationen und Nationalismus: Mythos und Realität seit 1780*, Frankfurt/New York 1991.

Hobson, John Atkinson, *Der Imperialismus*, eingel. von Hans-Christoph Schröder, Köln, 2. Aufl . 1970.

Hoffmann, Hilmar/Dieter Kramer (Hg.), *Europa – Kontinent im Abseits?*, Reinbek b. Hamburg 1998.

Horaz, *Sämtliche Werke*, Teil I (Carmina, Oden und Epoden), hrsg. von H. Färber und W. Schöne, Düsseldorf/Zürich 1993.

Hosking, Geoffrey, *Russland: Nation und Imperium, 1552 – 1917*, Berlin 2000.

Hourani, Albert, *Die Geschichte der arabischen Völker*, Frankfurt/M. 1992.

Howard, Michael, *Kurze Geschichte des Ersten Weltkriegs*, München/Zürich 2004.

I

Ignatieff, Michael, «*Empire Amerika?*», in: Ulrich Speck/Natan Sznaider (Hg.), Empire Amerika. *Perspektiven einer neuen Weltordnung*, München 2003, S. 15 - 37.

Ignatieff, Michael, *Empire lite: Nation Building in Bosnia, Kosovo and Afghanistan*, London 2003.

Irwin, Robert, «*Die Entstehung des islamischen Weltsystems 1000 – 1500*», in: Francis Robinson (Hg.), *Islamische Welt: Eine illustrierte Geschichte*, Frankfurt/New York 1997, S. 56 - 85.

Isokrates, «*Rede über den Frieden*», in: Isokrates, *Sämtliche Werke*, Stuttgart 1993.

J

James, Harold, *Der Rückfall: Die neue Weltwirtschaftskrise*, München/Zürich

2003.

Jaschke, Hans-Gerd, *Soziale Basis und soziale Funktion des Nationalsozialismus: Studien zur Bonapartismustheorie*, Opladen 1982.

Jeismann, Michael, «*Propaganda*», in: Gerhard Hirschfeld u. a. (Hg.), *Enzyklopädie Erster Weltkrieg*, Paderborn 2003, S. 198 - 209.

Jerabék, Rudolf, «*Conrad von Hötzendorf, Franz Freiherr*» in: Gerhard Hirschfeld u. a. (Hg.), *Enzyklopädie Erster Weltkrieg*, Paderborn 2003, S. 419 - 421.

Johnson, Chalmers, *Blowback: The Costs and Consequences of the American Empire*, New York 2000 (dt.: Ein Imperium verfällt, München 2000).

Johnson, Chalmers, *Der Selbstmord der amerikanischen Demokratie*, München 2003.Jones, Eric Lionel, *Das Wunder Europa: Umwelt, Wirtschaft und Geopolitik Europas und Asiens*, Tübingen 1991.

Jorga, Nicolae, *Geschichte des Osmanischen Reichs*, 5 Bde., Gotha 1908 - 1913, Neuaufl. Darmstadt 1990.

Judt, Tony, *Die große Illusion Europa: Herausforderungen und Gefahren einer Idee*, München/Wien 1996.

Jung, Dietrich/Klaus Schlichte/Jens Siegelberg, *Kriege in der Weltgesellschaft: Strukturgeschichtliche Erklärung kriegerischer Gewalt (1945 - 2002)*, Wiesbaden 2003.

Junker, Detlef, *Power and Mission: Was Amerika antreibt*, Freiburg/Br. 2003.

Kagan, Frederik W., «*Krieg und Nachkrieg*», in: Blätter für deutsche und internationale Politik, 11/2003, S. 1321 - 1332.

K

Kagan, Robert, *Macht und Ohnmacht: Amerika und Europa in der neuen Weltordnung*, Berlin 2003.

Kagan, Robert, «*The Benevolent Empire*», in: Foreign Affairs, 76. Jg., 1998, Heft 111, S. 24 - 33.

Kaldor, Mary, «*Das ohnmächtige Empire*», in: Ulrich Speck/Natan Sznaider (Hg.), *Empire Amerika: Perspektiven einer neuen Weltordnung*, München 2003, S. 173 - 198.

Kämpfe, Hans-Rainer, «*Cinggis Khan*», in: Michael Weiers (Hg.), ˘ *Die Mongolen: Beiträge zu ihrer Geschichte und Kultur*, Darmstadt 1986, S. 183 -

191.

Kann, Robert A., *Geschichte des Habsburgerreiches 1526 – 1918*, Wien 1977.

Kant, Immanuel, «*Zum ewigen Frieden: Ein philosophischer Entwurf*», in: ders., Werke, hg. von Wilhelm Weischedel, Darmstadt 1970, Bd. 9, S. 191 – 251.

Kapus'cin'ski, Ryszard, *Imperium: Sowjetische Streifzüge*, Frankfurt/M. 1993.

Kautsky, John H., *The Politics of Aristocratic Empires*, Chapel Hill 1982.

Keegan, John, *Der Erste Weltkrieg: Eine europäische Tragödie*, Reinbek b. Hamburg 2000.

Keegan, John, *Die Kultur des Krieges*, Berlin 1995.

Kennedy, Paul, *Aufstieg und Fall der großen Mächte: Ökonomischer Wandel und militärischer Konflikt von 1500 bis 2000*, Frankfurt/M. 1989.

Kennedy, Paul, *In Vorbereitung auf das 21. Jahrhundert*, Frankfurt/M. 1993.

Kernig, Claus D., *Lenins Reich in Trümmern. Schatten über Russlands Zukunft*, Stuttgart/München 2000.

Kipling, Rudyard, *Complete Verse*, Cambridge 1989.

Kissinger, Henry, *Die Herausforderung Amerikas: Weltpolitik im 21. Jahrhundert*, München 2002.

Kissinger, Henry, «*The Vietnam-Negotiations*», in: *Foreign Affairs*, Jg. 47, 1969, Heft 2, S. 211 – 234.

Kitson, Frank, *Im Vorfeld des Krieges: Abwehr von Subversion und Aufruhr*, Stuttgart 1974.

Kluth, Heinz, *Sozialprestige und sozialer Status*, Stuttgart 1957.

Koch, Klaus, *Das Buch Daniel*, Darmstadt 1980.

Koebner, Richard/Helmut Dan Schmidt, *Imperialism: The Story and Significance of a Political Word, 1840 – 1960*, Cambridge 1964.

Kohler, Alfred, *Karl V.: Eine Biographie*, München 1999.

Kohler, Alfred u. a. (Hg.), *Karl V. (1500 – 1558). Neue Perspektiven seiner Herrschaft in Europa und Übersee*, Wien 2002.

Kolko, Gabriel, *Das Jahrhundert der Kriege*, Frankfurt/M. 1999.

König, Hans-Joachim, «*Der Zerfall des Spanischen Weltreichs in Amerika*», in: Richard Lorenz (Hg.), Das Verdämmern der Macht, Frankfurt/M. 2000, S. 126 – 152.

König, Ingemar, *Der römische Staat II. Die Kaiserzeit*, Stuttgart 1997.

Koselleck, Reinhart, «*Zur historisch-politischen Semantik asymmetrischer Gegenbegriffe*», in: ders., *Vergangene Zukunft: Zur Semantik geschichtlicher Zeiten*, Frankfurt/M., 2. Aufl . 1984, S. 211 - 259.

Kreiser, Klaus/Christoph K. Neumann, *Kleine Geschichte der Türkei*, Stuttgart 2003.

Kubbig, Bernd W. (Hg.), Brandherd *Irak: US-Hegemonieanspruch, die UNO und die Rolle Europas*, Frankfurt/M. 2003.

Kulischer, Josef, *Allgemeine Wirtschaftsgeschichte des Mittelalters und der Neuzeit*, 2 Bde., Berlin 1954.

Kunisch, Johannes, *Der kleine Krieg: Studien zum Heerwesen des Absolutismus*, Wiesbaden 1973.

Kupchan, Charles, *Die europäische Herausforderung: Vom Ende der Vorherrschaft Amerikas*, Berlin 2003.

L

Lampe, Gerhard, «*Medienfi ktionen beim NATO-Einsatz im Kosovo-Krieg 1999*», in: Michael Strübel (Hg.), *Film und Krieg: Die Inszenierung von Politik zwischen Apologetik und Apokalypse*, Opladen 2002, S. 127 - 134.

Landes, David, *The Wealth and Poverty of Nations: Warum die einen reich und die anderen arm sind*, Berlin 1999.

Lange, Sven, *Hans Delbrück und der ‹Strategiestreit›: Kriegführung und Kriegsgeschichte in der Kontroverse 1879 - 1914*, Freiburg/Br. 1995.

Lefebvre, Georges, *Napoleon*, Stuttgart 1989.

Leggewie, Claus, *Die Türkei und Europa: Die Positionen*, Frankfurt/M. 2004.

Leggewie, Claus, «*Ein Empire der Demokratie*», in: Ulrich Speck/Natan Sznaider (Hg.), *Empire Amerika: Perspektiven einer neuen Weltordnung*, München 2003, S. 199 - 218.

Lehmann, Gustav Adolf, «*Das Ende der römischen Herrschaft über das ‹westelbische› Germanien*», in: Rainer Wiegels/Winfried Woesler (Hg.), *Arminius und die Varusschlacht*, Paderborn 1995, S. 123 - 141.

Lenk, Kurt (Hg.), *Ideologie: Ideologiekritik und Wissenssoziologie*, Darmstadt und Neuwied, 6. Aufl . 1972.

Lewis, Bernard, «*The Arabs in Eclipse*», in: Carlo M. Cipolla (Hg.), *The*

296   *Economic Decline of Empires*, London und Southampton 1972, S. 102 – 120.

Lewis, Bernard, *Die Araber. Aufstieg und Niedergang eines Weltreichs*, Wien/ München 1995.

Lewis, David Levering, *The Race to Fashoda*, New York 1987.

Liddell Hart, Basil H., *Große Heerführer*, Düsseldorf, Wien 1968.

Lilie, Ralph-Johannes, *Byzanz: Das zweite Rom*, Berlin 2003.

Livius, Titus, *Römische Geschichte*, hg. von Josef Feix, München und Zürich 1991.

Lorenz, Richard (Hg.), *Das Verdämmern der Macht: Vom Untergang großer Reiche*, Frankfurt/M. 2000.

Lorenz, Richard, «*Das Ende der Sowjetunion*», in: ders. (Hg.), *Das Verdämmern der Macht, Vom Untergang großer Reiche*, Frankfurt/M. 2000, S. 256 – 280.

Luttwak, Edward, *Weltwirtschaftskrieg: Export als Waffe – aus Partnern werden Gegner*, Reinbek b. Hamburg 1994.

Lützeler, Paul Michael, *Die Schriftsteller und Europa: Von der Romantik bis zur Gegenwart*, München 1992.

M

MacArthur, John R., *Die Schlacht der Lügen: Wie die USA den Golfkrieg verkauften*, München 1993.

Maenchen-Helfen, Otto, *The World of the Huns: Studies in their History and Culture*, Berkeley/London 1973.

Mahan, Alfred Thayer, *Der Einfluss der Seemacht auf die Geschichte. 1660 – 1812*, überarb. und hg. von Gustav-Adolf Wolter, Herford 1967.

Mahnkopf, Birgit, «*Neoliberale Globalisierung und globaler Krieg*», in: Blätter für deutsche und internationale Politik, Heft 1/2004, S. 47 – 57.

Maier, Charles S., «*Die Grenzen des Empire*», in: Ulrich Speck/Natan Sznaider (Hg.), *Empire Amerika. Perspektiven einer neuen Weltordnung*, München 2003, S. 126 – 137.

Mailer, Norman, *Heiliger Krieg. Amerikas Kreuzzug*, Reinbek b. Hamburg 2003.

Majoros, Ferenc/Bernd Rill, *Das Osmanische Reich 1300 – 1922*, Wiesbaden 2004.

Mann, Michael, *Die ohnmächtige Supermacht: Warum die USA die Welt nicht *regieren können*, Frankfurt/New York 2003.

Mann, Michael, *Geschichte der Macht*, 3 Bde., Frankfurt/New York 1990 – 1998.

Mao Tse-tung, *Vom Kriege: Die kriegswissenschaftlichen Schriften*, Gütersloh 1969.

Marx, Karl, «*Der achtzehnte Brumaire des Louis Bonaparte*», in: *Marx Engels Gesamtausgabe* (MEGA2), I. Abt., Bd. 11, Berlin 1985, S. 96 – 189.

Marx, Karl, «*Erste Adresse des Generalrats über den deutsch-französischen Krieg*», in: Karl Marx/Friedrich Engels, Werke, Bd. 17, Berlin 1979, S. 3 – 8.

Marx, Karl, «*The British Rule in India*», in: *Marx-Engels-Gesamtausgabe* (MEGA2), I Abt., Bd. 12, Berlin 1984, S. 166 – 173; dt. Text in; Karl Marx/ Friedrich Engels, Werke, Bd. 9, Berlin 1975, S. 127 – 133.

Massie, Robert K., *Die Schalen des Zorns: Großbritannien, Deutschland und das Heraufziehen des Ersten Weltkriegs*, Frankfurt/M. 1993.

Matuz, Josef, *Das Osmanische Reich: Grundlinien seiner Geschichte*, Darmstadt, 3. Aufl. 1994.

McNeill, William, *Krieg und Macht: Militär, Wirtschaft und Gesellschaft vom Altertum bis heute*, München 1984.

McPherson, James M., *Für die Freiheit sterben: Die Geschichte des amerikanischen Bürgerkrieges*, München/Leipzig 1991.

Mead, Walter Russell, *Special Providence: American Foreign Policy and How it Changed the World*, New York 2002.

Mearsheimer, John J., *The Tragedy of Great Power Politics*, New York/London 2001.

Melinz, Gerhard, «*Vom osmanischen Mosaik zur türkischen Staatsnation*», in: Ernst Bruckmüller u. a. (Hg.), *Nationalismus: Wege der Staatenbildung in der außereuropäischen Welt*, Wien 1994, S. 51 – 75.

Menzel, Ulrich, «*Die Globalisierung vor der Globalisierung*», in: ders., *Paradoxien der neuen Weltordnung*, Frankfurt/M. 2004, S. 31 – 50.

Menzel, Ulrich, «*Die neue Hegemonie der USA und die Krise des Multilateralismus*», in: ders., Paradoxien der neuen Weltordnung, Frankfurt/M., S. 93 – 151.

Menzel, Ulrich, «*Eurozentrismus versus ReOrientierung*», in: ders., *Paradoxien der neuen Weltordnung*, Frankfurt/M. 2004, S. 64 – 90.

Merson, John, *Straßen nach Xanadu: China und Europa und die Entstehung der modernen Welt*, Hamburg 1989.

Modelski, George, *Long Cycles in World Politics*, Seattle/London 1987.

Modelski, George/William R. Thompson, *Leading Sectors and World Powers: The Coevolution of Global Politics and Economics*, Columbia (S.C.) 1986.

Modelski, George/William R. Thompson, *Seapower in Global Politics. 1494 - 1993*, Basingstoke/Seattle 1988.

Mommsen, Wolfgang J. (Hg.), *Das Ende der Kolonialreiche: Dekolonisation und die Politik der Großmächte*, Frankfurt/M. 1990.

Mommsen, Wolfgang J., *Imperialismustheorien: Ein Überblick über die neueren Imperialismusinterpretationen*, Göttingen 1977.

Mommsen, Wolfgang J., «*Wandlungen der liberalen Idee im Zeitalter des Imperialismus*», in: ders., *Der europäische Imperialismus*, Göttingen 1979, S. 167 - 205.

Montesquieu, Charles de Secondat, «*Réflexions sur la monarchie universelle*», in: ders., *Oeuvres complètes*, Paris 1964, Bd. 2, S. 192 - 197.

Morgan, David, *The Mongols*, London 1986.

Morgenthau, Hans, *Politics among Nations: The Struggle for Power and Peace* (1948), New York, 5. Aufl. 1973.

Mosès, Stéphane, *Eros und Gesetz: Zehn Lektüren der Bibel*, München 2004.

Motyl, Alexander J., *Sovietology, Rationality, Nationality. Coming to Grips with Nationalism in the USSR*, New York 1990.

Müller, Klaus-Jürgen, «*Militärpolitik in der Krise: Zur militärpolitischen Konzeption des deutschen Heeres-Generalstabs 1938*», in: Dirk Stegemann u. a. (Hg.), *Deutscher Konservatismus im 19. und 20. Jahrhundert. Festschrift für Fritz Fischer*, Bonn 1983, S. 333 - 345.

Münkler, Herfried, «*ältere und jüngere Formen des Terrorismus. Strategie und Organisationsstruktur*», in: Werner Weidenfeld (Hg.), *Herausforderung Terrorismus*, Wiesbaden 2004, S. 29 - 43.

Münkler, Herfried, «*Analytiken der Macht: Nietzsche, Machiavelli, Thukydides*», in: Michael Th. Greven (Hg.), *Macht in der Demokratie*, Baden-Baden 1991, S. 9 - 44.

Münkler, Herfried, «*Angriff als beste Verteidigung? Sicherheitsdoktrinen in der asymmetrischen Konstellation*», in: *Internationale Politik und Gesellschaft*,

Heft 3/2004, S. 22 - 37.

Münkler, Herfried, «*Das Reich als politische Macht und politischer Mythos*», in: ders., *Reich, Nation, Europa: Modelle politischer Ordnung*, Weinheim 1996, S. 11 - 59.

Münkler, Herfried, *Der neue Golfkrieg*, Reinbek b. Hamburg 2003.

Münkler, Herfried (Hg.), *Der Partisan: Theorie, Strategie, Gestalt*, Opladen 1990.

Münkler, Herfried, *Die neuen Kriege*, Reinbek b. Hamburg 2002.

Münkler, Herfried, «*Die Privatisierung des Krieges: Warlords, Terrornetzwerke und die Reaktion des Westens*», in: Zeitschrift für Politikwissenschaft, 13. Jg., 2003, Heft 1, S. 7 - 22.

Münkler, Herfried, «*Gegensätzliche Kriegsursachenanalysen: Aristophanes, Thukydides, Platon und die Vernunft der Regierenden*», in: ders., *Über den Krieg: Stationen der Kriegsgeschichte im Spiegel ihrer theoretischen Reflexion*, Weilerswist 2002, S. 19 - 33.

Münkler, Herfried, *Im Namen des Staates: Die Begründung der Staatsraison in der frühen Neuzeit*, Frankfurt/M. 1987.

Münkler, Herfried, «*Instrumentelle und existentielle Auffassung des Krieges bei Carl von Clausewitz*», in: ders., *Über den Krieg: Stationen der Kriegsgeschichte im Spiegel ihrer theoretischen Reflexion*, Weilerswist 2002, S. 91 - 115.

Münkler, Herfried, «*Ist der Krieg abschaffbar? Ein Blick auf die Herausforderungen und Möglichkeiten des 20. Jahrhunderts*», in: Bernd Wegner (Hg.), *Wie Kriege enden: Wege zum Frieden von der Antike bis zur Gegenwart*, Paderborn 2002, S. 347 - 375.

Münkler, Herfried, «*Kriege im 21. Jahrhundert*», in: Erich Reiter (Hg.), Jahrbuch für internationale Sicherheitspolitik 2003, Hamburg 2003, S. 83 - 97.

Münkler, Herfried, «*Kriegsszenarien des 21. Jahrhunderts*», in: Karl Acham (Hg.), Faktizitäten der Macht, Wien 2004, S. 79 - 94.

Münkler, Herfried, Machiavelli. *Die Begründung des politischen Denkens der Neuzeit aus der Krise der Republik Florenz*, Frankfurt/M. 1982 .

Münkler, Herfried, «*Partisanen der Tradition*», in: ders., *Gewalt und Ordnung: Das Bild des Krieges im politischen Denken*, Frankfurt/M. 1992, S. 127 - 141.

Münkler, Herfried, «*Perspektiven der Befreiung: Die Philosophie der Gewalt in* der *Revolutionstheorie Frantz Fanons»*, in: Kölner Zeitschrift für Soziologie und Sozialpsychologie, 33. Jg., 1981, Heft 3, S. 437 - 468.

Münkler, Herfried, «*Politik und Krieg: Die neuen Herausforderungen durch Staatszerfall, Terror und Bürgerkriegsökonomien»*, in: Armin Nassehi/Markus Schroer (Hg.), Der Begriff des Politischen, Baden-Baden 2003, S. 471 - 490.

Münkler, Herfried, *Reich, Nation, Europa: Modelle politischer Ordnung*, Weinheim 1996.

Münkler, Herfried, *Rezension zu Benders «Weltmacht America»*, in: Historische Zeitschrift, Bd. 279, 2004, S. 430 - 432.

Münkler, Herfried, «*Staatengemeinschaft oder Imperium: Zur Gestaltung der ‹Weltinnenpolitik›»*, in: Merkur, 58. Jg., 2004, Heft 2, S. 93 - 105.

Münkler, Herfried, «*Terrorismus heute: Die Asymmetrisierung des Krieges»*, in: Internationale Politik, 59. Jg., 2004, Heft 2, S. 1 - 11.

Münkler, Herfried, «*Wandel der Weltordnung durch asymmetrische Kriege»*, in: Josef Schröfl /Thomas Pankratz (Hg.), *Asymmetrische Kriegführung – ein neues Phänomen in der internationalen Politik?*, Baden-Baden 2004, S. 85 - 93.

Münkler, Herfried, «*Zur Charakterisierung der neuen Kriege»*, in: *Krieg der Gegenwart – eine Beurteilung*, MiLAK Schrift Nr. 4, 2004, S. 21 - 32.

Münkler, Herfried/Hans Grünberger/Kathrin Mayer, *Nationenbildung. Die Nationalisierung Europas im Diskurs humanistischer Intellektueller*, Berlin 1998.

Münkler, Herfried/Karsten Fischer, «‹*Nothing to kill or die for···*› – *Überlegungen zu einer politischen Theorie des Opfers»*, in: Leviathan, 28. Jg., 2000, Heft 3, S. 343 - 362.

Münkler, Marina, «*Entdecker und Eroberer»*, in: Eva Horn u. a. (Hg.), Grenzverletzer, Berlin 2002, S. 156 - 175.

N

Nagel, Tilman, *Timur der Eroberer und die islamische Welt des späten Mittelalters*, München 1993.

Naimark, Norman M., *Flammender Hass: Ethnische Säuberungen im 20. Jahrhundert*, München 2004.

Napoleoni, Loretta, *Die Ökonomie des Terrors*, München 2004.

Nef, John U., *Western Civilization Since the Renaissance: Peace, War, Industry and the Arts*, New York 1963.

«*Neue nationale Sicherheitsstrategie der Vereinigten Staaten*», in: Blätter für deutsche und internationale Politik, Heft 11/2002, S. 1391 – 1393, sowie Heft 12/2002, S. 1505 – 1511.

Nichtweiß, Barbara, «*Apokalyptische Verfassungslehren: Carl Schmitt im Horizont der Theologie Erik Petersons*», in: Bernd Wacker (Hg.), *Die eigentlich katholische Verschärfung: Konfession, Theologie und Politik im Werk Carl Schmitts*, München 1994, S. 37 – 64.

Niedhart, Gottfried, «*Der Erste Weltkrieg: Von der Gewalt im Krieg zu den Konflikten im Frieden*», in: Bernd Wegner (Hg.), *Wie Kriege enden: Wege zum Frieden von der Antike bis zur Gegenwart*, Paderborn 2002, S. 187 – 211.

Nippel, Wilfried, *Griechen, Barbaren und ‹Wilde›: Alte Geschichte und Sozialanthropologie*, Frankfurt/M. 1990.

Nippel, Wilfried, «*Griechische Kolonisation: Kontakte mit indigenen Kulturen, Rechtfertigung von Eroberung, Rückwirkungen auf das Mutterland*», in: Raimund Schulz (Hg.), *Aufbruch in neue Welten und neue Zeiten: Die großen maritimen Expansionsbewegungen der Antike und Frühen Neuzeit im Vergleich der europäischen Geschichte*, München 2003 (Beihefte [NF] der Historischen Zeitschrift, Bd. 34), S. 13 – 27.

Noth, Martin, *Geschichte Israels*, Göttingen, 10. Aufl. 1986.

Nye, Joseph, «*Amerikas Macht*», in: Ulrich Speck/Natan Sznaider (Hg.), *Empire Amerika: Perspektiven einer neuen Weltordnung*, München 2003, S. 156 – 172

Nye, Joseph, *Das Paradox der amerikanischen Macht: Warum die einzige Supermacht der Welt Verbündete braucht*, Hamburg 2003.

Nye, Joseph, *Soft Power: The Means to Success in World Politics*, New York 2004.

O

Oliveira Marques, A. H. de, *Geschichte Portugals und des portugiesischen Weltreichs*, Stuttgart 2001.

Olshausen, Eckart, «*Das politische Denken der Römer zur Zeit der Republik*», in: Iring Fetscher/Herfried Münkler (Hg.), Pipers *Handbuch der politischen Ideen*, München/Zürich 1988, Bd. 1, S. 485 – 519.

Osterhammel, Jürgen, «*China: Niedergang und Neubildung eines Vielvölkerreiches*», in: Richard Lorenz (Hg.), *Das Verdämmern der Macht*, Frankfurt/M. 2000, S. 104 – 125.

Osterhammel, Jürgen, *Die Entzauberung Asiens: Europa und die asiatischen Reiche im 18. Jahrhundert*, München 1998.

Osterhammel, Jürgen, *Kolonialismus: Geschichte, Formen, Folgen*, München 1995.

Osterhammel, Jürgen, «*Kulturelle Grenzen bei der Expansion Europas*», in: Saeculum, Bd. 46, 1995, S. 101 – 138.

Ottmann, Henning, *Geschichte des politischen Denkens*, 2 Bde., Stuttgart/Weimar 2001/02.

Otto, Wolfgang, Conquista, *Kultur und Ketzerwahn: Spanien im Jahrhundert seiner Weltherrschaft*, Göttingen 1992.

Overy, Richard, *Die Wurzeln des Sieges: Warum die Alliierten den Zweiten Weltkrieg gewannen*, Stuttgart/München 2000.

P

Pagden, Anthony, «*Instruments of Empire: Tommaso Campanella and the Universal Monarchy of Spain*», in: ders., *Spanish Imperialism and Political Imagination*, New Haven/London 1990, S. 37 – 63.

Parker, Geoffrey, *Die militärische Revolution: Die Kriegskunst und der Aufstieg des Westens 1500 – 1800*, Frankfurt/New York 1990.

Parker, Geoffrey, *The Army of the Flanders and the Spanish Road, 1567 – 1659*, Cambridge 1972.

Pepper, Simon/Adam Nicholas, *Firearms and Fortifications: Military Architecture and Siege Warfare in Sixteenth-Century Siena*, Chicago/London 1986

Philipp, Thomas, «*Der aufhaltsame Abstieg des Osmanischen Reiches*», in: Helmut Altrichter/Helmut Neuhaus (Hg.), *Das Ende von Großreichen*, Erlangen/Jena 1996, S. 211 – 223.

Pieper, Renate, «*Das Ende des spanischen Kolonialreiches in Amerika*», in: Alexander Demandt (Hg.), *Das Ende der Weltreiche*, München 1997, S.

74 - 88.

Pipes, Richard, *Die Russische Revolution*, Berlin 1992

Pollmann, Judith, «*Eine natürliche Feindschaft. Ursprung und Funktion der Schwarzen Legende über Spanien in den Niederlanden, 1560 - 1581*», in: Franz Bosbach (Hg.), *Feindbilder: Die Darstellung des Gegners in der politischen Publizistik des Mittelalters und der Neuzeit*, Köln/Weimar/Wien 1992, S. 73 - 93.

Pomian, Krzysztof, *Europa und seine Nationen*, Berlin 1990.

Porter, Bernard, «*Die Transformation des British Empire*», in: Alexander Demandt (Hg.), *Das Ende der Weltreiche*, München 1997, S. 155 - 173.

Potter, Timothy, *Das römische Italien*, Stuttgart 1992.

Power, Samantha, «*Das Empire der Menschenrechte*», in: Ulrich Speck/Natan Sznaider (Hg.), *Empire Amerika: Perspektiven einer neuen Weltordnung*, München 2003, S. 138 - 153.

Prätorius, Rainer, *In God We Trust: Religion und Politik in den USA*, München 2003.

Priest, Dana, *The Mission: Waging War and Keeping Peace with America's Military*, New York/London 2003.

Q

QRT (= Markus Konradin Leiner), *Schlachtfelder der elektronischen Wüste: Schwarzkopf, Schwarzenegger, Black Magic Johnson*, Berlin 1999.

R

Radkau, Joachim, *Das Zeitalter der Nervosität: Deutschland zwischen Bismarck und Hitler*, München 1998.

Rauchensteiner, Manfried, «*österreich-Ungarn*», in: Gerhard Hirschfeld u. a. (Hg.), *Enzyklopädie Erster Weltkrieg*, Paderborn 2003, S. 64 - 86

Rauchensteiner, Manfried, «*Verlust der Mitte: Der Zerfall des Habsburger Reiches*», in: Helmut Altrichter/Helmut Neuhaus (Hg.), *Das Ende von Großreichen*, Erlangen und Jena 1996, S. 225 - 246.

Reifeld, Helmut, «*Imperialismus*», in: Iring Fetscher/Herfried Münkler (Hg.), Pipers *Handbuch der politischen Ideen*, Bd. 5, München 1987, S. 23 - 53.

Reinhard, Wolfgang, *Geschichte der Staatsgewalt*, München 1999.

Reinhard, Wolfgang, *Kleine Geschichte des Kolonialismus*, Stuttgart 1996.

Rémond, René, *Frankreich im 20. Jahrhundert. Erster Teil: 1918 - 1958* (Geschichte Frankreichs, hsg. von Jean Favier, Bd. 6/1), Stuttgart 1994.

Reuter, Christoph, *Mein Leben ist eine Waffe: Selbstmordattentäter - Psychogramm eines Phänomens*, München 2002.

Richard, Carl J., *The Founders and the Classics: Greece, Rome, and the American Enlightenment*, Cambridge (Mass.)/London 1994.

Rifkin, Jeremy, *Der europäische Traum: Die Vision einer leisen Supermacht*, Frankfurt/New York 2004.

Rilinger, Rolf, «*Das politische Denken der Römer: Vom Prinzipat zum Dominat*», in: Iring Fetscher/Herfried Münkler (Hg.), Pipers *Handbuch der politischen Ideen*, Bd. 1, München 1988, S. 521 - 593.

Roberts, Michael, *The Military Revolution, 1550 - 1660*, Belfast 1956.

Robinson, Ronald, *Africa and the Victorians: The Official Mind of Imperialism*, London 1968.

Robinson, Ronald, «*Non-European Foundations of European Imperialism: Sketch for a Theory of Collaboration*», in: Roger Owen/Bob Sutcliff (Hg.), *Studies in a Theory of Imperialism*, London 1972, S. 117 - 142.

Röhrich, Winfried, «*Problemfelder der Weltinnenpolitik*», in: Astrid Sahm u. a. (Hg.), *Die Zukunft des Friedens*, Wiesbaden 2000, S. 257 - 267.

Romilly, Jacqueline de, *Thucydides and Athenian Imperialism*, Oxford 1953.

Rorty, Richard, «*Ein Empire der Ungewissheit*», in: Ulrich Speck/Natan Sznaider (Hg.), *Empire Amerika: Perspektiven einer neuen Weltordnung*, München 2003, S. 240 - 255.

Rosen, Stephen Peter, «*Ein Empire auf Probe*», in: Ulrich Speck/Natan Sznaider (Hg.), *Empire Amerika: Perspektiven einer neuen Weltordnung*, München 2003, S. 83 - 103.

Ruf, Werner (Hg.), *Politische Ökonomie der Gewalt: Staatszerfall und die Privatisierung von Gewalt und Krieg*, Opladen 2003.

S

Sassen, Saskia, *Machtbeben: Wohin führt die Globalisierung?*, Stuttgart/München 2002.

Schell, Jonathan, *Die Politik des Friedens: Macht, Gewaltlosigkeit und die Interessen der Völker*, München 2004.

Schieder, Theodor, «*Typologie und Erscheinungsformen des Nationalstaats in Europa*», in: ders., *Nationalstaat: Studien zum nationalen Problem und modernen Europa*, Göttingen 1991, S. 65 - 86.

Schley, Nicole/Sabine Busse, *Die Kriege der USA: Chronik einer aggressiven Nation*, Kreuzlingen/München 2003.

Schmidt-Glintzer, Helwig, *China: Vielvölkerreich und Einheitsstaat*, München 1997.

Schmierer, Joscha, *Mein Name sei Europa*. Einigung ohne Mythos und Utopie, Frankfurt/M. 1996.

Schmitt, Carl, «*Großraum gegen Universalismus: Der völkerrechtliche Kampf um die Monroedoktrin*», in: ders., Positionen und Begriffe, Berlin 1988, (Nachdr. der Ausg. von 1940), S. 295 - 302.

Schmitt, Carl, *Theorie des Partisanen*, Berlin 1963.

Schmitt, Carl, «*Völkerrechtliche Formen des modernen Imperialismus*», in: ders., *Positionen und Begriffe*, Berlin 1988, S. 162 - 180.

Schmitt, Carl, *Völkerrechtliche Großraumordnung mit Interventionsverbot für raumfremde Mächte*, Berlin/Wien 1939.

Schneider, Manfred, *Der Barbar: Endzeitstimmung und Kulturrecycling*, München 1997.

Schröder, Hans-Christoph, *Sozialistische Imperialismusdeutung. Studien zu ihrer Geschichte*, Göttingen 1973.

Schröfl, Josef/Thomas Pankratz (Hg.), *Asymmetrische Kriegführung – ein neues Phänomen der Internationalen Politik?*, Baden-Baden 2004.

Schuller, Wolfgang, *Die Herrschaft der Athener im Ersten Attischen Seebund*, Berlin/New York 1974.

Schulz, Gerhard (Hg.), *Partisanen und Volkskrieg. Zur Revolutionierung des Krieges im 20. Jahrhundert*, Göttingen 1985.

Schulz, Raimund, «*Roms Eroberung des Mittelmeers und der Vorstoß in den Atlantik: Reaktion und Rückwirkungen auf die Ideologie, Geographie, Ethnographie und Anthropologie der späten Republik und frühen Kaiserzeit*», in: ders. (Hg.), *Aufbruch in neue Welten und neue Zeiten: Die großen*

306　maritimen Expansionsbewegungen der Antike und Frühen Neuzeit im Vergleich, München 2003, S. 29 – 50.

Schumpeter, Joseph, «Zur Soziologie der Imperialismen», in: Archiv für Sozialwissenschaft und Sozialpolitik, Bd. 46, 1918, S. 1 – 39 und 275 – 310.

Schweinitz jr., Karl de, The Rise and Fall of British India, London 1983.

See, Klaus von, Barbar, Germane, Arier: Die Suche nach der Identität der Deutschen, Heidelberg 1994.

Seeck, Otto, Geschichte des Untergangs der antiken Welt, 6 Bde., 1895 – 1920, Darmstadt 2000.

Shama, Simon, Überfluss und schöner Schein: Zur Kultur der Niederlande im Goldenen Zeitalter, München 1988.

Simon, Gerhard, «Die Desintegration der Sowjetunion», in: Alexander Demandt (Hg), Das Ende der Weltreiche, München 1997, S. 174 – 210.

Simon, Gerhard und Nadja, Verfall und Untergang des sowjetischen Imperiums, München 1993.

Sloterdijk, Peter, Falls Europa erwacht: Gedanken zum Programm einer Weltmacht am Ende des Zeitalters ihrer politischen Absence, Frankfurt/M. 1994.

Snyder, Jack, Myths of Empire: Domestic Politics and International Ambition, Ithaca und London 1991.

Sofsky, Wolfgang, Operation Freiheit: Der Krieg im Irak, Frankfurt/M. 2003.

Soggin, J. Alberto, Einführung in die Geschichte Israels und Judas: Von den Ursprüngen bis zum Aufstand Bar Kochbas, Darmstadt 1991.

Sombart, Werner, Händler und Helden: Patriotische Besinnungen, München 1915.

Soros, George, Die Vorherrschaft der USA – eine Seifenblase, München 2004.

Steininger, Rolf, Der Vietnamkrieg, Frankfurt/M. 2004.

Steinweg, Rainer (Hg.), Der gerechte Krieg: Christentum, Islam, Marxismus, Frankfurt/M. 1980.

Stieglitz, Joseph, Die Schatten der Globalisierung, Berlin 2002.

Stinnett, Robert B., Pearl Harbor: Wie die amerikanische Regierung den Angriff provozierte und 2476 ihrer Bürger sterben ließ, Frankfurt/M. 2003.

Stökl, Günther, Russische Geschichte, Stuttgart 1997.

Strachan, Hew, Der Erste Weltkrieg: Eine neue illustrierte Geschichte, München

2004.

Symes, Ronald, *Die Römische Revolution: Machtkämpfe im antiken Rom*, hg. von Christoph Selzer und Uwe Walter, Stuttgart 2003.

T

Tacitus, *Annalen*, lat.–dt. hg. von Erich Heller, Darmstadt 1992.

Taube, Manfred (Hg.), *Die Geheime Geschichte der Mongolen*, München 1989.

Thompson, William R., *On Global War: Historical-Structural Approaches to World Politics*, Columbia 1988.

Thukydides, *Der Peloponnesische Krieg*, übersetzt und hrsg. von Helmuth Vretska und Werner Rinner, Stuttgart 2000.

Tilgner, Ulrich, *Der inszenierte Krieg: Täuschung und Wahrheit beim Sturz Saddam Husseins*, Berlin 2003.

Todd, Emmanuel, *Weltmacht USA: Ein Nachruf*, München 2003.

Triepel, Heinrich, *Die Hegemonie: Ein Buch von führenden Staaten*, Stuttgart/ Berlin 1938.

Tuchman, Barbara, *Der erste Salut*, Frankfurt/M. 1988.

U

Ullrich, Volker, *Die nervöse Großmacht: Aufstieg und Untergang des deutschen Kaiserreichs 1871 – 1918*, Frankfurt/M. 1997.

Ursinus, Michael, «*Byzanz, Osmanisches Reich, türkischer Nationalstaat. Zur Gleichzeitigkeit des Ungleichzeitigen am Vorabend des Ersten Weltkriegs*», in: Richard Lorenz (Hg.), *Das Verdämmern der Macht: Vom Untergang großer Reiche*, Frankfurt/M. 2000, S. 153 – 172.

V

Vagts, Alfred, «*Die Chimäre des europäischen Gleichgewichts*», in: ders., *Bilanzen und Balancen: Aufsätze zur internationalen Finanz und internationalen Politik*, hg. von Hans-Ulrich Wehler, Frankfurt am Main 1979, S. 131 – 160.

Valéry, Paul, «*Europäischer Geist*», in: ders., Werke, hg. von Jürgen Schmidt-Radefeldt, Bd. 7, Frankfurt/M. 1994.

Vance, Norman, «*Vom mare nostrum zu Kiplings ‹The Seven Seas›: Das*

Römische Weltreich und Britanniens Wahrnehmung des Empire von 1600 - 1914», in: Raimund Schulz (Hg.), *Aufbruch in neue Welten und neue Zeiten: Die großen maritimen Expansionsbewegungen der Antike und Frühen Neuzeit im Vergleich der europäischen Geschichte*, München 2003 (Beihefte [NF] der Historischen Zeitschrift, Bd. 34), S. 79 - 108.

Verenkotte, Clemens, *Die Herren der Welt: Das amerikanische Imperium*, München 2003.

Vergil, *Aeneis*, dt. von Joh. Götte, München und Zürich, 7. Aufl. 1988.

Vidal, Gore, *Ewiger Krieg für ewigen Frieden: Wie Amerika den Hass erntet, den es gesät hat*, Hamburg 2002.

Voegelin, Eric, *Das Ökumenische Zeitalter - Weltherrschaft und Philosophie*, München 2004.

Volkmann-Schluck, Karl-Heinz, *Politische Philosophie*, Frankfurt/Main 1974.

Voss, Tobias, *«‹Ich habe keine Stimme mehr, mein ganzes Leben flieht.› Psychische Dimensionen des Guerilla-Krieges»*, in: Herfried Münkler (Hg.), *Der Partisan: Theorie, Strategie, Gestalt*, Wiesbaden 1990, S. 292 - 321.

W

Wallerstein, Immanuel, *«Aufstieg und künftiger Niedergang des kapitalistischen Weltsystems: Zur Grundlegung vergleichender Analyse»*, in: Dieter Senghaas (Hg.), *Kapitalistische Weltökonomie. Kontroversen über ihren Ursprung und ihre Entwicklungsdynamik*, Frankfurt/M. 1979, S. 31 - 67.

Wallerstein, Immanuel, *Das moderne Weltsystem: Die Anfänge kapitalistischer Landwirtschaft und die europäische Weltökonomie im 16. Jahrhundert*, Frankfurt/M. 1986.

Waltz, Kenneth, *Theory of International Politics*, Reading 1979.

Walzer, Michael, *Gibt es den gerechten Krieg?*, Stuttgart 1982.

Walzer, Michael, *«Is There an American Empire?»*, in: Dissent, Herbst 2003, S. 27 - 31.

Weber, Max, *«Der Nationalstaat und die Volkswirtschaftspolitik»*, in: ders., *Gesammelte Politische Schriften*, hg. von Johannes Winckelmann, Tübingen, 4. Aufl. 1980, S. 1 - 25.

Weber, Max, *Wirtschaft und Gesellschaft*, 5., rev. Auflage besorgt von Johannes

Winckelmann, Tübingen 1972.

Wehler, Hans-Ulrich, *Der Aufstieg des amerikanischen Imperialismus: Studien zur Entwicklung des Imperium Americanum 1865 - 1900*, Göttingen 1974.

Weiers, Michael, «*Geschichte der Mongolen*», in: Arne Eggebrecht (Hg.) *Die Mongolen und ihr Weltreich*, Mainz 1989, S. 45 - 114.

Weiers, Michael, «*Von Ögödei bis Möngke. Das mongolische Großreich*», in: Michael Weiers (Hg.), *Die Mongolen: Beiträge zu ihrer Geschichte und Kultur*, Darmstadt 1986, S. 192 - 216.

Welwei, Karl-Wilhelm, *Das klassische Athen: Demokratie und Machtpolitik im 5. und 4. Jahrhundert*, Darmstadt 1999.

Wenskus, Reinhard, *Stammesbildung und Verfassung: Das Werden der frühmittelalterlichen Gentes*, Köln/Graz 1961.

«*What we're fi ghting for - wofür wir kämpfen*», in: Blätter für deutsche und internationale Politik 6/2002, S. 756 - 760.

Wolfram, Herwig, *Geschichte der Goten: Entwurf einer historischen Ethnographie*, München 1979.

Wood, Gordon S., *The Creation of the American Republic, 1776 - 1787*, Chapel Hill 1969.

Z

Zanker, Paul, *Augustus und die Macht der Bilder*, München 1987.

Zimmerer, Jürgen/Joachim Zeller (Hg.), *Völkermord in Deutsch-Südwestafrika: Der Kolonialkrieg (1904 - 1908) in Namibia und seine Folgen*, Berlin 2003.

致 谢

此书的问世，缘起于同洪堡大学和柏林－勃兰登堡科学院同事们的数次长谈。我们的交谈，触及几个问题，如：何为帝国？帝国在政治学分析中是否具有重大意义？新生的和古老的帝国区别何在？在这些交流中，乌利希·斯派克（Ulrich Speck）博士给了我最初的启迪。当时，正值伊拉克战争战前战中欧美摩擦几达顶点，此君特邀我为他出版的《美利坚帝国》（*Empire Amerika*）丛书写些东西。另外，在我——包括受邀波士顿歌德学院所做的——多次讲座中，以及在 2004 年德国外交部举办的大使会议上，我得以进一步完善和阐明关于帝国的浅见，并将它作为课题与同仁广而论之。在拙著创作阶段它有幸得到卡斯滕·菲舍尔（Kasten Fischer）博士、哈拉尔·布卢姆（Harald Bluhm）博士、汉斯·格林贝戈（Hans Grünberger）博士、格拉德·胡曼（Gerald Hubmann）博士以及尼卡拉斯·斯多克哈默（Nicolas Stockhammer）诸君的垂阅，他们发表的真知灼见，包括批评意见，令我受益匪浅，这才慢慢有了这本书的雏形。

我的秘书卡丽娜·霍夫曼（Karina Hoffmann）对此书的最终付梓功不可没，她誊写并录入了我的手写稿。在拙著临近完成的收尾阶段，安娜·阿恩特（Anna Arndt）和塞缪尔·米勒（Samuel Müller）负责完成注解的整理和参考文献目录的补全工作。此外，我想借此对柏林科学中心深表谢悃，感谢其主席于尔根·科卡（Jürgen Kocka）博士兼教授，为我慷慨提供科学中心这样安静舒适的创作环境长达一年。

感谢罗沃尔特（Rowohlt）柏林出版社的贡纳尔·施密特

（Gunnar Schmidt）先生，他的鼓励贯穿于此书的整个诞生过程。是他鼓励我，要紧追那最初的学术灵感，将之打磨成基于历史事实比较和论证的研究成果。贝恩德·克罗克纳尔（Bernd Klöckener）此前就曾审校过我的《新战争》（*Die neuen Kriege*）一书。对于审校工作，他一如既往严谨和果断，对此书的最终成型他可谓厥功至伟。我的妻子玛丽娜·明克勒（Marina Münkler）博士二十年如一日地关念我的工作，在这个项目中她的身影也伴随始终。在阅读我的手稿时，她从来都一丝不苟，而她的建议和意见又总植根于她的深厚学养，带给我启发。对以上诸君我在此一并报以诚挚的谢意。

图书在版编目（CIP）数据

帝国统治的逻辑：从古罗马到美国 /（德）赫尔弗里德·明克勒著；程卫平译. -- 北京：社会科学文献出版社，2021.1（2023.1重印）

书名原文：Imperien: Die Logik der Weltherrschaft – vom Alten Rom bis zu den Vereinigten Staaten

ISBN 978-7-5201-7686-6

Ⅰ.①帝⋯ Ⅱ.①赫⋯ ②程⋯ Ⅲ.①帝国主义-研究 Ⅳ.①D033.3

中国版本图书馆CIP数据核字（2020）第247648号

帝国统治的逻辑
——从古罗马到美国

著　　者 /〔德〕赫尔弗里德·明克勒
译　　者 / 程卫平

出 版 人 / 王利民
责任编辑 / 段其刚
责任印制 / 王京美

出　　版 / 社会科学文献出版社·联合出版中心（010）59367151
　　　　　地址：北京市北三环中路甲29号院华龙大厦　邮编：100029
　　　　　网址：www.ssap.com.cn
发　　行 / 社会科学文献出版社（010）59367028
印　　装 / 北京盛通印刷股份有限公司

规　　格 / 开　本：787mm×1092mm　1/16
　　　　　印　张：20　字　数：242千字
版　　次 / 2021年1月第1版　2023年1月第2次印刷
书　　号 / ISBN 978-7-5201-7686-6
著作权合同
登 记 号 / 图字01-2020-3322号
定　　价 / 79.00元

读者服务电话：4008918866